역사

신화와 전설을 역사로 바꾼 인류 최초의 모험

청소년 철학창고 21

역사 신화와 전설을 역사로 바꾼 인류 최초의 모험

초판 1쇄 발행 2009년 5월 8일 | 초판 4쇄 발행 2022년 1월 21일

풀어쓴이 박수진
펴낸이 홍석 | 이사 홍성우 | 기획 채희석
인문편집팀장 박월 | 편집 박주혜 | 표지 디자인 황종환 | 본문 디자인 서은경
마케팅 이송희·한유리·이민재 | 관리 최우리·김정선·정원경·홍보람·조영행
펴낸곳 도서출판 풀빛 | 등록 1979년 3월 6일 제2021-000055호
주소 07547 서울시 강서구 양천로 583 우림블루나인 A동 21층 2110호
전화 02-363-5995(영업), 02-364-0844(편집) | 팩스 070-4275-0445
홈페이지 www.pulbit.co.kr | 전자우편 inmun@pulbit.co.kr

ISBN 978-89-7474-551-6 44900
ISBN 978-89-7474-526-4 (세트)

이 도서의 국립중앙도서관 출판예정도서목록(CIP)은 서지정보유통지원시스템 홈페이지(http://seoji.nl.go.kr)와
국가자료공동목록시스템(http://www.nl.go.kr/kolisnet)에서 이용하실 수 있습니다. (CIP제어번호: CIP2009001358)

역사

신화와 전설을 역사로 바꾼 인류 최초의 모험

헤로도토스 지음 | 박수진 풀어씀

'청소년 철학창고'를 펴내며

우리 청소년이 읽을 만한 좋은 책은 없을까? 많은 분들이 이런 고민을 하셨을 겁니다. 그러면서 흔히들 고전을 읽어야 한다고 합니다. 하지만 서점에 가서 책을 골라 보신 분들은 느꼈을 겁니다. '청소년의 지적 수준에 맞춰서 읽힐 만한 고전이 이렇게도 없는가.'라고.

고전 선택의 또 다른 어려움은 고전의 범위가 매우 넓다는 것입니다. 청소년 시기에는 시간과 능력의 한계 때문에 그 많은 고전들을 모두 읽을 수 없습니다. 그렇다면 어떤 책을 읽어야 할까요?

이런 여러 현실적인 어려움을 고려해 기획한 것이 풀빛 '청소년 철학창고'입니다. '청소년 철학창고'는 고전의 핵심이라 할 수 있는 '철학'에 더 많은 무게를 실었습니다. 그 이유는 무엇일까요?

사람들은 일반적으로 철학을 현실과 동떨어진 공리공담이나 펼치는 학문이라고 생각합니다. 하지만 철학적 사고의 핵심은 사물과 현상을 다양하게 분석하고 종합해서 그 원칙이나 원리를 찾아내는 것입니다. 그래서 철학은 인간과 세상에 대해 깊이 있게 생각하고, 논리적으로 종합하는 능력을 키워 줍니다. 그런 만큼 세상과 인간에 대해 눈떠 가는 청소년 시기에 정말로 필요한 공부입니다.

하지만 모든 고전이 그렇듯이 철학 고전 또한 읽기가 쉽지 않습니다. 그래서 '청소년 철학창고'는 청소년의 눈높이에 맞추기 위해 선정에서부터 원문 구성에 이르기까지 많은 노력을 기울였습니다.

첫째, 책을 선정하는 과정에서부터 엄격함을 유지했습니다. 동양·서양·한국 철학 전공자들이 많은 회의 과정을 거쳐, 각 시대마다 동서양과 한국을 대표하는 철학 고전들을 엄선했습니다. 특히 우리 선조들의 사상과 동시대 동서양의 사상들을 주체적인 입장에서 비교하고 검토할 수 있도록 했습니다.

둘째, 고전 읽기의 참다운 맛을 살리기 위해 최대한 원문을 중심으로 구성했습니다. 물론 원문 읽기의 어려움을 해결하기 위해 새롭게 번역하고 재정리했습니다. 그리고 청소년이라면 누구나 어렵지 않게 읽으면서 고전이 주는 의미와 내용을 이해할 수 있도록 설명을 덧붙였고, 전체 해설을 통해 저자의 사상과 전체 내용을 다시 한번 정리해 주었습니다.

마지막으로 쉬운 것부터 읽기 시작해 점차 사고의 폭을 넓혀 가도록 난이도에 따라 세 단계로 구분했습니다. 물론 단계와 상관없이 읽고 싶은 순서대로 읽어도 됩니다.

우리 선정위원들은 고전 읽기의 진정한 의미가 '옛것을 되살려 오늘을 새롭게 한다(溫故知新).'는 데 있다고 생각합니다. '청소년 철학창고'를 통해 자라나는 청소년들이 인간과 사물에 대한 깊은 통찰력을 키워, 밝은 미래를 열어 나갈 수 있기를 진정으로 바랍니다.

2005년 2월

선정위원   허우성(경희대 교수, 동양 철학)   윤찬원(인천대 교수, 동양 철학)
정영근(서울산업대 교수, 한국 철학)   허남진(서울대 교수, 한국 철학)
이남인(서울대 교수, 서양 철학)   한자경(이화여대 교수, 서양 철학)

들어가는 말

   《역사historiae》는 탐구를 통해 스스로 배운 것을 기록한 역사학의 창시자인 헤로도토스가 페르시아 전쟁을 중심으로 기술한 역사서다. 뿐만 아니라 이 책은 각지의 지리와 풍속, 전설을 여기저기에 상당히 많이 끼워 넣은 지지(地誌)이기도 하다.

   기원전 443년에 아테네가 남이탈리아(마그나 그라이키아)에 '투리오이'라는 식민시를 건설할 때, 헤로도토스는 여기에 참가하고 그 땅에서 이오니아 방언으로 《역사》를 집필했다. 《역사》는 원래 한 권이었으나 그 양이 너무 방대해서 후세에 알렉산드리아의 학자들이 아홉 권으로 나누었다.

   헤로도토스는 소아시아 남서부의 항구 도시 할리카르나소스(오늘날 터키의 보드룸)의 명문가에서 태어났지만 메소포타미아와 이집트 남단, 흑해 북안 등까지 널리 여행하고 그 견문을 《역사》에 풍부하게 담아냈다. 10세기 후반에 동로마 제국에서 편찬된 《수다 사전》에 의하면 헤로도토스는 반란에 참여해 친페르시아적인 참주 리그다미스 2세를 몰아내려 하다가 추방되어 에게 해에 있는 사모스섬에 한때 망명했다고 한다. 그는 나중에 귀국해 결국 참주 정치를 타도하는 데 성공하지만 동포 시민들과 화합하지 못해 다시 고향을 떠나게 된다. 여행은 이 기회에 이루어진 것으로 보인다. 헤로도토스는 기원전 447년경에 당시 그리스 문화의 중심지였던 아테네를 방문하고 그곳에 당분간 머무르면서 자신의 견문을 이야기해 페리클레스를 비롯한 유력 정치가들의 칭송을 받기도 했다.

헤로도토스는 총 9권 가운데 처음 6권에서는 페르시아가 오리엔트를 통일하고 대제국이 되어 가는 과정을, 정복지의 풍속과 관습, 지리, 역사 등에 대해 언급하면서 많은 삽화와 함께 서술하고 있다. 후반부 3권에는 중심 주제인 페르시아의 크세르크세스 왕의 그리스 원정과 그 실패가 기술되어 있다. 이 부분은 삽화가 적고 주로 전쟁만 다루어지고 있다. 헤로도토스는 그리스 민족(헬레네스)과 페르시아인을 중심으로 한 이민족(바르바로이) 간의 세계사적 대결전의 원인을, 절대적 권력을 지닌 페르시아 왕과 민주적 행정부를 지닌 그리스와의 차이로 보고 있다. 한편 유명한 마라톤 전투는 제6권에 포함되어 있다.

《역사》는 이야기적인 요소가 많고 또 안이하게 신탁이나 전조(前兆)를 믿는 등 비판 정신이 결여되어 있다 해서 엄격한 역사학의 입장에서는 비판을 받기도 하지만, 그 방대한 기록은 페르시아 전쟁사의 사료로서 뿐만 아니라, 초기 그리스사의 사료와 이집트인이나 스키타이인 등 많은 민족에 대한 기록으로도 귀중한 가치를 지니고 있다. 언뜻 보면 무비판적으로 받아들이고 있는 듯한 각종 전문(傳聞)도 현대의 고고학이나 인류학, 민족학 등의 발달로 인해 사실로 입증된 것이 많아 그 중요성이 높이 평가되고 있다.

《역사》는 가장 중요한 인류의 고전 중 하나지만 지루하거나 딱딱하지 않고 흥미진진하므로 모쪼록 재미있게 읽고, 이것을 계기로 역사나 고전에 관심을 갖게 되었으면 하는 바람을 가져 본다.

2009년 4월

박수진

그리스와 소아시아에 있었던
고대 주요 국가

바빌로니아

기원전 4,000년대 말 메소포타미아 지방에서 바빌로니아 문명의 기초가 되는 도시 문명이 생겨남. 기원전 2,350년 셈계 아카드인 사르곤 1세가 통일 국가를 세움. 이 후 제6대 왕 함무라비(기원전 1,792년~기원전 1,750년 재위)는 주변국을 정복해 통치하기 시작했으며 법을 제정, 반포했는데 이는 오늘날 세계에서 가장 오래된 성문법인 '함무라비 법전'으로 유명함. 그 후 기원전 1,686년 왕위에 오른 삼수일루나 왕 때에 각지에서 일어난 반란으로 국력이 점차 쇠약해졌으며, 기원전 1,530년 무렵 소아시아 북부 아나톨리아 지역에서 온 히타이트인의 침입으로 멸망함. 이후 메소포타미아 북부의 셈족이 세운 아시리아 제국이 등장하면서 바빌로니아는 그 지배하에 있다가 기원전 627년 아시리아가 멸망한 다음 신바빌로니아 제국을 건설함. 신바빌로니아는 기원전 539년 페르시아의 키루스 2세에 의해 멸망함.

페니키아

오늘날의 레바논을 중심으로 시리아와 이스라엘의 일부 지역을 포함한 고대 국가. 기원전 3,000년~기원전 2,000년 무렵에 문명을 이루었고, 기원전 1,200년경에서 기원전 900년경까지는 지중해를 가로질러 진취적인 해상 무역을 펼침. 고대 그리스와 같이 도시 국가를 이루었으며, 각각 정치적으로 독립돼 있었음. 페니키아는 최초로 알파벳을 사용한 것으로 유명함. 그러나 기원전 9세기경부터 아시리아가 강대해지면서 페니키아의 모든 도시는 점점 세력을 잃고, 아시리아·이집트·페르시아의 지배를 받다가 마침내 로마의 속주(屬州)가 됨.

그리스

고대 그리스의 문명은 기원전 2,000년경에 발생한 크레타 문명과 그 뒤를 이은 미케네 문명에서 시작됨. 기원전 1,200년 무렵 도리아인의 침입으로 인한 잠깐의 암흑기를 거쳐, 기원전 800년에 와서는 '도시 국가'인 폴리스가 형성됐으며 기원전 750년에 와서는 소아시아와 이탈리아반도 등지에 식민시를 건설, 그 수가 수백 개에 달했음. 대표적인 폴리스였던 아테네는 정치적으로는 민주 정치를 발전시켰으며 경제적으로는 상업과 해상 무역에 주력함. 또 다른 유력한 폴리스인 스파르타는 군국주의적 정치 체제였으며 상업보다는 농업에 치중함. 이 두 폴리스가 세계사의 전면에 등장한 것은 기원전 5세기에 일어난 페르시아 전쟁 때임. 당시 오리엔트를 통일한 페르시아는 그리스를 세 차례 공격했고 이를 모두 막아낸 아테네는 델로스 동맹의 맹주로서 번영을 누렸음. 이를 못마땅하게 여긴 스파르타는 펠로폰네소스 동맹을 맺고 아테네와 대립해 기원전 431년 펠로폰네소스 전쟁을 일으켜 그리스 지역의 패권을 장악함. 이후 테베에게 패권을 내줬고 오랜 전쟁으로 쇠퇴하게 된 그리스는 기원전 4세기 후반에 북방의 마케도니아 왕국에 정복당함.

스키타이 왕국

스키타이는 아시아의 '유목민'으로 기원전 8세기~기원전 7세기에 동방에서 서쪽으로 진출해 볼가 강가에 사는 원주민 킴메리아인을 내쫓고, 남러시아 초원에 강대한 스키타이 왕국을 세움. 당시 오리엔트를 재패한 페르시아의 다레이오스 왕도 스키타이 원정을 감행했으나 성공하지 못함. 기원전 4세기경부터 주로 카스피해 연안과 크림반도를 중심으로 농경뿐만 아니라 주요 도시를 거점으로 주변국들과 활발한 무역 관계를 유지함. 이후 켈트인의 압박과 보스포루스 왕국에 의해 기원전 2세기에 멸망함.

마케도니아 왕국

전설에 따르면, 기원전 7세기에 아르고스의 명문 자손인 페르디카스가 일리리아 지방으로부터 들어와 마케도니아 왕국을 세웠다고 하나 이는 명확치 않음. 기원전 5세기에 일어난 페르시아 전쟁 때는 페르시아 쪽에 가담했고, 페르시아 세력이 후퇴한 후로는 그리스와의 갈등이 심해져 정치적·군사적 충돌이 잦았음. 기원전 338년에는 전 그리스를 지배했고 8년 후 알렉산드로스 대왕이 페르시아 제국을 정복한 데 이어 인도의 인더스강까지 원정해 유럽·아시아 두 대륙에 걸친 대제국을 세움으로써 전성기를 이룸. 알렉산드로스 사후 제국이 분열되어 여러 개의 왕국으로 유지되다가 로마의 동방 진출로 쇠퇴하게 됨. 로마와 세 차례의 전쟁에서 패배한 마케도니아 왕국은 기원전 2세기에 멸망해 로마의 속주가 됨.

페르시아 제국

'페르시아'라는 명칭의 기원은 고대 그리스인들이 이란 남서부 해안 지역에 사는 사람들을 파르스(Fars)라고 부른 데서 비롯됨. 이곳은 아케메네스 왕조의 발상지로 아케메네스 제국의 명칭이 됨. 기원전 815년에 아케메네스 왕조가 시작됐으며, 기원전 7세기에는 키루스 1세가 페르시아인을 통합하고 그의 아들 캄비세스가 메디아 왕국의 공주 만다네와 혼인해 페르시아와 메디아를 통합함. 기원전 559년 왕위에 오른 캄비세스의 장남 키루스 2세는 주변국들을 점령하며 페르시아 제국의 초석을 마련함. 특히 서아시아의 중심이었던 바빌론을 점령함으로써 그때까지 변방 국가였던 페르시아 제국을 일약 세계 제국의 지위로 올려놓음.

특히 다레이오스 1세(기원전 521년~기원전 486년 재위)와 그의 아들 크세르크세스 1세(기원전 486년~기원전 466년 재위) 때 전성기를 이룸. 당시 제국은 동서로는 히파니스강에서 리비아까지, 남북으로는 아라비아반도에서 카프카스 산맥과 아랄해까지 영토를 확장함. 또한 다레이오스와 크세르크세스 때 페르시아 제국과 그리스가 격돌하는 페르시아 전쟁(기원전 492년~기원전 448년)이 발발했는데 그리스의 승리로 끝남. 이후 기원전 4세기 마케도니아의 왕 알렉산드로스에 의해 멸망함.

리디아

기원전 7세기 기게스 왕의 통치 아래 사르디스에 왕조를 세움. 기원전 7세기 중반에서 6세기 중반까지 소아시아를 지배함. 리디아인들은 금·은화를 최초로 만든 것으로 유명함. 기원전 619년에 왕위에 오른 알리아테스는 메디아의 위협을 피했고, 킴메리아족을 밀어냈으며, 영역을 이오니아까지 넓혀 전성기를 누림. 이 왕조는 기원전 6세기 알리아테스의 아들 크로이소스 때 더 큰 규모로 성장했으나 페르시아 왕 키루스에 의해 극적으로 멸망함.

메디아

기원전 7세기 메디아의 왕 키악사레스는 바빌론과 동맹을 맺어 아시리아 제국을 멸망시킴. 두 전승국이 아시리아 영토를 나누어 키악사레스가 이란의 대부분과 아시리아 북부, 아르메니아 지방을 차지함. 기원전 6세기까지 흑해 남부 연안과 이란 지방에서부터 페르시아를 포함한 중앙아시아와 아프가니스탄에 이르는 대제국을 건설함. 그 후 아스티아게스 왕 때인 기원전 550년, 페르시아의 왕 키루스 2세에게 수도를 점령당함.

헤로도토스가 바라본 세계
(기원전 450년)

유

네우리스인
안드로파고이인
시기나이인
아가티르소이인
스키타이
히파니스강
보리스테네스강
트리발로이인
게타이인
올비아

이스트로스(다뉴브)강
하이몬산
움브리아인
에네토이인
페린토스
아폴로니아
티르세니아인
스트리몬강
켈트인
비잔티온
흑
리기에스인
코르시카섬
마케도니아
트라키아 보스포로스
헬레스폰토스
마르세유
사르디스
사모스
피레네
사르도섬
시바리스
그리스
리디아
크로톤
밀레토스
미리안드로스만
이오니아
살라미스
우리의 바다
시킬리아 섬
마라톤
이베리아인
키라우이스섬
크레타섬
페니키아인
아시
로토파고이인
바르카
시리아인
헤라클레스의 기둥
긴다네스인
마카이인
키레네
팔레스타인인
타르테소스
에리테이아섬
기잔테스인
자우에케스인
아우세스인
마릴에스인
나사몬인
프로실로이인
길리가마이인
아스비스타이인
이노모스
모레아
나우크라티스
사이스
펠루시온
아
솔로에이스곶
아틀라스산
야 수 지 대
아우스키사이인
모이리스호
헬리오폴리스
멤피스
이집트
아틀란테스인
아타란테스인
감파산테스인
가라만테스인
길라인
암몬인
나일강
테베
리 비 아
구 아 대
엘레판티네스
시에네
아라비아산맥
아라비아만
나일강
탈주지들
타콤프소호
소인족
메로에
에티오피아인
오래 사는 에티오피아인

럽

멜란클라이노이인

실스크타이

부디노이인

티사게타이인

게로스강

안티마로왕

아그리파이오이인

이세도네스인

아조프 해

마사게타이인

킴메리아 해협

신디카

해

코카서스산맥

카스피해

콜키인

파시스강

아르메니아

아시리아

아락세스 강

박트리아

메디아

파르티오이인

니네베

아그바타나

시   아

수사 페르시아

바빌론

인   더   스

에티오피아인

아   비   아

해

홍

제 **1**부 페르시아 제국, 서막을 열다

제1부 페르시아 제국, 서막을 열다

'페르시아 전쟁사'로 불리는 이 책은 소아시아(현재 터키 아나톨리아 지방)의 할리카르나소스(현재 터키의 보드룸 지역) 출신인 역사가 헤로도토스가, 기원전 492년부터 479년까지 세 차례에 걸쳐 벌어진 페르시아 전쟁을 중심으로 서술한 책이다. 특히 페르시아의 침략에 맞선 그리스인의 승리에 초점을 맞추고 있는 것이 특징이다.

제1부에서 헤로도토스는 그리스인이 페르시아인을 격퇴한 사실을 기록하기 위해 먼저 신화 시대에 있었던 이른바 '아시아와 유럽 간의 알력', 특히 트로이 전쟁의 배경에 대해 기술하고 있다. 이어 리디아의 왕 기게스에서부터 크로이소스(기원전 560년~기원전 546년 재위)에 이르기까지 리디아의 역사, 크로이소스와 그리스와의 관계, 페이시스트라토스(기원전 605년~기원전 527년 재위) 시대의 그리스, 리디아인의 풍속과 관습 등을 기술하면서 리디아의 왕 크로이소스가 페르시아 왕 키루스(기원전 546년~기원전 529년 재위)에게 멸망당한 전말을 이야기하고 있다.

다음으로 키루스의 아들 캄비세스(기원전 ?년~기원전 521년 재위)의 즉위와 그의 이집트 원정 시기에 일어난 한 가지 사건, 사모스의 왕 폴리크라테스의 이야기를 끼워 넣으면서, '교만한 일족은 오래가지 못한다.'는 하나의 예를 기술하고 있다. 그 다음으로 왕위에 오른 다레이오스의 치세가 전개되면서 헤로도토스는 인도나 아라비아, 북유럽 등 외지고 먼 땅의 지리나 풍물에 대해서도 설명한다.

1. 동서 분쟁의 발단

페르시아의 학자들에 따르면 전쟁이 일어난 원인은 페니키아인에게 있다고 한다. 페니키아인은 본래 홍해(紅海)에서 지중해 쪽으로 와서 지금 살고 있는 곳에 정착하게 되자, 곧 원양 항해에 나서 이집트나 아시리아의 상품을 싣고 각지를 돌아다녔는데, 그중에 아르고스(오늘날 그리스라 불리는 지역에서 가장 강대한 나라)도 포함되어 있었다는 것이다.

페니키아인들이 아르고스에 와서 상품을 진열하고 며칠 지나 거의 다 팔았을 때, 여자들이 잔뜩 몰려왔다. 그 속에 공주도 끼어 있었는데, 그녀의 이름은 '이오'였다고 한다. 여자들이 배의 고물 근처에 서서 저마다 마음에 드는 물건을 사고 있었는데, 그때 페니키아인들이 서로 미리 짜고 여자들에게 덤벼들었다. 대부분은 도망쳤지만 이오 공주는 다른 몇 명의 여자와 함께 붙잡혔다. 페니키아인들은 여자들을 배에 태우자 이집트를 향해 출항했다고 한다.

그리스 측이 전하는 바는 이와 다르지만, 아무튼 페르시아인의 이야기에 의하면 이런 사정으로 이오가 이집트에 도착했고, 이것이 재난의 발단이 되었다는 것이다.

이 사건이 벌어진 뒤에 누구라고 이름을 지적할 수 없지만 그리스인 몇 명이 페니키아의 티로스에 상륙해 왕의 딸 에우로페를 납치해 갔다고 한다. 이 그리스인들은 아마도 크레타인이었을 것으로 생각되는데, 아무튼 이리하여 피차일반이 되었던 것이다. 그런데 그 후 그리스인이 또다시 나쁜 짓을 저질렀다고 한다. 즉 그들이 군선(軍船)을 타고 콜키스 지방(흑해 동쪽 해안 지방)의 아이아에 가서 본래의 목적이었던 거래를 마친 뒤에 이에 만족하지 않고 메디아 공주를 유괴해 간 것이다. 콜키스의 왕은 그리스에 사절을 보내 유괴에 대한 배상과 공주의 반환을 요구했다. 하지만 그리스인들은 아르고스의 공주 이오를 납치했을 때 그쪽에서 아무 배상도 하지 않았기 때문에 이쪽도 배상할 생각이 없다고 대답했다는 것이다.

그 후 한 세대가 지났을 때, 프리아모스의 아들 알렉산드로스(파리스)가 이런 이야기를 듣고는 그리스인들도 배상하지 않았으므로 자신 또한 하지 않아도 되리라 믿고, 그리스에서 여자를 약탈해 와 아내로 삼아야겠다고 생각했다. 이런 이유에서 알렉산드로스가 헬레네를 빼앗아 왔는데, 그리스 측은 먼저 사절을 보내 헬레네를 돌려보낼 것과 약탈에 대한 배상을 요구하기로 결정했다. 그러나 그리스 측의 이런 요구에 대해, 알렉산드로스 측이 메디아의 예를 들고 나오며 자신들은 반환하지도 않고 배상도 하지 않으면서 남에게서는 배상받으려 한다고 따졌다 한다.

여기까지는 서로 빼앗고 빼앗긴 데 지나지 않았지만, 이후부터는 그리스 쪽이 잘못을 저질렀다고 한다. 페르시아가 유럽에 침입하기 전에 그리스인이 먼저 아시아로 쳐들어왔기 때문이라는 것이다. 사실 여자를 약탈하는 따위의 일은 나쁜 짓임이 틀림없지만, 여자 측에서 조금도 그럴 마음이 없으면 불가능한 일이다. 더군다나 그런 일에 정색을 하고 화를 내며 보복을 하려 한다는 것은 어리석은 일이고, 현명한 사람이라면 이런 일은 조금도 개의치 않을 것이라고 그들은 말하고 있다. 페르시아인들의 말에 따르면 아시아 측은 약탈당한 여자 따위는 완전히 무시해 버렸는데, 그리스 측은 스파르타의 여자 한 명 때문에 대군을 이끌고 아시아에 침입해 프리아모스의 나라를 멸망시켜 버렸다는 것이다. 요컨대 페르시아인이 그리스인을 적으로 간주하게 된 것은 이때부터라고 한다. 페르시아인은 아시아와 아시아에 거주하는 이방인 모든 부족들을 자기들에게 속해 있는 것으로 보고, 유럽이나 그리스의 민족은 그들과는 다른 별개의 존재로 생각하고 있기 때문이다.

페르시아인들의 주장에 따르면 사건의 경위는 이상과 같고, 트로이의 공략이 원인이 되어 페르시아인이 그리스인을 적대시하기 시작했다고 한다.

그러나 이오와 관련해서는 페니키아인은 페르시아인과 다르게 말하고 있다. 그들은 자신들이 이오를 납치해 이집트로 데려갔다는 것을 부정하고 있기 때문이다. 아르고스에 있을 때 그녀가 배의 선장과 정을 통하고 있었다고 한다. 그리고 자신이 임신한 것을 깨닫고는 부모에게 말하기 부끄럽고 또 이 일이 밝혀질까 두려워 자발적으로 페니키아인의 배를 타고 달아났다는 것이다.

이상이 페르시아인과 페니키아인의 주장인데, 나는 어떤 사실이 맞는지 논할 생각은 없고, 다만 내가 알고 있는 한 맨 먼저 그리스인에게 나쁜 짓을 저지른 인물을 곧 지적한 뒤 크든 작든 상관없이 사람들이 살아가고 있는 나라(도시)들에 대해 똑같이 기술하면서 역사 이야기를 진전시켜 나가고자 한다. 일찍이 강대했던 나라들은 대부분 지금은 약소국이 되었고, 지금의 강대국들도 예전에는 약소국이었기 때문이다. 그래서 나는 인간의 행복은 결코 한곳에 계속 머무르지 않는다는 것을 알기 때문에 큰 나라든 작은 나라든 똑같이 다루어 나갈 생각이다. 〈제1권〉

2. 칸다울레스의 왕비와 기게스

　알리아테스의 아들인 리디아인 크로이소스는 남쪽에서 북쪽으로 흘러 흑해로 들어가는 할리스강 서쪽의 여러 민족을 다스리는 통치자였다. 이 크로이소스야말로 우리가 아는 한 그리스인을 정복하고 공물을 바치게 하거나 자기편으로 끌어들여 우호 관계를 맺은 최초의 이방인이었다. 그는 아시아에 사는 이오니아인, 아이올리스인, 그리고 도리아인을 정복했고 스파르타인과는 우호 관계를 맺었다. 크로이소스가 통치하기 전까지 그리스인은 모두 자유로웠다. 그 이전의 킴메리아인의 이오니아 침공은 도시 정복이 목적이 아니라, 약탈을 위한 습격에 지나지 않았기 때문이다.

　그런데 헤라클레스 일족에 속해 있던 리디아의 주권이 메름나드가로 불리는 크로이소스 일문으로 넘어간 경위는 다음과 같다.

　칸다울레스는 사르디스의 왕이었는데, 리도스 왕의 후손들의 위탁을 받아 헤라클레스와 여자 노예의 자손이 나라의 주권을 손에 넣고 나서 22대, 505년이 지나 그의 대에 이르고 있었다. 그런데 이 칸다

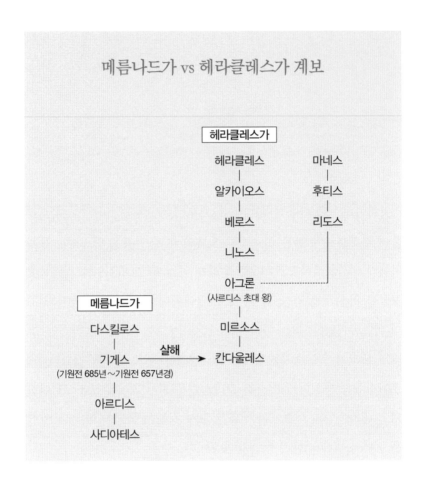

메름나드가 vs 헤라클레스가 계보

헤라클레스가

헤라클레스　　　　마네스
　｜　　　　　　　　｜
알카이오스　　　　후티스
　｜　　　　　　　　｜
베로스　　　　　　리도스
　｜
니노스
　｜
아그론
(사르디스 초대 왕)

메름나드가

다스킬로스　　　　미르소스
　｜　　　　　　　　｜
기게스　→ **살해** →　칸다울레스
(기원전 685년～기원전 657년경)
　｜
아르디스
　｜
사디아테스

울레스 왕이 아내에게 푹 빠져 세상에서 그녀보다 더 아름다운 여성
은 없다고 믿고 있었다. 그래서 가장 총애하는 시위(侍衛)인 기게스에
게 왕비의 용모를 무턱대고 칭찬하기 시작했다.

"기게스, 자네는 내가 아무리 아내의 용모에 대해 이야기를 해 줘도 별로 믿지 않는 것 같군. 백문이 불여일견(백 번 듣는 것이 한 번 보는 것만 못하다는 뜻)이라는 말도 있으니, 한번 그녀가 옷을 벗은 모습을 보는 게 좋겠어."

칸다울레스가 기게스에게 이렇게 말했다. 그러자 기게스가 큰소리로 외치며 다음과 같이 대답했다.

"전하, 왕비 마마의 벗은 모습을 보라니, 무슨 당치 않은 말씀이십니까? 여자는 옷과 함께 부끄러운 마음도 내던져 버리게 마련입니다. 지혜를 배워야 하는 옛사람의 명언이 많은데, 그중에 '각기 자신의 것만 보아야 한다'는 말이 있습니다. 저는 정말로 왕비 마마께서 이 세상에서 가장 아름다운 분이시라고 믿고 있습니다. 그러니 부디 제게 무리한 일을 요구하지 말아 주십시오."

기게스는 이 일로 인해 자신에게 재난이 닥칠까 두려워 왕의 제안을 거절하려 했다. 그러나 왕이 이렇게 말했다.

"두려워하지 말게, 기게스. 내가 이런 말로 자네를 시험하려는 것이 아니니 의심하지 말게. 또 왕비에게 무슨 위해를 당하지 않을까 염려할 필요도 없네. 자네가 보고 있는 것을 왕비가 알아채지 못하도록 내가 손을 쓰겠네. 즉 우리가 자는 침실로 먼저 자네를 들여보내고 문 뒤에 몸을 숨기도록 해 주겠네. 그렇게 해 놓고 내가 들어간 뒤에 왕비도 침실로 올 걸세. 입구 근처에 의자가 하나 있는데, 왕비는 옷을 하나하나 벗어 그 위에 놓아 둘 것이고, 그때 자네는 충분히 볼 수 있을 게야. 왕비가 의자 곁을 떠나 침대 쪽으로 걸어가기 시작하면, 즉 자네가 등을 보게 되면 그 기회를 놓치지 말고 발견되지 않도록 조심하면서 문밖으로 나가면 되네."

기게스는 피할 수 없어 승낙했다. 칸다울레스는 잘 시간이 되었다고 생각되자 기게스를 침실로 데려갔다. 그 후 곧 왕비도 나타났다. 그리고 기게스는 왕비가 옷 벗는 모습을 지켜보다가 이윽고 그녀가 침대 쪽으로 걸어가며 등을 보이자 숨어 있던 곳에서 살그머니 밖으로 빠져나왔다. 하지만 기게스의 모습이 왕비의 눈에 띄었다. 그녀는 남편에 의해 저질러진 일을 깨닫고 몹시 부끄러웠지만 소리치지 못하고, 마음속으로 칸다울레스에게 보복하리라 다짐하면서 아무것도 모르는 것처럼 행동했다. 리디아인뿐만 아니라 대부분의 다른 이방인 사이에서도 남자들조차 남에게 알몸을 보이는 것은 치욕스러운 일이기 때문이었다.

그리하여 왕비는 이때는 아무 내색도 하지 않고 잠자코 있었지만, 날이 밝자마자 자신에게 가장 충성스러운 것으로 알고 있는 하인들을 서둘러 골라낸 뒤이어 일어날 일을 준비시키고 기게스를 호출했다. 그는 어젯밤 일을 왕비가 알고 있으리라고는 꿈에도 생각지 못하고 부름에 응했다. 전에도 종종 왕비가 그와 의논하고 싶어하면 그녀를 찾아가는 데 익숙해져 있었기 때문이다.

기게스가 오자, 왕비는 다음과 같이 말했다.

"기게스, 당신은 지금 두 갈래의 길 앞에 서 있어요. 어느 쪽이든 선택할 수 있는 기회를 주겠어요. 그중 하나는 칸다울레스를 죽이고 나와 함께 리디아 왕국을 손에 넣는 것이고, 다른 하나는 당신이 지금 곧 이 자리에서 죽는 거예요. 이런 일을 꾸민 그 사람이나 내 알몸을 보는 관습에 어긋나는 짓을 한 당신, 둘 중 한 사람은 죽지 않으면 안 돼요."

기게스는 이 말을 듣고 깜짝 놀라 잠시 멍하니 서 있었지만, 이윽고 부디 그런 선택을 강요하지 말아 달라고 간청했다. 하지만 그는 애원해도 소용없고, 실제로 왕을 죽이든가 자신이 죽어야 하는 운명에 놓여 있는 것을 깨닫고는 자신이 살아남는 쪽을 선택했다.

"본의는 아니지만 전하의 목숨을 빼앗으라고 하시니, 어떻게 공격해야 하는지 그 방법도 가르쳐 주십시오."

"그 사람이 내 알몸을 엿보게 한 그곳에서 공격해요. 그가 잠들었을 때 달려들어 해치우면 돼요."

기게스는 풀려날 수도, 달아날 수도 없는 상태에서 죽임을 당하거나 왕을 죽이지 않으면 안 되었기 때문에, 밤이 되자 왕비를 따라 왕의 침실로 들어갔다. 왕비는 그에게 단검을 건네주고 전처럼 문 뒤에 숨어 있게 했다. 그 후 칸다울레스가 잠들자, 그는 살그머니 다가가 왕을 죽이고 왕비와 왕국을 손에 넣었다.

그 후 델포이의 신탁에 의해 기게스의 왕권이 강화되었다. 칸다울레스가 살해된 데 분노해 리디아인들이 무기를 들고 반란을 일으켰을 때, 이들과 기게스의 추종자들 사이에 합의가 이루어졌다. 즉 델포이의 신탁이 기게스가 리디아 왕이라고 선언하면 그가 통치하고, 그러지 않을 경우에는 헤라클레스가로 왕권을 넘겨준다는 것이었다. 결국 메름나드가의 기게스에게 유리한 신탁이 내려졌기 때문에 그가 왕이 되었다. 다만 델포이의 무녀가 5대째에 이르러 기게스의 자손들을 상대로 헤라클레스가의 복수가 행해질 것이라고 덧붙여 말했지만, 리디아인이나 역대 왕들은 이 예언이 실현될 때까지 이 말에 주의를 기울이지 않았다. 〈제1권〉

3. 크로이소스의 영광과 쇠락

　크로이소스는 35세 때 리디아의 왕위에 올랐는데, 그리스인의 도시를 포함해 인근에 있는 여러 나라를 갖가지 트집을 잡아 공격해 마침내 할리스강 서쪽 지방을 모두 자신의 지배하에 두게 되었다. 하지만 그는 이에 만족하지 않고 섬 주민들에게까지 손을 뻗치기 위해 배를 건조하려고 했다.

　그런데 마침 이때 프리에네인 비아스, 혹은 미틸레네인 피타코스(두 사람 다 그리스의 일곱 현인으로 손꼽혔다)가 리디아의 수도 사르디스에 와서 그리스에서 뭔가 새로운 일이 벌어지고 있느냐는 크로이소스의 질문에,

　"왕이시여, 섬 주민들이 사르디스로 진격해 전하와 싸우려고 1만 명의 기병을 모으고 있습니다."

　하고 대답했다고 한다. 크로이소스는 이것을 사실로 생각하고,

　"아, 신들께서 섬 주민들의 마음속에 기마병으로 리디아를 공격하려는 생각을 심어 주시길!"

하고 말하자,

"전하께서는 말을 타고 온 섬 주민들을 본토에서 습격하고 싶어 하시는 것 같은데, 그것은 정말 타당한 생각이십니다. 하지만 섬 주민들도 전하께서 자신들을 치려고 배를 건조하려 한다는 말을 들으면, 당연히 리디아인을 바다에서 공격해 전하의 노예가 된, 본토에 사는 그리스인의 원한을 갚으려 하지 않겠습니까?"

하고 상대방이 대답했다.

크로이소스는 이런 결론이 몹시 마음에 들고 그 말에 일리가 있다고 생각되어 배의 건조를 중지시키고, 여러 섬에 사는 이오니아인과 우호 조약을 맺었다고 한다.

이 무렵 번영의 절정기에 이른 리디아의 수도 사르디스를 그리스의 모든 현인이 잇따라 방문했는데, 아테네의 현인 솔론도 그중 한 사람이었다. 그는 아테네인의 요청에 따라 법률을 만든 뒤에 자신이 제정한 법률을 폐기해야 하는 궁지에 빠지지 않기 위해 세계를 구경하고 싶다는 구실로 10여 년간 외유를 하고 있었다. 이때 이집트의 아마시스 왕을 방문하고 나서 사르디스의 크로이소스 왕 앞에 모습을 나타냈던 것이다.

크로이소스는 솔론을 손님으로 맞아들여 궁전에서 묵게 하고, 3일째인가 4일째 되는 날 시종들을 시켜 창고로 안내해 그에게 호화로운 보물을 모두 보여주게 한 다음,

"아테네의 손님이여, 당신이 현명하고, 지식을 사랑하는 마음과 세계를 구경하고 싶은 생각에서 여러 나라를 두루 돌아다녔다는 말을 많이 들었소. 그래서 당신에게 묻고 싶은 것이 있는데, 지금까지 만나 본 사람 중에서 누가 가장 행복한 것 같소?"

하고 물어 보았다. 크로이소스는 자신이야말로 세상에서 가장 행복한 사람일 거라 생각하고 이렇게 물었던 것인데, 솔론은 왕에게 아첨하지 않고,

"전하, 그 사람은 아테네인 텔로스입니다."

하고 사실 그대로 대답했다. 솔론의 말에 따르면 텔로스가 가장 행복한 사람이라 할 수 있는 첫 번째 이유는 번영하는 나라에서 살았고 잘생긴 훌륭한 자식들을 두었고, 그 자식들에게서 각기 아이들이 태어나 모두 다 어른으로 성장했기 때문이었다. 둘째로 그는 살아 있는 동안에도 유복했지만 매우 영광스러운 최후를 맞았다고 했다. 즉 엘레우시스 근처에서 아테네가 이웃 나라들과 싸울 때 구원하러 가서 적군을 패주시킨 뒤 용감하게 전사해 아테네인들이 국장을 치렀으며, 그가 쓰러진 곳에 그를 매장하고 명예를 크게 기렸다는 것이다.

크로이소스는 이 말을 듣고 그렇다면 자신은 적어도 텔로스 다음으로 행복한 사람은 되리라 기대하고, 두 번째로 행복한 사람은 누구라고 생각하느냐고 물었다. 솔론은 이렇게 대답했다.

"그 사람은 클레오비스와 비톤 형제입니다. 그들은 아르고스 태생인데 재산도 많고 체력도 뛰어났습니다. 두 사람 다 체육 경기에서 우승한 적도 있습니다. 아르고스에서 헤라 여신을 위한 대축제가 벌어지고 있을 때, 그들은 어떻게 하든 어머니를 소달구지에 태워 신전으로 모시고 가야 했습니다. 하지만 소가 제시간에 밭에서 집으로 오지 않았기 때문에, 두 젊은이는 너무 늦지 않을까 걱정되어 자신들의 목에 멍에를 메우고는 어머니가 탄 달구지를 끌고 45스타디온(약 8킬로미터)을 달려 신전에 도착했습니다. 그들은 거기에 모인 모든 사람들이 보는 앞에서 이 일을 끝낸 뒤에 가능한 한 최상의 방법으로 삶을 마감했습니다. 그리고 신께서도 이 사실을 통해 인간에게 죽음이 삶보다 얼마나 훨씬 더 좋은 것인지 명백히 보여 주셨습니다. 달구지를 에워싼 아르고스의 남자들은 두 젊은이의 엄청난 체력을 칭송한 반면에, 여자들은 이런 두 아들을 둔 어머니를 찬양했기 때문입니다. 어머니도 자식들이 이런 행동을 하고 칭찬까지 듣게 되자 몹시 기뻐하며 헤라 여신상 앞에 서서 자신의 명예를 드높여 준 두 아들 클레오비스와 비톤에게 인간으로서 얻을 수 있는 최고의 은총을 베풀어 달라고 기도했습니다. 그 후 아르고스인들이 제물을 바치고 성찬을 즐긴 뒤에 두 젊은이가 신전에서 잠들었는데, 그들이 두 번 다시 깨어나지 못했습니다. 그러자 아르고스인들은 두 사람을 최고의 인물로 보고 그들의 상을 만들어 델포이의 신전에 바쳤습니다."

크로이소스는 이런 답변을 듣자 벌컥 화를 냈다. 왕인 자신의 행복이 평민의 행복에 미치지 못한다는 생각이 들지 않았기 때문이다. 그러자 솔론이 다음과 같이 말했다.

"크로이소스 왕이시여, 저는 신께서 질투심이 많아 인간의 운명에 파란을 일으키는 것을 좋아하신다는 것을 잘 알고 있습니다. 그래서 인간은 오랫동안 살아가면서 보고 싶지 않은 것을 많이 보고, 경험하고 싶지 않은 일도 많이 겪습니다. 저는 인간의 수명을 70년으로 보는데, 이것을 날짜로 환산하면 윤달을 빼더라도 2만 5,200일, 윤달을 35개월로 보고 이것을 환산해 1,050일을 더하면 70년은 총 2만 6,250일이 되는데, 그 어느 하루도 같은 사건이 벌어지는 법이 없습니다. 전하, 인간은 이처럼 우연의 산물입니다.

저는 전하께서 놀라울 정도로 부유하고 많은 백성을 다스리고 계시다는 것을 알고 있지만, 지금 물으신 것에 대해서는 전하께서 행복하게 생애를 마치셨다는 말을 들을 때까지는 대답해 드릴 수 없습니다. 큰 부자일지라도 일생을 마칠 때까지 계속 좋은 것을 모두 소유하며 잘 살아가는 행운을 누리지 못하는 한 하루하루 벌어 먹고사는 사람보다 행복하다고 말할 수 없습니다. 대단히 부유해도 불행한 사람이 많고, 재산이 그리 많지 않아도 운이 좋은 사람이 많습니다. 돈이 많으면 욕망을 더 잘 충족시킬 수 있고 큰 재난도 견뎌낼 수 있는 두 가지 장점밖에 없지만, 운이 좋은 사람은 다음과 같은 온갖 축복을 다 누리게 됩니다. 즉 그런 재난을 겪지 않을 뿐만 아니라 불구도 되지 않고 병에도 걸리지 않습니다. 훌륭한 자식도 두고 아름다운 용모도 지니게 됩니다. 게다가 훌륭한 최후를 맞이한다면, 그 사람이이야말로 전하께서 찾고 계신 인물, 즉 행복한 사람이라고 불릴 만한 가치가 있을 것입니다. 그렇지만 임종을 맞이하기 전까지는 아직 행복한 사람이 아니라 운이 좋은 사람이라고 부르며 보류하는 것이 좋을 것입니다.

실은 사람이든 국가든 모든 것을 다 갖출 수는 없습니다. 이것이 있으면 저것이 없습니다. 가능한 한 부족한 것이 없는 상태로 계속 살다가 평온하게 세상을 떠나는 사람, 그런 사람에게만 '행복'이라는 말을 쓸 수 있다고 생각합니다. 어떤 일이든 끝에 가서 어떻게 될지 잘 살펴보아야 합니다. 신께서는 많은 사람에게 행복을 살짝 엿보게 해 주고 나서 파멸 속으로 밀어 넣는 것을 좋아하시기 때문입니다."

솔론은 이렇게 말하며 크로이소스를 기쁘게 해 주려고 하지 않았다. 그래서 크로이소스는 현재의 행복을 무시하고 무슨 일이든 결말을 보라니 어리석은 자임에 틀림없다고 생각하고는 아주 냉담한 태도로 그가 떠나는 것을 바라보았다.

그런데 솔론이 떠난 후, 크로이소스에게 무서운 천벌이 내려졌다.

아마도 자신이 세상에서 가장 행복하다고 생각해서 내려진 천벌이었을 것이다.

어느 날 밤중에 크로이소스가 꿈을 꾸었는데, 아들 아티스가 철제 창에 찔려 죽는 꿈이었다.

크로이소스에게는 두 명의 아들이 있었는데, 한 명은 말도 못하고 듣지도 못하는 장애인이었고, 다른 한 명은 무슨 일에서나 같은 연배의 젊은이들을 훨씬 더 능가했는데 그 아들이 바로 아티스였다.

이 가장 사랑하는 아들이 창에 찔리는 불길한 꿈을 꾼 뒤, 크로이소스는 자식에게 곧 이런 일이 일어나지 않을까 하는 생각이 들어 공포에 휩싸였다. 그래서 그는 서둘러 아들로 하여금 아내를 맞아들이게 하고, 또 자식이 그때까지 리디아군을 이끌고 출전하곤 했었는데 그것도 그만두게 했다. 이와 동시에 그는 투창은 물론 보통 창을 포함해 전쟁 때 사용되는 모든 무기를 남자들 방에서 여자들 방으로 옮기게 했다. 혹시 어떤 무기가 벽에 걸려 있다가 아들 머리 위로 떨어지지나 않을까 걱정되었기 때문이다.

그러던 어느 날, 크로이소스가 아들의 혼례 준비를 하고 있을 때, 살인죄를 저지른 불운한 한 남자가 사르디스에 왔다. 그는 프리기아 출신으로 왕가의 피를 이어받고 있었다. 그가 크로이소스의 왕궁에 와서 이 나라의 관습에 따라 살인죄를 씻어 달라고 간청하자, 크로이소스는 이 요청을 받아들여 그리스와 거의 비슷한 관습대로 모든 의식을 거행해 주었다.

그 후 크로이소스가 그의 출신지와 내력을 물어 보자, 그는 고르디아스의 아들이고 이름은 아드라스토스인데 본의 아니게 형제를 죽여 모든 것을 다 잃고 아버지의 나라에서 추방되었다고 대답했다.

크로이소스는 이 말을 듣고 그가 친구 집안 출신임을 알고는 왕궁에 머무르게 해 주었다.

그런데 마침 이 무렵에 미시아(리디아의 북쪽 지방)의 올림포스산에 거대한 멧돼지가 나타났는데, 이 멧돼지가 산에서 자주 내려와 미시아인들의 농작물을 망쳐 놓았다. 미시아인들이 여러 번 모여 이 멧돼지를 잡으려 했지만 아무 상처도 입히지 못하고 늘 피해만 입었다. 그래서 마침내 미시아인들이 크로이소스에게 사절단을 보내 왕자와 선발된 젊은이들, 그리고 사냥개들을 보내 달라고 간청했다. 그러나 크로이소스는 꿈을 생각해 내고 이렇게 대답했다.

"이 문제로 내 아들을 더 이상 언급하지 말라. 나는 왕자를 보내지 않을 것이기 때문이다. 내 아들은 이제 곧 결혼할 몸이기 때문에 몹시 바쁘다. 그러나 선발된 리디아인들과 나의 모든 사냥개를 보내 주고, 그들에게 열성을 다해 그대들을 도와 그 땅에서 야수를 제거하라고 명하겠다."

미시아인들이 이 대답을 듣고 만족스러워했지만, 왕의 아들 아티스가 미시아인들이 어떤 탄원을 했는지 듣고는 갑자기 들어와 아버지에게 이렇게 말했다.

"아바마마, 전에는 전쟁터나 사냥터에 자주 가서 명성을 떨치는 것이 제게 가장 고귀하고 가장 적합한 일로 생각했습니다. 그런데 아바마마께서는 지금은 제가 어디에도 못 가게 막고 계십니다. 그 동안 제가 어떤 얼굴을 하고 아고라(시장)를 오가야 하겠습니까? 시민들이 저를 어떻게 생각하겠습니까? 또 제 신부는 저를 어떤 사람으로 보겠습니까? 그러하오니 아바마마, 저를 사냥터로 보내 주시든가, 이렇게 못 가게 막는 것이 어째서 저를 위한 일이 되는지 그 이유를 설명해 주십시오."

그러자 크로이소스는 다음과 같이 대답했다.

"아들아, 실은 네가 철제창에 찔려 죽는 꿈을 꾸었단다. 그래서 나는 네가 나보다 먼저 세상을 떠나는 일이 없도록 너를 전쟁터나 사냥터에 내보내지 않기로 결정했다. 두 자식 중 하나는 농아이므로, 너는 나의 유일한 자식이기 때문이다."

그러나 아티스는 기가 꺾이지 않았다.

"아바마마께서 무엇을 염려하시는지 잘 알겠습니다. 하지만 아바마마의 말씀에 따르면 꿈속에서 제가 철제창에 찔려 죽었다고 하는데, 멧돼지를 사냥하러 가는데 어째서 철제창에 찔려 죽겠습니까? 제가 멧돼지의 크고 날카로운 이에 찔려 죽는 꿈을 꾸셨다면, 아바마마께서 못 가게 하시는 것이 당연하겠지만, 이번에는 인간이 아니라

야수와 싸우는 것인 만큼 저를 보내 주십시오."

크로이소스는 이 말을 듣자 납득이 되어 아티스에게 사냥터에 갔다 오라고 허락해 주었다. 그러고는 식객으로 머물러 있는 프리기아인 아드라스토스를 불러 아들의 보호자가 되어 멧돼지 사냥에 나서 달라고 부탁했다.

이리하여 아티스 일행은 선발된 젊은이들과 사냥개들을 데리고 올림포스산으로 가서 멧돼지를 찾아내자 빙 둘러싸고 투창으로 공격했다. 그러나 프리기아인이 던진 창이 목표물을 맞히지 못하고 빗나가 크로이소스의 아들 아티스를 명중시켰다. 이리하여 그가 철창에 찔려 죽는다는 꿈의 예언이 뜻밖의 장소에서 실현되었다. 이 사건은 즉시 크로이소스에게 보고되었다. 크로이소스는 아들의 죽음에 몹시 당황하고, 아들을 죽인 자가 다름 아닌 자신에게 은혜를 입은 사람이라는 사실에 훨씬 더 큰 충격을 받고 푸념을 늘어놓았다.

곧 유해가 운구되어 오고, 프리기아인도 행렬 뒤에서 따라왔다. 그는 눈물을 흘리면서 크로이소스 앞에 서서 양손을 내밀고 자신의 불운을 한탄한 다음, 은혜를 원수로 갚는 죄를 지었으니 부디 자신의 목을 쳐 달라고 간청했다. 크로이소스는 이 말을 듣고는 큰 불행을 겪고 있으면서도 그에게 연민을 느끼며 이렇게 말했다.

"이보게, 자네 스스로 자신에게 사형을 선고했으니 그것으로 충분하네. 자네가 본의 아니게 내 자식을 죽였지만, 자네만 나빴던 것은 아니네. 오래 전에 이런 일이 있을 거라고 경고하셨던 어느 신이야말로 책임이 있는 거지."

그 후 크로이소스는 합당한 예우를 갖추어 아들을 장사지냈다. 프리기아인은 매장이 끝나자 아티스의 무덤 위에서 스스로 목숨을 끊었다.

크로이소스는 아들을 잃고 슬퍼하며 2년 동안 조용히 지냈지만, 그 후 페르시아 왕 캄비세스의 아들 키루스가 매제인 메디아의 왕 아스티아게스의 제국을 무너뜨리고 페르시아인의 국력이 날로 신장되고 있는 것을 알고, 어떻게든 페르시아가 강성해지기 전에 그 커져 가는 세력을 저지하려고 고심하게 되었다.

크로이소스는 먼저 신탁을 받아 보려고 그리스와 리비아에 있는 여러 신탁소로 사자들을 보냈다. 어떤 사람들은 델포이로, 어떤 사람들은 포키스의 아바이로, 어떤 사람들은 도도네로, 어떤 사람들은 암피아라오스나 트로포니오스의 신탁소로 보냈다. 또한 밀레토스의 브란키다이에도 사자를 보냈다. 이상은 신의 뜻을 묻기 위해 크로이소스가 사자들을 보낸 그리스의 신탁인데, 리비아의 암몬 신 앞으로도 따로 사자를 보내 신탁을 받게 했다. 크로이소스는 신탁이 과연 어떤 것을 알고 있는지 시험해 보고, 진실을 알고 있는 것으로 밝혀지면 다시 사자를 보내 페르시아를 치는 것이 좋은지 어떤지 물어 볼 생각이었던 것이다.

크로이소스(위·아래)
리디아 최후의 왕(기원전 560?년~기원전 546년 재위)으로 세력을 크게 확장해서 소아시아 연안의 그리스 여러 도시를 정복했다.

그래서 크로이소스는 신탁을 시험할 사자들에게 사르디스를 출발한 날로부터 100일째 되는 날 신탁을 구할 것이며 크로이소스가 지금 무엇을 하고 있는지 물어 보고, 각기 신탁 받은 것을 기록한 뒤 그것을 갖고 돌아오라고 명했다. 그런데 다른 신탁들은 어떻게 답했는지 전혀 전해지지 않고 있다. 하지만 델포이에서는 크로이소스가 보낸 리디아인들이 델포이 신전에 들어가 명령받은 대로 질문을 하자마자, 델포이의 무녀가 다음과 같이 육보격(六步格, 시의 1행이 6개의 음보로 되어 있는 것)의 시로 대답했다.

> 나는 모래의 숫자도 셀 수 있고, 바다의 넓이도 잴 수 있다네.
> 나는 귀머거리의 마음도 이해하고 벙어리의 말도 듣는다네.
> 그래서 청동 솥에서 양고기와 뒤섞여 함께 끓고 있는
> 껍질이 딱딱한 거북의 냄새가 느껴지는구나.
> 그 아래에 청동이 놓여 있고
> 그 위에도 뚜껑인 청동이 있네.

리디아인들은 이 신탁을 적어 가지고 곧 사르디스로 돌아왔다. 여러 곳에 두루 파견되었던 나머지 사자들도 각기 신탁을 갖고 돌아왔는데, 크로이소스의 마음에 든 것은 암피아라오스의 것을 제외하고는 델포이의 신탁뿐이었다. 여러 신탁소로 사자들을 보낸 뒤 정해진

날 손수 몰래 거북과 어린 양을 잘게 토막 낸 다음 커다란 청동 솥에 넣고는 청동 뚜껑으로 덮고 함께 삶았던 것이다.

그 후 크로이소스는 엄청난 제물을 바쳐 델포이 신의 환심을 사려 했다. 그는 이런 수단으로 신이 좀 더 리디아 편에 서게 하고 싶었기 때문이다. 그는 희생 제물로 적합한 모든 종류의 동물 3천 마리를 바치고, 장작으로 큰 산을 쌓은 뒤 그 위에 금은으로 도금된 침대나 황금 컵, 자줏빛 의상, 그 밖의 의류 등을 올려놓고 불태웠다. 그리고 이번에는 세로 6팔라스테, 가로 3팔라스테, 높이 1팔라스테(7.4센티미터)의 금괴 117개, 중량 10탈란톤(260킬로그램, 1탈란톤은 26킬로그램)의 황금사자상, 황금제 및 은제 혼주기(混酒器, 포도주 원액과 물을 섞는 그릇), 기타 여러 가지 물품을 델포이로 보냈다. 크로이소스는 델포이 외에 암피아라오스의 신전에도 금으로 된 창과 방패를 바쳤다.

이런 보물들을 신전으로 운반하는 책임을 맡은 리디아인들은 크로이소스로부터 명을 받고 목적지에 도착하자 봉납물을 바친 뒤 다음과 같이 말하며 신탁을 구했다.

"리디아인과 그 밖의 여러 민족의 왕인 크로이소스는 여기에서 신탁을 받는 것이 전 세계에서 유일하게 참된 신탁이라 믿고 그에 적합한 봉납물을 바쳤습니다. 그래서 이번에는 그가 페르시아와 싸우러 가야 하는지, 싸우러 가야 한다면 동맹을 맺어 세력을 강화시켜야 하는지에 대해 문의 드리옵니다."

그러자 델포이와 암피아라오스 양쪽 모두 같은 내용의 답변을 내놓았다. 즉 크로이소스가 페르시아인을 공격하면 대제국을 멸망시킬 수 있다는 것이었다. 또 그리스에서 어느 나라가 가장 강한지 살펴보고 그곳과 동맹을 맺으라고 권했다.

사자들이 이런 답변을 갖고 돌아오자, 크로이소스는 몹시 기뻐하며 이제는 틀림없이 키루스의 왕국을 멸망시키게 될 것이라고 확신했다. 그래서 그는 좀 더 확실히 하기 위해 사자를 보내 인구 조사를 한 뒤 모든 델포이인에게 금화를 나누어 주고 세 번째 신탁을 구했다. 그가 자신의 왕국이 오래 지속될지 어떨지 신에게 묻자, 델포이의 무녀는 이렇게 대답했다.

노새가 메디아의 왕이 될 때에는
발이 약한 리디아인이여,
그때는 자갈이 많은 헤르모스 강을 따라 멈추지 말고 달아나라.
겁쟁이라 불리는 것을 부끄러워하지 말고.

크로이소스는 이 신탁을 듣고 그 어느 때보다 기뻐했다. 노새가 메디아의 왕이 되는 일은 결코 없을 것이고, 따라서 그 자신과 계승자들이 통치권을 잃는 일도 벌어지지 않으리라 생각했기 때문이다.

그 후 그는 그리스 국가 중에서 어느 곳이 가장 강해 동맹국으로 삼기에 적당한지 신중하게 조사하고, 그 결과 도리스족에 속하는 스파르타인과 이오니아족에 속한 아테네인이 가장 뛰어나다는 것을 알게 되었다. 그렇지만 페이시스트라토스의 독재에 의한 세 차례의 혼란에서 벗어나 겨우 안정을 되찾은 아테네에 비해, 펠로폰네소스 반도 대부분을 정복해 상승세를 타고 있는 스파르타 쪽이 더 신뢰할 만하다고 생각했다. 그래서 크로이소스는 사절단으로 하여금 선물을 갖고 스파르타에 가서 동맹을 요청하게 했다. 사절단은 자신들이 해야 할 말을 지시받고 스파르타에 도착하자 이렇게 말했다.

"리디아인과 그 밖의 여러 민족의 왕인 크로이소스 전하께서는 저희를 보내 이렇게 전하라 하셨습니다. '스파르타인 여러분, 신께서 내게 그리스인을 우방으로 삼으라고 명하셨습니다. 그래서 나는 귀국이 그리스의 최강대국임을 알고 신탁에 따라 진실로 성실하고 정직하게 귀국의 우방이자 동맹국이 되고 싶어 이것을 정중히 제의하는 바입니다.'"

스파르타인은 이미 크로이소스가 받은 신탁에 대해 들어 알고 있는데다가 전에 크로이소스로부터 황금을 선물 받은 적도 있었다. 게다가 그리스 국가 중에서 스파르타를 특별히 우방으로 선택해 주었기 때문에 기꺼이 크로이소스의 제안을 받아들였다.

이리하여 크로이소스는 신탁을 잘못 해석하고 키루스를 패배시키고 페르시아인의 제국을 멸망시킬 수 있으리라 기대하고는 카파도니

리디아의 금화

리디아의 수도 사르디스의 성채

델포이의 야외극장
델포이는 신의 뜻을 묻는 '신탁'으로 유명한 아폴론 신전이 있던 고대 도시다.

아로 군대를 진격시켰다. 그런데 그가 아직 공격 준비를 하고 있을 때, '산다니스'라는 리디아의 현인이 그에게 이렇게 간언했다.

"전하께서 출병 준비를 하고 계시는 상대는 입을 것이라곤 가죽 제품밖에 없는데다가 메마른 땅에서 살기 때문에 먹고 싶은 만큼 먹지도 못하고 포도주도 즐기지 못한 채 물을 마시며, 무화과는 물론 맛있는 것이라곤 아무것도 없습니다. 그러므로 그들을 이기신다 하더라도 아무것도 없는 그들에게서 대체 무엇을 얻을 수 있겠습니까? 그러나 전하께서 그들에게 패하신다면 귀중한 것을 얼마나 많이 잃게 될지 생각해 보십시오. 일단 그들이 우리가 갖고 있는 훌륭한 것들에 맛들이게 되면, 그들이 꽉 쥐고 놓지 않아 떼어 놓을 수 없을 것입니다. 저는 페르시아인들이 리디아에 침입할 마음을 먹지 않게 해주시는 신들께 감사하고 있습니다."

그의 말이 옳았지만, 크로이소스는 이 충언을 받아들이지 않았다.

크로이소스는 군대를 진격시켜 메디아 제국과 리디아 제국의 경계를 이루고 있는 할리스강으로 향했다. 그는 이 강변에 이르러 군대를 도하시켰는데, 내 생각에는 그곳에 놓여 있던 다리를 이용해 건넜을 것 같다. 하지만 그리스에 널리 퍼져 있는 이야기에 의하면, 당시에는 아직 다리가 없어 크로이소스는 군대가 강을 어떻게 하면 건널 수 있을지를 놓고 당황하고 있을 때, 마침 진영에 있던, 일식을 예언한 유명한 탈레스(그리스의 도시 밀레토스 출신의 철학자)가 크로이소스를 위해 진지 왼쪽으로 흐르는 강을 오른쪽으로도 흐르게 했다고 한다. 진지 위쪽에서부터 시작해 수로를 초승달 모양으로 깊이 파 강물이 진지의 오른쪽으로도 흐르게 하고 하류에서 다시 본류로 흘러 들어가게 했다는 것이다. 그 결과 강물이 둘로 나뉘어 양쪽 다 걸어서 건너갈 수 있게 되었다고 한다.

크로이소스는 군대와 함께 할리스강을 건너 카파도키아의 프테리아라 불리는 지역에 도착하자 여기에 진지를 구축하고 시리아인들의 전답을 황폐화시키기 시작했다. 게다가 그는 프테리아인들의 도시를 점령해 주민들을 노예로 삼고, 또 인근 도시들을 모두 점령한 뒤 아무 죄도 짓지 않은 시리아인들을 고향에서 내쫓아 버렸다.

한편 키루스는 자신의 군대를 모으고, 또 오는 도중에 주민들을 모두 징발해 군사력을 늘리면서 프테리아에 도착했다. 그리하여 마침내 이 지역에서 양군이 대결하게 되었다. 한 차례 격렬한 전투가 벌어졌지만 양쪽 다 많은 전사자만 내고 결국 밤이 되어 승패를 가리지 못한 채 서로 헤어졌다.

크로이소스는 자신이 승리하지 못한 것은 자신의 군대가 병력 수에서 키루스의 군대에 비해 훨씬 열세이기 때문이라고 생각하고, 다음 날 키루스가 공격하지 않자 군대를 사르디스로 철수시켰다. 그는 진작 동맹을 맺은 이집트의 아마시스 왕이나 바빌론의 라비네토스 왕에게 지원을 요청하고 스파르타에도 원군을 보낼 날짜를 알려 준 뒤, 자신의 군대에 이 군대들을 합쳐 봄이 되자마자 또다시 페르시아를 공격할 작정이었던 것이다.

사르디스로 돌아오자 크로이소스는 곧 여러 동맹국에 사자를 보내 5개월 후에 군대를 보내 달라고 요청했다. 프테리아에서 막상막하의 전투를 벌이며 승부를 보지 못했기 때문에 키루스가 감히 사르디스까지 공격해 오지는 않으리라 생각하고, 크로이소스는 용병 부대를 해산시켰다.

그런데 크로이소스가 아직 이런 것을 계획하고 있을 때, 사르디스의 교외가 갑자기 뱀으로 들끓게 되었다. 그리고 뱀들이 나타나자 말들이 목장의 풀을 먹지 않고 교외로 몰려가 뱀을 잡아먹었다. 크로이소스가 이런 보기 드문 광경을 보고 어떤 전조로 생각하고는 곧 텔메소스의 점쟁이들에게 사자들을 보냈다. 사자들은 그 도시에 도착해 텔메소스인들로부터 그 전조가 무엇을 예고하는지 설명을 들었지만, 사르디스로 돌아오기 전에 크로이소스가 사로잡혀 버려 보고를 할 수 없었다. 그러나 텔메소스인들은 크로이소스가 외국 말을 하는 군대가 침입해 올 것을 예상해야 하고, 또 그들이 오면 그 땅에 사는 주민들을 정복할 것이라는 결론을 내렸다고 한다. 그들의 말에 따르면 뱀은 대지의 자식이고, 말은 외부의 적이기 때문이라는 것이었다.

그러나 키루스는 프테리아 전투 이후 크로이소스가 갑자기 철수하자 그가 군대를 해산하리라는 것을 알아차리고 깊이 생각한 끝에 리디아인이 다시 군대를 모으기 전에 서둘러 사르디스를 공격하는 것이 좋겠다는 결론을 내렸다.

그래서 키루스는 크로이소스가 소식을 전혀 듣지 못할 정도로 신속히 리디아로 진군해 사르디스 앞에 있는 평야에 도착했다. 크로이소스는 사태가 전혀 예상치 못한 방향으로 흘러 극도로 곤란한 처지에 놓였지만 리디아군을 이끌고 전투에 나섰다. 실제로 당시 아시아에는 리디아인보다 더 용감하고 호전적인 민족이 없었다. 그들의 전투 방식은 말을 탄 채 긴 창을 휘두르며 싸우는 것이었고, 또 그들은 승마 기술이 뛰어났다.

키루스는 리디아군이 평야에서 전투 대형을 갖추는 것을 보자 그 기마대의 위력에 두려움을 느껴 메디아인 하르파고스의 건의를 받아들여 다음과 같은 작전을 세웠다. 즉 식량과 자재를 싣고 따라온 낙타를 전부 모은 뒤 짐을 내리고 그 대신 기병들을 태운 다음 이들을 맨 선두에 세웠다. 키루스는 말은 낙타를 무서워해서 그 모습을 보거나 냄새만 맡아도 견디지 못한다는 사실에서 실마리를 찾아내 크로이소스가 큰 기대를 걸고 있는 기병대를 무력화시키려 했던 것이다.

그리하여 양군이 전투에 들어가자 리디아의 말들이 낙타들을 보고 그 냄새를 맡고는 곧 발길을 돌려 쏜살같이 달아나 버렸다. 그래서 크로이소스의 희망이 무너져 버렸지만, 용감한 리디아 병사들은 무슨 일이 일어났는지 깨닫자 말에서 뛰어내리고는 도보로 페르시아군에 대항했다. 전투가 오래 지속되었지만, 마침내 양군 모두 많은 사상자를 낸 뒤 리디아군이 등을 돌리고 달아났다. 그들은 사르디스의 성벽 안으로 쫓겨 들어간 뒤 페르시아군의 포위 공격을 받게 되었다.

크로이소스는 이 포위 공격전이 오래 지속되리라 생각하고 다시 동맹국들에 사자를 보냈다. 지난번에는 5개월 안으로 원군을 사르디스에 집결시켜 달라는 통지를 보냈지만, 이번에는 포위되어 있으니 가능한 한 빨리 원군을 보내 달라고 요청했다. 그러나 사자의 말을 듣고 스파르타인이 급히 원군을 보내려고 배를 준비했을 때에는 이미 사르디스가 함락되고 크로이소스가 사로잡혔다는 소식이 전해졌을 때였다.

크로이소스가 포위당한 지 14일째 되는 날, 키루스가 성벽에 가장 먼저 오르는 자에게 상을 주겠다고 선언했다. 그래서 전군이 그것을 시도했지만 성공하지 못하고 단념하고 있을 때, 마르도이족의 히로이아데스라는 자가 절벽이라 공격하기 불가능하리라 생각하고 경비병을 배치해 놓지 않은 성벽 쪽으로 올라가고, 다른 페르시아군 병사들도 그 뒤를 따라 올라갔다. 마침내 많은 병사가 올라가는 데 성공해 사르디스가 함락되고, 시 전체가 약탈당했다.

키루스는 다른 리디아인은 용서 없이 닥치는 대로 죽여도 좋지만 크로이소스만은 저항하더라도 죽이지 말고 사로잡으라고 명령해 놓고 있었다. 그런데 성이 점령되었을 때 한 페르시아 병사가 크로이소스를 다른 사람으로 착각하고 죽이려는 찰나, 크로이소스의 벙어리 아들이 무섭고 슬픈 나머지 갑자기 입을 열며,

"이봐, 크로이소스 왕을 죽이면 안 돼."

하고 처음으로 말을 했다. 그 후 그는 일생 동안 말을 할 수 있게 되었다고 한다. 이리하여 페르시아군은 사르디스를 점령하고, 크로이소스는 재위 14년, 포위당한 지 14일 만에 신탁대로 자신의 대제국을 잃고 포로가 되었다.

페르시아군은 크로이소스를 사로잡자 키루스 앞으로 끌고 갔다. 키루스는 화장용 장작을 높이 쌓아 놓은 뒤, 크로이소스로 하여금 차꼬(두 개의 기다란 나무토막을 맞대어 그 사이에 구멍을 파서 죄인의 두 발목을 넣고 자물쇠를 채우는 형벌 도구)가 채워진 상태로 14명의 리디아 소년과 함께 그 위에 올라가게 했다. 키루스는 승리의 첫 제물로 삼아 신에게 바칠 생각이었는지도 모르고, 혹은 맹세했던 것을 실행에 옮기고 있었는지도 모르고, 혹은 크로이소스가 신을 깊이 숭상한다는 말을 들었기 때문에, 그가 불에 타 죽으려 할 때 신이 그를 구원 하는지 어떤지를 보고 싶었을지도 모른다.

장작 위에 올라선 크로이소스는 깊은 비탄을 느끼는 가운데 '인간은 살아 있는 한 그 누구도 행복하다고 할 수 없다'는 솔론의 말 속에 신의 경고가 들어 있다는 생각이 들었다. 그러자 그가 오랜 침묵을

깨고는 깊은 한숨을 내쉬고 큰소리로 신음 소리를 낸 뒤 솔론이라는 이름을 세 번 불렀다고 한다.

키루스가 이 말을 듣고 통역자에게 그가 부른 사람이 누군지 물어보게 했다. 크로이소스는 처음에는 대답하지 않다가 다그쳐 묻자 오래 전에 아테네인 솔론이 어떻게 해서 자신을 찾아오게 됐고, 그에게 자신의 온갖 호화로운 물품을 다 보여 주었지만 그가 어떻게 그것을 가볍게 여기면서 인간의 참된 행복에 대해 말해 주었는지, 또 자신의 운명이 어떻게 그의 예언대로 되었는지 상세히 이야기해 주었다.

크로이소스가 이렇게 말하는 동안 이미 장작에 불이 붙어 가장자리부터 타오르기 시작했다고 한다. 크로이소스의 이야기를 들은 키루스가 나쁜 짓에 대한 보복이 두렵고 인생의 덧없음이 절실히 느껴져, 가능한 한 빨리 불을 끄고 크로이소스와 아이들을 장작 위에서 데리고 내려오라고 명했을 때는 이미 불길이 거세져서 어떻게 손을 쓸 도리가 없었다고 한다.

그런데 키루스가 마음을 바꾼 것을 알게 된 크로이소스가 큰소리로 외치며 아폴론 신에게 자신이 델포이에 바친 봉납물이 마음에 들었다면 자신을 도와 이 재난에서 구해 달라고 눈물을 흘리면서 간청하자, 바람 한 점 없이 맑기만 하던 하늘에 구름이 몰려오더니 갑자기 폭풍우가 몰아치며 폭우가 쏟아져 불이 꺼지고 말았다고 한다.

그래서 키루스는 크로이소스가 신들의 사랑을 받는 훌륭한 인물임을 깨닫고는 장작 위에서 내려오게 한 뒤 그에게 이렇게 물었다.

"크로이소스여, 그대를 설득해 우리나라를 공격하게 한 자는 대체 누구요?"

그러자 크로이소스는 다음과 같이 대답했다.

"왕이시여, 제가 한 일은 전하께는 이익이 되고 제 자신에게는 손해가 되었습니다. 책임이 있다면 그것은 저를 부추겨 전쟁을 벌이게 한 그리스인의 신에게 있습니다. 평화보다 전쟁을 좋아할 만큼 어리석은 사람은 없습니다. 평시에는 아들이 아버지를 장사지내지만, 전시에는 아버지가 아들을 장사지내지 않으면 안 되기 때문입니다. 하지만 신들께서는 이런 일들이 일어나는 게 즐거웠던 것 같습니다."

키루스는 크로이소스의 차꼬를 벗겨 주라고 명한 뒤 옆에 앉히고 매우 정중하게 대했다. 그리고 그 자신과 주변 사람들은 모두 크로이소스를 경탄 어린 눈으로 바라보았다. 크로이소스는 말없이 깊은 생각에 잠겨 있다가 이윽고 고개를 돌려 페르시아인들이 리디아의 수도를 약탈하는 것을 보고는 키루스에게 물었다.

"전하, 제 생각을 말씀드려도 되겠습니까?"

키루스는 거리낌 없이 무엇이든 내키는 대로 말하라고 명했다.

"저기 보이는 저 사람들은 무엇을 하느라 저렇게 바쁩니까?"

하고 크로이소스가 묻자,

"그대의 도시를 약탈하고 그대의 재물을 빼앗고 있소."

하고 키루스가 대답했다. 크로이소스는 이 말을 듣자 다음과 같이
말했다.

"저 사람들이 약탈하고 있는 것은 제 도시가 아니고, 그들이 빼앗
고 있는 것도 제 재물이 아닙니다. 그것들은 더 이상 제 것이 아닙니
다. 그들이 약탈하고 있는 것은 전하의 재산입니다."

크로이소스의 이 말이 마음에 걸려 키루스는 주위 사람들을 모두
물리친 뒤, 약탈과 관련해 자신이 어떻게 하는 것이 가장 좋겠느냐고
물었다. 크로이소스는 이렇게 대답했다.

"신들께서 저를 전하의 노예로 만드셨기 때문에, 무엇이든 전하께
이익이 되는 것을 보면 전하께 말씀드리는 것이 제 의무인 것 같습니
다. 전하의 백성인 페르시아인은 본래 제어하기 힘든 가난한 민족입
니다. 따라서 약탈하도록 내버려 두어 그들이 막대한 재물을 소유하
게 되면, 그 결과 다음과 같은 일을 겪게 되실 것입니다. 즉 누구든
가장 재물을 많이 손에 넣은 자가 이윽고 전하께 반기를 들 것입니
다. 그러므로 제 말이 마음에 드신다면 이렇게 하십시오. 친위대 중
에서 몇 명을 선발해 각 성문에 보초로 세워 놓고 병사들이 도시를
떠날 때 그들에게서 약탈품을 빼앗고, 제우스신께 10분의 1을 바쳐
야 하기 때문에 그렇게 하는 것이라고 말하게 하십시오. 그렇게 하면
전하께서 강제로 빼앗았다는 이유로 그들의 미움을 사시는 일도 없
을 것이고, 그들도 또한 이것이 당연하다고 생각하고 기꺼이 재물을

내놓을 것입니다."

키루스는 이 말을 듣고는 정말 현명한 충고라 생각했기 때문에 대단히 기뻐했다. 그는 크로이소스를 크게 칭찬하고 친위대에 명해 그가 제안한 대로 하게 한 뒤 크로이소스를 돌아보며,

"크로이소스여, 그대는 말이나 행동 모두 훌륭한 왕으로서의 품격을 갖추고 있소. 그대가 원하는 것이 있으면 무엇이든 즉시 들어줄 테니 말해 보시오."

하고 말했다. 이에 대해 크로이소스는,

"전하, 그렇다면 제가 전에 가장 숭상했던 그리스인의 신에게 이 차꼬를 보내, 그 신은 잘 섬기는 사람을 속이길 좋아하느냐고 물어보게 해 주십시오. 그렇게 해 주신다면 그보다 더 큰 기쁨은 없을 것입니다"

하고 대답했다. 키루스가 이 말을 듣고는 어째서 신을 비난하느냐고 물어 보았다. 그러자 크로이소스는 자신이 세웠던 계획과 신탁을 받은 일, 자신이 보낸 봉납품, 신탁의 부추김을 받아 페르시아를 공격한 일 등을 빠짐없이 자세히 이야기해 주었다. 그러고는 마지막에 또다시 신의 행동을 나무랄 수 있게 해 달라고 간청했다.

키루스는 웃으며 이렇게 대답했다.

"크로이소스여, 이번뿐만 아니라 앞으로도 그대의 소원은 무엇이든 다 들어주겠소."

크로이소스는 이 말을 듣고는 리디아인 몇 명을 델포이에 보내면서 이렇게 명했다. 즉 먼저 차꼬를 신전 입구에 내려놓고 그것을 보이면서 크로이소스가 얻은 결과가 이것인데, 신탁을 통해 키루스 제국을 멸망시킬 수 있을 것이라고 설득하며 페르시아를 공격하도록 그를 부추긴 것이 부끄럽지 않은지, 그리스 신들은 은혜를 잊어버리는 것을 옳다고 생각하는지 신에게 물어 보게 했다.

리디아인들이 델포이에 도착해 명령받은 대로 말하자, 무녀는 다음과 같이 말했다고 한다.

"정해진 운명은 신도 피할 수 없다. 크로이소스는 헤라클레스 가의 일개 시위의 몸이면서 한 여자의 음모에 가담해 주군을 죽이고 불법적으로 왕위를 빼앗은 5대 선조의 죗값을 치른 것이다. 아폴론은 사르디스의 재난이 크로이소스가 아니라 그 자식 대에 일어나길 바랐지만 운명을 바꿀 수는 없었다. 하지만 운명이 허락하는 한 아폴론은 일을 성사시키고 그것을 크로이소스에게 선물로 주었다. 즉 사르디스의 함락을 3년 뒤로 연기시키고, 그가 바야흐로 불에 타 죽으려 할 때 도와주었다.

신탁에 대해 말하자면, 크로이소스에게 페르시아를 치러 가면 대제국을 멸망시키리라고 예언했다. 이는 대제국을 페르시아라고 성급히 단정한 크로이소스에게 잘못이 있었던 것이다. 또 '노새가 메디아 왕이 될 때'라는 신탁의 '노새'는 키루스를 가리키고 있었다. 즉 키루스의 어머니는 고귀한 집안 출신의 메디아인이고, 아버지는 페르시아인으로 메디아의 속국인이었기 때문이다."

무녀의 이 말이 이윽고 사자들을 통해 크로이소스에게 보고되었다. 그는 이 말을 듣고는 신이 아니라 자신에게 잘못이 있음을 인정했다. 〈제1권〉

4. 페르시아의 융성

이제는 크로이소스의 제국을 무너뜨린 키루스는 어떤 인물이었는지, 또 페르시아인은 어떻게 해서 아시아의 패권을 손에 넣게 되었는지 묻지 않으면 안 된다. 그래서 앞으로는 이러한 것들을 되도록 과장하지 않고 있는 그대로 기술하고자 한다.

상아시아(소아시아의 북쪽 지역)를 520년 동안이란 오랜 세월에 걸쳐 지배한 것은 아시리아인이고, 이 아시리아인으로부터 맨 먼저 벗어나려고 한 것은 메디아인이었다. 메디아인은 자유를 얻기 위해 아시리아와 싸워 노예에서 해방되었다. 그 후 다른 여러 민족도 메디아인의 뒤를 따라 차례로 독립하게 되었지만, 다음과 같은 경위로 다시 전제 정치의 길을 걷게 되었다.

메디아에 데이오케스라는 이름의 매우 유능한 남자가 있었는데, 그는 프라오르테스의 아들이었다. 이 데이오케스가 독재 권력에 대한 야심을 품고, 부정행위가 만연하는 부락에서 유일하게 정의를 지키려 애썼다. 이런 그를 같은 부락에 사는 메디아인들이 자신들의 재판관으로 선출한 것은 당연한 일이었을 것이다. 주권을 노리는 그가 새로 맡은 직책을 정직하고 공정하게 수행했음은 두말할 나위도 없다. 이리하여 그의 이름이 점점 높아져 인근 지방은 물론 먼 곳에서도 그의 공정한 재판을 기대하며 사람들이 찾아오게 되었다. 마침내 그는 메디아인들이 신뢰할 수 있는 유일한 인물이 되었다.

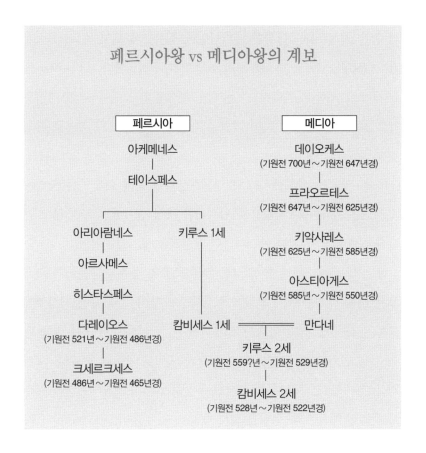

데이오케스는 무엇이든 다 자신에게 맡기는 것을 알아차리고는 이제는 더 이상 재판관 자리에 앉아 판결을 내리고 싶지 않다고 선언했다. 그 구실은, 자신의 일을 내팽개치고 이웃 사람들을 위해 온종일 재판에 매달려도 자신에게는 돌아오는 것이 아무것도 없기 때문이라는 것이었다.

이리하여 메디아 곳곳에서 약탈이나 불법적인 행위가 전보다 한층 더 판을 치게 되자, 당황한 메디아인들이 한곳에 모여 논의를 하고, 그 결과 왕을 뽑아 그에게 정치를 맡기기로 결정했다. 그리고 누구를 왕으로 세울 것인가 하는 문제가 제기되자, 모든 사람이 데이오케스를 추천했다. 그리하여 그들은 마침내 그를 왕으로 삼기로 합의했다.

데이오케스는 왕위에 오르자 곧 자신의 지위에 어울리는 궁전을 짓고 자신이 원하는 사람으로 친위대를 구성하는 한편, 장대하고 견고한 성벽을 쌓아 지금 아그바타나라 불리는 도시를 건설했다.

다음으로 그는 의례를 정했다. 아무도 왕을 접견하지 못하게 하고 모든 것을 사자를 통해 전달하게 했다. 또 왕이 그 모습을 백성에게 보이지 못하게 하고, 어떻든 간에 누구든 왕 앞에서 웃거나 침을 뱉는 것을 범죄로 간주했다. 그가 이렇게 위엄을 보이려 한 것은 자신과 함께 자란, 가문도 능력도 자신에 못지않은 친구들이 자신을 자주 보게 되면 배가 아파 모반을 꾀하지 않을까 걱정되었기 때문이다. 자신이 모습을 보이지 않으면 이윽고 그들도 자신을 다른 존재로 믿게 되리라 생각했던 것이다.

데이오케스가 메디아의 여러 부족을 통합해 하나의 국가로 성립시키고 53년간 통치한 뒤 세상을 떠나자, 그의 아들 프라오르테스가 왕위를 계승했다.

프라오르테스는 메디아만을 통치하는 데 만족하지 않고 페르시아를 공격해 속국으로 만들고, 그 힘으로 아시아 민족을 차례로 정복했다. 그리고 마지막으로 아시리아를 공격하다가 전사하고 말았는데, 이것은 그의 재위 22년째 되는 해의 일이었다.

그 후 그의 아들인 키악사레스가 왕위에 올랐다. 이 왕은 선조들보다 훨씬 더 호전적이고, 최초로 아시아군을 조직화해 부대별로 편성하고 창병, 궁병, 기병을 별도로 구성했다고 한다. 할리스강 동쪽에 있는 아시아의 영토를 모두 통일한 그는, 부친의 원수를 갚고자 아시리아로 출병해 그 군대를 쳐부수고 니노스를 포위 공격했는데, 이때 마디에스 왕이 이끄는 스키타이인 대군의 공격을 받았다.

스키타이인은 유럽에서 킴메리아인을 몰아내고 도망치는 자들을 추격해 이곳까지 들어왔던 것이다. 그들은 28년간 아시아에 군림하면서 난폭하고 무절제한 통치를 일삼은 뒤에 키악사레스와 메디아인에게 다시 쫓겨났다. 키악사레스는 그 후 바빌로니아 지역을 제외하고 아시리아인을 모두 정복한 뒤 재위 40년 만에 세상을 떠났다.

키악사레스의 아들 아스티아게스가 그 뒤를 이어 왕위에 올랐는데, 그에게는 만다네라는 공주가 있었다.

어느 날 밤 그는 딸 만다네가 엄청난 양의 소변으로 자신의 도시는 물론 전 아시아를 침수시키는 꿈을 꾸었다. 그는 마고스(마구스, 메디아 왕국에서 비롯된 사제 계급)들의 해몽을 듣고 놀라, 결혼 적령기가 되자 꿈대로 되지 않도록 자신의 신분에 어울리는 메디아인 중에서 사위를 고르지 않고 공주를 페르시아인에게 시집보냈다. 이 남자는 가문도 훌륭하고 성격도 조용했지만, 왕은 이 청년의 신분이 메디아의 중류층보다 훨씬 낮다고 생각했던 것이다.

그런데 만다네가 페르시아인 캄비세스에게 시집간 그해에 아스티아게스가 또다시 꿈을 꾸었다. 이번에는 딸의 자궁에서 포도나무가 자라나 아시아 전역을 뒤덮는 꿈이었다. 마고스들의 판단에 따르면 이 꿈은 만다네의 아들이 아스티아게스의 뒤를 이어 제국을 지배하게 될 것을 예고한다는 것이었다. 이에 놀란 아스티아게스는 부랴부랴 임신 중인 딸을 페르시아에서 불러들이고, 사내아이인 키루스가 태어나자 즉시 가까운 친척이자, 메디아인 중에서 가장 믿을 수 있는 하르파고스를 불러 갓난아기를 죽이라고 명령했다.

하르파고스는 죽기 전에 새 옷으로 갈아입힌 아기를 건네받고 울면서 서둘러 집으로 돌아왔다. 하지만 그는 왕의 명대로 할 생각이 없었다. 어쨌든 이 아기는 자신의 혈족이고, 또 아스티아게스 왕은 나이가 많은데 아직 왕자가 없었다. 만일 왕이 죽으면 당연히 왕위가 아이의 어머니인 공주에게로 넘어갈 것인데, 그럴 경우 자신에게 더 없이 큰 위험이 닥칠 터였다. 하지만 자신의 안전을 위해서는 아이를 죽이지 않으면 안 되었다. 그래서 그는 자신이 아니라 아스티아게스 왕에 속하는 하인에게 그 일을 맡기기로 하고, 아그바타나의 산기슭에서 가축을 키우고 있는 목동을 불러 이렇게 말했다.

"국왕 전하의 명이시다. 이 아이를 데리고 가서 가장 빨리 죽을 수 있도록 인적이 매우 드문 산속에 버려라. 전하께서는 아이를 죽이지 않고 돕는다면 극형에 처하겠다고 하셨다."

그래서 목동이 아기를 안고 산기슭에 있는 자신의 오두막으로 돌아왔는데, 마침 신의 뜻이었는지 목동이 집을 비운 사이에 만삭의 몸으로 오늘 내일 하던 그의 아내가 아기를 낳았다.

목동의 아내는 그가 무사히 돌아온 것을 보고 안도의 한숨을 내쉬며, 갑자기 불려갔던 이유를 묻자, 그는 금 장식품으로 꾸며지고 자수가 놓인 옷을 입고 있는 아기를 아내에게 보여 주며 하르파고스의 이야기를 들려주었다. 크고 잘생긴 키루스를 보자, 그의 아내는 남편의 무릎에 매달리며 이 아기를 버리지 말아 달라고 남편에게 울면서 애원했다. 그는 후환이 두려워 좀처럼 허락하지 않았다. 이윽고 아내로부터 자신이 집을 비운 사이에 아기를 낳았지만 사산이었다는 말을 듣자 납득을 하고, 죽은 아기를 산에 버리고 키루스를 집에서 기르는 데 동의했다. 그는 죽은 자기 자식에게 키루스의 옷을 입히고 산속의 인적이 드문 곳에 버리고는 이틀 뒤에 도시로 가서 하르파고스에게 언제든지 아기의 시신을 보여 줄 수 있다고 말했다. 그러자 하르파고스는 가장 충성스런 하인들을 보내 시신을 살핀 뒤 땅에 묻게 했다.

이리하여 나중에 키루스라는 이름으로 알려지게 되는 아이를 목동의 아내가 맡아 길렀는데, 이때는 의심할 나위 없이 그에게 다른 이름을 지어 주었을 것이다.

그러나 키루스가 열 살이 되었을 때 다음과 같은 일이 일어나 그가 누구인지 밝혀지게 되었다. 어느 날 그가 같은 또래의 아이들과 놀고 있었는데, 아이들이 그를 왕으로 뽑았다.

그래서 그는 왕궁을 짓게 하거나 친위병 노릇을 하거나 왕의 눈의 역할을 하거나 사자 노릇을 하게 하는 등 아이들 모두 각각의 임무를 맡게 했다. 그런데 메디아의 유명인사인 아르템바레스의 아들도 그 속에 끼어 놀고 있었는데, 이 아이가 명령에 따르지 않자 키루스는 다른 아이들에게 그 아이의 손발을 잡게 하고 채찍으로 호되게 때렸다. 그 아이는 풀려나자 자신의 신분에 어울리지 않은 대우를 받은 데 분노해 서둘러 도시로 돌아가 아버지에게 하소연했다. 이 이야기를 듣고 분개한 아르템바레스는 자식을 데리고 아스티아게스를 찾아가, 왕의 노예인 목동의 자식에게 자신들이 모욕을 당했다고 말했다.

　아스티아게스가 이 말을 듣고 상처도 본 뒤 아르템바레스를 위해 그의 아들의 복수를 해 주려고 급히 사람을 보내 목동과 그의 아들 키루스를 불러들인 뒤 사실 여부를 물었다. 그러자 키루스가 자신이 한 일은 정당했다고 당당히 말했다. 마을의 아이들이 놀다가 자신을 왕으로 뽑았고, 다른 아이들은 모두 자신의 명령에 복종했지만 그 아이만 말을 듣지 않고 자신을 무시해 벌을 내렸다는 것이었다. 또한 자신이 벌을 받아야 한다면 순순히 따르겠다고 덧붙여 말했다.

　아스티아게스는 키루스가 이렇게 말하는 동안 저 아이가 누구일까 하는 의심이 들었다. 얼굴이 자신과 비슷해 보이고 그 대답이 고상한 듯한 느낌이 드는데다가, 외손자를 버린 시기와 이 아이의 나이가 일치하는 것 같았다.

　그는 깜짝 놀라 한동안 침묵을 지키다가 가까스로 마음을 가라앉히고는 만족할 수 있는 조치를 취하겠다며 아르템바레스를 돌려보내고, 시종에게 명해 키루스를 다른 방으로 데려가게 했다. 목동과 단둘이 있게 되자, 그는 아이를 어디서 얻었으며 누가 건네주었느냐고 물었다. 목동은 처음에는 자기 아이라고 주장했지만, 아스티아게스가 친위병을 불러 고문하라고 하자 모든 사실을 털어놓았다.

　이리하여 사실을 알게 된 아스티아게스는 목동에게는 거의 마음을 쓰지 않았지만 하르파고스에게는 몹시 격분했다. 그래서 친위대에 명해 그를 불러들인 뒤 자신이 맡긴 딸의 자식을 어떻게 죽였느냐고 물었다. 하르파고스는 목동이 왕궁에 있는 것을 보고는 거짓말을 하면 곧 탄로나리라 생각하고 사실대로 말했다. 즉 갓난아기는 목동이 죽이고, 자신은 가장 믿을 수 있는 내시들을 보내 유해를 검시한 뒤 매장하게 했다고 말했다.

아스티아게스는 마음속으로는 몹시 화가 났지만 이것을 내색하지 않고, 자신이 목동에게 들은 이야기를 해 준 뒤 아이가 실은 살아 있다고 가르쳐 주었다. 그리고 자신도 몹시 마음이 아팠고 딸에게서도 원망을 들어 마음이 편치 않았는데 좋은 결말로 끝나 다행이라고 말하고, 신들께 감사하기 위해 제물을 바치고 축하연을 열 생각이니 여기에 꼭 참석하고, 또 함께 놀도록 아들을 키루스가 있는 곳으로 보내 달라고 부탁했다.

하르파고스는 모든 것이 다 잘되었다고 생각하고 몹시 기뻐하며 집으로 돌아오자 곧 13세쯤 된 외아들을 불러 아스티아게스 왕의 궁전으로 보냈다. 그러나 아스티아게스는 하르파고스의 아들이 도착하자 그를 살해하고 토막 낸 뒤 일부는 불에 굽고 다른 일부는 삶고는 언제든지 먹을 수 있도록 보기 좋게 그릇에 담아 놓았다.

드디어 연회 시간이 되어 하르파고스가 다른 사람들과 함께 와서 자리에 앉았는데, 아스티아게스를 비롯한 다른 참석자들 앞에는 양고기가 담긴 접시가 놓였지만 하르파고스 앞에는 머리와 손발을 제외한 그의 아들의 인육이 담긴 접시가 놓여졌다. 머리와 손발은 바구니에 담아 다른 곳에 두게 했던 것이다.

하르파고스가 인육을 배불리 먹은 것 같자, 아스티아게스는 그에게 맛있게 먹었느냐고 물었다. 하르파고스가 아주 맛있게 먹었다고 대답하자, 사전에 지시를 받은 자들이 그 아들의 머리와 손발이 담긴 바구니를 가져온 뒤 그 옆에 서서 그에게 덮개를 벗기고 마음에 드는 것을 꺼내라고 말했다.

그래서 하르파고스가 덮개를 벗기자 그 안에 자식의 시신 일부가 있었다. 하지만 그는 이것을 보고도 질겁하지 않고 침착한 태도를 유지했다. 그리고 아스티아게스가 어떤 짐승의 고기를 먹었는지 알겠느냐고 묻자, 그는 아주 잘 알고 있다고 대답하고, 또 왕이 무슨 일을 하든지 자신은 기꺼이 그에 찬성한다고 말했다. 그 후 그는 아들의 남은 시신을 갖고 집으로 돌아갔는데, 그것은 아마도 유해를 모두 모아 매장해 주려는 생각에서였을 것이다.

아스티아게스는 하르파고스에게 이와 같은 벌을 내린 뒤 외손자인 키루스는 어떻게 할까 생각하다가 전에 자신의 꿈을 해몽해 주었던 마고스들을 불러들였다. 왕이 그들에게 다시 그 꿈을 어떻게 생각하느냐고 묻자, 그들은 전처럼 그 아이가 죽지 않고 살아 있다면 틀림없이 왕이 될 것이라고 말했다. 그래서 왕이 이렇게 말했다.

"실은 그 아이가 죽지 않고 살아 있소. 그 아이가 시골에서 자랐는데, 마을 아이들이 그 아이를 왕으로 삼았소. 그 아이는 진짜 왕들이 보통 하는 일을 훌륭하게 다 해냈소. 호위병과 문지기, 사자, 그 밖의 흔히 있는 관리를 다 두었소. 그대들 생각에 앞으로 어떻게 될 것 같소?"

마고스들은 그 아이가 아직 살아 있고 어떤 계략 없이 자연스럽게 왕이 되었다면 다시는 통치하는 일이 없을 것이기 때문에 걱정할 필요가 없다고 대답했다. 꿈이라는 것은 아주 시시하게 끝나는 경우가 훨씬 더 많다는 것이었다.

아스티아게스는 결국 키루스를 페르시아에 있는 부모 곁으로 돌려보냈다. 키루스가 캄비세스의 집으로 돌아오자, 그의 양친은 그가 죽은 줄만 알았던 자신들의 자식임을 알고는 몹시 기뻐하며 환대했다. 그리고 그에게 어떻게 살아나게 되었느냐고 물어 보았다. 그러자 키루스는 자신을 길러 준 사람은 소치는 사람의 아내였다고 말하며 그녀, 즉 키노를 칭송하는 이야기만 했다. 그래서 그의 양친은 이 이름에 착안해 페르시아인들이 자신들의 자식이 살아난 것이 특별한 섭리 때문인 것으로 받아들이게 하려고 버려진 키루스를 암캐가 젖을 먹여 길렀다는 이야기를 지어내 널리 퍼뜨렸다.

그 후 키루스가 자라 동년배 중에서 가장 용맹하고 인망이 두터운 인물로 알려지게 되자, 아스티아게스에게 원한을 품고 있던 하르파고스가 아스티아게스의 가혹한 지배를 구실 삼아 그를 왕위에서 쫓

키루스 1세
기원전 7세기말에 활동한 페르시아 아케
메네스 왕조의 왕으로 페르시아를 통합
했다.

아내야 한다고 메디아의 중신들을 설득한 뒤 몰래 키루스에게 편지를 보내 페르시아군을 이끌고 메디아를 공격하라고 부추겼다. 자신은 물론 다른 메디아의 중신들도 반란을 일으킬 준비를 갖추고 있기 때문에, 키루스가 자신의 계획에 찬동하기만 하면 아스티아게스 왕의 영토를 모두 차지할 수 있을 거라는 게 편지 내용이었다.

이런 편지를 받은 키루스는 어떻게 하면 페르시아인을 설득해 반란을 일으키게 할 수 있을까 고민하다가 한 가지 계책을 생각해 내고는 그것을 곧 실행에 옮겼다.

그는 먼저 자신에게 유리한 서신을 제멋대로 작성한 뒤 페르시아인을 모아 집회를 열고, 그 자리에서 서신을 개봉해 아스티아게스가 자신을 페르시아의 장군으로 임명했다고 알리고, 다음날 낫을 갖고 모이라고 명령했다.

그리하여 사람들이 낫을 들고 모이자, 키루스는 가시로 뒤덮여 있는 사방이 18 내지 20스타디온(1스타디온은 177.6미터)인 어느 곳으로 그들을 데려간 뒤 하루 안에 모두 개간하라고 명했다. 그들이 이 일을 다 끝내자 이번에는 목욕을 하고 모이라고 명하고, 그 사이에 자신은 아버지 소유의 소와 염소, 양을 모두 한곳에 모아 도살을 하고 술과 가장 맛좋은 빵을 페르시아인들에게 대접할 준비를 했다. 다음날 페르시아인들이 오자, 키루스는 초원에서 그들을 성찬으로 대접했다.

키루스는 식사가 끝나자 그들에게 어제의 고달픈 일과 오늘의 즐거움 중 어느 편이 더 좋으냐고 묻고는, 오늘과 같은 즐거운 날을 계속 맞이하고 싶으면 망설이지 말고 자신과 함께 반란을 일으켜 아스티아게스의 억압으로부터 벗어나자고 말했다. 페르시아인들은 이미 오래 전부터 메디아인의 지배를 받는 데 화가 나 있었기 때문에 지도자를 얻게 되자 자유를 쟁취하기 위한 싸움에 기꺼이 나섰다.

한편 아스티아게스는 키루스의 움직임을 알게 되자 사자를 보내 그를 불렀다. 그러자 키루스는 사자에게 아스티아게스가 바라는 것보다 훨씬 더 빨리 그 앞에 나타날 것이라고 전하라 했다. 아스티아게스는 이 말을 전해 듣자 즉시 전군을 무장시키고, 신께서 그의 분별력을 빼앗아 버리신 듯 자신이 전에 무슨 짓을 했는지 까맣게 잊어버리고 하르파고스를 사령관에 임명했다.

그래서 양군이 만나 교전할 때 음모에 가담하지 않은 메디아의 소수의 군대만 싸우고, 일부는 공공연히 페르시아 쪽으로 탈주했다. 그 반면에 대부분의 군대는 두려운 체하고 달아났다. 자신의 군대가 부끄럽게 달아나고 뿔뿔이 흩어졌다는 소식을 듣자마자 아스티아게스는 절대로 가만 두지 않겠다고 키루스를 위협하고, 키루스를 풀어 주라고 설득했던 마고스들을 죽인 다음, 도시에 남은 자들을 모두 무장시키고 이들을 이끌고 나가 페르시아군과 싸웠지만 대패해 자신은 포로가 되고 메디아군은 전멸했다.

아스티아게스가 사로잡히자, 하르파고스가 찾아와 그 옆에 서서 수없이 비웃고 조롱하며 미친 듯이 기뻐했다. 무엇보다 자기 자식의 살을 먹으라고 주었던 저녁 식사를 언급하면서,

"국왕 대신 노예가 되니 마음에 드는가?"

하고 물었다. 그러자 아스티아게스가 하르파고스를 바라보며 키루스가 성취한 일을 어째서 네가 해낸 것처럼 말하느냐고 물었다. 그러자 하르파고스는 자신이 편지를 썼기 때문에 당연히 자신의 공적이라고 말했다. 이 말을 들은 아스티아게스는 하르파고스가 세상에서 가장 어리석은 자인 동시에 가장 정의롭지 못한 인간이라고 말했다. 어리석기 짝이 없는 이유는 반란이 정말로 그의 힘으로 이루어졌다면 자신이 왕이 될 수 있는데도 다른 사람에게 권력을 넘겨준 꼴이 되었기 때문이고, 정의롭지 못한 것은 그 연회를 구실로 메디아인을 노예로 만들었기 때문이라는 것이었다.

이리하여 아스티아게스는 재위 35년 만에 왕위를 잃고, 메디아는 그의 학정으로 인해 페르시아에 굴복하게 되었다. 할리스강 동쪽의 아시아 일대에 대한 메디아의 지배 기간은 스키타이인의 통치 기간을 포함해 128년이었다.

키루스는 아스티아게스에게 아무 위해도 가하지 않고 죽을 때까지 자기 곁에 두었다. 키루스가 어떻게 태어나 어떻게 키워졌고, 어떻게 왕위에 오르게 되었는지 그 경과는 이상과 같고, 그가 크로이소스에

게 도전해 리디아를 정복한 과정도 앞에서 이미 서술했다. 키루스는
이렇게 전 아시아를 호령하기에 이르렀다.   〈제1권〉

5. 바빌론의 함락

리디아가 페르시아에 정복되자마자 이오니아와 아이올리스에 식민하고 있던 그리스인들이 사르디스에 있는 키루스에게 사자들을 보내 크로이소스에게 종속되어 있을 때와 같은 조건으로 그의 신하가 되고 싶다고 말했다. 이런 제안을 들은 키루스는 그들에게 다음과 같은 우화를 들려주었다.

옛날에 어느 피리꾼이 강 속의 물고기를 보고 피리를 불었다. 그는 피리 소리를 들으면 물고기들이 물속에서 뛰쳐나와 춤을 추리라 생각했지만, 물고기들이 그의 기대를 저버렸다. 이에 화가 난 피리꾼이 이번에는 그물을 갖고 와 강 속에 던져 많은 물고기를 육지로 끌어올렸다. 놀란 물고기들이 그물 안에서 펄쩍펄쩍 뛰기 시작했지만, 피리꾼은 이렇게 말했다.

"내가 피리를 불 때는 춤추려 하지 않더니, 이제 와 새삼 무슨 춤이야. 그만 둬!"

키루스가 이런 답변을 한 것은, 크로이소스와 싸우기 전에 그가 이오니아인에게 사자를 보내 크로이소스에 반기를 들 것을 요청했을 때에는 들어주지 않더니, 정복이 이루어진 지금에 와서는 자진해서 충성하겠다고 제안했기 때문이다.

이런 답변을 들은 이오니아인들은 이미 키루스와 개별적으로 협정을 맺은 밀레토스를 제외하고는 모두 도시의 방비를 강화하고 파니오니온에 모였다. 파니오니온은 이오니아인 공동의 신전으로 미칼레 산 북쪽 경사면에 있었는데, 이곳에서 이오니아인들은 회의를 열고 만장일치로 그리스 본토의 스파르타에 사자를 보내 원조를 요청하기로 결의했다. 아이올리스의 도시들도 집회를 열고 이오니아인들이 어떤 입장을 택하든 그것을 따르기로 결정했다. 다만 대륙에 거주하는 그리스인들에 비해 섬에서 사는 사람들은 페르시아를 두려워하지 않았다. 페니키아인이 아직 페르시아인의 신하가 되지 않았고, 페르시아인 자체는 해양 국민이 아니었기 때문이다.

이오니아인과 아이올리스인이 보낸 사절단은 전속력으로 배를 몰아 스파르타에 도착하자 피테르모스라는 포카이아인을 대변인으로 뽑았다. 피테르모스는 가능한 한 많은 청중을 모으기 위해 자주색 옷을 입고 스파르타인들 앞에 서서 장황하게 말을 늘어놓으며 구원을 요청했다. 그러나 스파르타인들은 이오니아인의 요청을 거절하고 사절단을 그냥 돌려보냈지만, 피테르모스는 독자적으로 사르디스의 키루스에게 사절을 보내 그리스령의 식민시를 침범할 경우에는 가만있지 않겠다는 자신들의 결의를 전했다.

키루스가 이 스파르타인 사절의 말을 듣고는 감히 사람을 보내 자신에게 이런 통고를 하는 스파르타인은 대체 어떤 자들이고, 숫자는 얼마나 되느냐고 옆에 서 있는 그리스인들에게 물었다 한다. 그리고 그들의 대답을 듣자, 키루스는 스파르타인 사자에게 이렇게 말했다.

"이오니아인들을 신경 쓰지 말고 먼저 자신들에게 재난이 닥치지 않도록 조심해야 할 것이다."

그 후 키루스는 사르디스를 페르시아인 타발로스에게 맡기고, 팍티아스라는 리디아인을 지명해 크로이소스와 다른 리디아인들의 재물을 그러모으게 한 뒤 크로이소스를 동반하고 아그바타나를 향해 떠났다. 그는 우선 당장은 이오니아의 일을 중요하게 생각지 않고, 마음속에 더 큰 계획을 세워 놓고 있었다. 그는 자신의 방해물이 되고 있는 바빌론 외에 박트리아인, 사카이인, 이집트인 등을 직접 치고 싶었다. 그래서 이오니아에는 다른 사령관을 보내 공격하게 할 작정이었던 것이다.

그러나 키루스가 사르디스를 떠나자마자, 팍티아스는 동포들이 반란을 일으키도록 부추기고는 해안 지방으로 내려가 수중에 있는 막대한 재물을 풀어 용병을 모집하는 동시에 그 지방의 주민들을 군대에 편입시켰다. 그 후 그는 사르디스로 진격해 타발로스를 성채에 몰아넣고 포위했다.

도중에 이 소식을 들은 키루스는 리디아인을 모두 노예로 만들어 팔아 버리는 것이 가장 좋겠다며, 자신은 아무래도 아버지를 죽이고 그 자식은 살려 둔 것과 같은 일을 한 듯싶다고 크로이소스에게 말했다. 리디아인에게 아버지보다 더 중요한 크로이소스 왕을 포로로 잡아 데려가려고 그들에게 도시를 그대로 맡겼으니, 그들이 반란을 일으켰다 해도 그리 놀랄 일이 못된다는 것이었다.

크로이소스는 키루스가 사르디스를 폐허로 만들지 않을까 염려되어, 나쁜 것은 팍티아스이지 리디아인이 아니므로 팍티아스는 벌하더라도 리디아인은 용서해 달라고 간청했다. 그래서 키루스는 메디아인 마자레스를 불러 팍티아스를 사로잡아 자기 앞으로 데려올 것, 리디아인의 모반에 가담해 사르디스로 진격한 자들은 모두 노예로 삼아 팔아 버릴 것, 그 밖의 리디아인들은 크로이소스가 건의한 대로 무기 소지를 금지하고 그 대신 악기 연주나 장사 등 여성적인 일에 힘을 쏟게 할 것 등을 명했다.

한편 토벌군이 다가오고 있는 것을 알게 된 팍티아스는 공포에 사로잡혀 아이올리스인의 도시 키메로 달아났다. 마자레스가 팍티아스를 넘기라고 요구하자, 키메인은 브랑키다이의 신탁소로 사자들을 보내 신탁을 구하고 그 명에 따라 페르시아 측에 넘겨주려 했다. 그러나 아리스토디코스라는 자가 사자가 거짓말을 했을 것이라는 의심을 품고 반대해 다시 다른 사자들을 신탁소에 보냈다. 이때 함께 간

아리스토디코스가 신전의 새들을 쫓아내고는 신이 이에 분노하자 어째서 새는 도와주면서 키메인에게 보호를 요청해 온 남자는 넘겨주라고 하는지를 물었다. 그러자 신이 너희가 불경한 짓을 저질렀기 때문에 더 빨리 멸망해 다시는 신탁을 받으러 오지 못하도록 그를 인도할 것을 명한다고 대답했다.

키메인은 이 신탁을 듣고 팍티아스를 인도해 멸망당하고 싶지도 않고, 도시 안에 두어 포위 공격을 받고 싶지도 않아 그를 미틸레네로 보냈다. 그러나 미틸레네인이 마자레스로부터 인도 요청을 받자 얼마간의 대가를 받고 그를 넘겨 줄 준비를 했는데, 이때 키메인이 이 소식을 듣고 배를 보내 팍티아스를 키오스로 호송했다. 그렇지만 여기에서 팍티아스가 '아테네 폴리우코스' 신전에 피신해 있다가 끌려 나와 키오스인에 의해 페르시아 측에 인도되었다. 키오스인은 그 대가로 아타르네오스라는 지역을 양도받았다.

그 후 마자레스는 팍티아스와 함께 타발로스를 포위 공격했던 자들을 공격해 프리에네 시민들을 노예로 파는 한편, 군대를 풀어 마이안드로스평야 일대를 짓밟아 약탈하게 하고 마그네시아에도 똑같은 타격을 주었다. 하지만 그 후 그는 병으로 곧 죽었다.

그 뒤를 이어 사령관이 된 사람은 키루스를 도와 왕국을 손에 넣게 해 준 메디아인 하르파고스였다.

하르파고스는 이오니아에 도착하자 곧 그 땅에 있는 그리스 도시들을 잇달아 공략했다. 페르시아에 종속되길 거부하고 배를 타고 조국을 떠난 것은 포카이아와 테오스 두 도시뿐이고, 나머지 이오니아인들은 밀레토스를 제외하고는 모두 무기를 들고 나라를 지키기 위해 하르파고스 군대에 맞서 용감하게 싸웠지만 결국 패하고 키루스에게 복종하게 되었다. 이리하여 하르파고스가 대륙의 그리스인을 정복하자, 섬에 사는 이오니아인들도 두려워 스스로 키루스에게 항복했다.

한편 키루스는 상아시아를 평정하고 있었는데, 대륙을 모두 자신의 지배하에 두게 되자 계속해서 아시리아를 공격했다. 아시리아에는 많은 대도시가 있지만, 그중에서 가장 유명하고 강한 도시는 바빌론이었다. 그런데 이 당시 바빌론에 군림하고 있었던 것은 '문 위의 무덤 이야기'로 유명한 니토크리스 여왕의 아들 라비네토스였다.

니토크리스 여왕은 도시에서 사람들이 가장 많이 드나드는 문 위에 자신의 무덤을 만들게 하고, 그 묘비에 "내 뒤를 잇는 바빌론의 왕중에 재물이 필요한 자가 있으면 이 무덤을 열고 원하는 만큼 가져가라. 그러나 필요하지 않으면 어떤 이유에서든 열지 말라. 좋지 않을 것이다."라고 새겨 놓게 했다고 한다. 나중에 다레이오스 왕이 이 무덤을 열었는데, 무덤 속에 재물은 없고 그 대신 다음과 같은 글귀와 시신만 있었다.

"네가 탐욕스럽지 않고 또 어떻게 하면 돈을 손에 넣을지 신경 쓰는 자가 아니었다면 죽은 사람의 무덤을 열지 않았을 것이다."

물이 가득 찬 깊고 넓은 해자(垓字, 성 밖으로 둘러 싼 못)와 높고 두꺼운 벽돌 성벽으로 둘러싸인 사각형의 바빌론은 아주 아름답게 정비된 대도시로 광대한 평야의 한가운데에 위치하고, 유프라테스강이 도시의 한가운데를 지나가고 있었다.

비가 적은 지방이지만 이 유프라테스강과 또 하나 있는 티그리스강의 물을 관개에 이용하기 때문에, 이 평야에서는 우리가 아는 지역 중 단연 가장 많은 곡물이 산출되었다. 그래서 국력이 강하고 사람들도 풍족하게 살았다.

키루스가 바빌론을 향해 진격하다가 긴테스강까지 와서 이곳을 건너려 할 때, 태양신의 수레를 끌고 종군하는 키루스의 여덟 마리의 백마 중 하나가 뛰쳐나와 강을 건너려 했지만 급한 물살에 휘말려 떠내려가고 말았다. 이것을 보고 크게 노한 키루스는 앞으로 여자라도 무릎을 적시지 않고 건널 수 있게 만들겠다고 맹세하고는 진격을 중지하고 군대를 동원해 여름 내내 강 양쪽에 각기 180개의 운하를 만들게 했다. 급류에 떠내려간 말이 태양신의 신마였기 때문에 1년의 날짜 수와 같은 360개의 지류를 만들어 강을 갈기갈기 찢어 놓았던 것이다.

키루스의 군대가 다시 바빌론을 향해 진군하기 시작한 것은 이듬해 봄이었다. 바빌론군은 이에 대비하고 있다가 페르시아군이 가까이 다가오자 반격에 나섰지만 패해 도시 안으로 쫓겨 들어갔다. 그러나 바빌론인들은 키루스의 야심을 잘 알고 몇 년이고 저항할 수 있을 만큼 많은 식량을 미리 성안에 준비해 놓고 또 방비도 단단히 하고 있었기 때문에 포위되어 있어도 대수롭게 여기지 않았다. 이와 반대로 키루스는 시간은 자꾸 흘러가는데 함락시킬 수가 없어 몹시 당황하고 있었다.

그러나 이때 키루스의 머릿속에 한 가지 묘책이 떠올랐다. 그는 바빌론 시로 흘러 들어가고 있는 유프라테스강 유입부에 페르시아군의 주력을 배치하고 강이 흘러 나가는 도시 뒤쪽에 별도의 부대를 배치한 뒤, 자신은 비전투 부대를 이끌고 운하를 통해 전에 니토크리스 여왕이 파 놓은 호수 쪽으로 강물을 돌려놓았다. 그리하여 물이 줄어들자 작전을 위해 배치되어 있던 페르시아군이 허벅지까지 차오르는 강을 건너 바빌론 시내로 돌입했다. 바빌론인들의 이야기에 따르면 도시가 광대하기 때문에 외곽 지역이 이미 적의 수중에 떨어졌는데도 중앙부에 있는 사람들은 그것을 알아채지 못했고, 또 마침 그날이 축제일이라 한참 먹고 마시며 춤추다가 겨우 페르시아군이 침입한 사실을 알게 되었다고 한다. 이리하여 바빌론이 처음으로 적의 수중에 들어가게 되었다.

키루스는 아시리아까지 정복하게 되자 이번에는 카스피해 저 너머의 대평원에 살고 있는 마사게타이인을 복속시키고 싶어졌다. 그는 자신이 보통 인간이 아니라는 신념을 지니고 있는데다가 이때까지 전쟁에서 져 본 적이 없기 때문에 이 원정에 나서 제국을 더욱더 확대시키려는 야망에 불탔던 것이다.

마사게타이인의 지배자는 미망인인 토미리스여왕이었는데, 키루스가 사절단을 보내 자신의 아내로 맞이하고 싶다고 그녀에게 구혼했다. 하지만 그녀는 그가 원하는 것은 자신이 아니라 실은 마사게타이 왕국임을 간파했기 때문에 그가 접근해 오는 것을 거부했다.

이 계략이 실패로 돌아간 것을 알게 되자, 키루스는 공공연히 마사게타이를 공격하려는 의사를 드러내며 아락세스강 쪽으로 군대를 진격시켰다. 그의 군대가 강을 건너기 위해 강 위에 배로 다리를 놓고 그 위에 망루를 짓기 시작할 때, 토미리스여왕이 사자를 보내 이렇게 전하게 했다. 즉 강 이쪽이든 저쪽이든 키루스가 선택하는 곳에서 전투를 벌일 테니 애써 강에 다리를 놓는 일을 중지하라는 것이었다.

키루스는 페르시아군의 주요 지휘관들을 소집해 회의를 열고 어느 쪽에서 싸울 것인지 의논했다. 그 결과 내려진 결론은 강 이쪽에서 토미리스와 마사게타이 군대를 맞이해 싸우자는 것이었다. 하지만 그 자리에 참석했던 리디아인 크로이소스가 이 결론에 찬성하지 않고 다음과 같이 말하며 반대 의견을 제시했다.

"전하, 제우스 신께서 저를 전하께 인도하셨기 때문에 저는 최선을 다해 전하의 가문이 위험에 처하는 것을 막을 것이라고 전에 말씀드렸습니다. 만약 전하께서 불사신이고 불멸의 군대를 지휘하고 있다고 생각하신다면 제 생각을 말씀드려도 소용없을 것입니다. 그러나 전하 자신도 인간이고 똑같은 사람을 통치하고 있다고 느끼신다면, 무엇보다 먼저 인간 세상의 일은 수레바퀴처럼 돌기 때문에 신께서는 같은 사람에게 계속 행운을 베풀지 않는다는 것을 명심하셔야 합니다.

그런데 이번 일과 관련해 저는 이분들과 반대되는 의견을 갖고 있습니다. 적이 전하의 땅으로 들어오도록 승낙하면 어떤 위험이 있을지 생각해 보십시오! 전투에 패할 경우 전하께서는 전 제국을 잃게 되실 것입니다. 승리에 도취한 마사게타이군이 그대로 전하의 영토로 공격해 올 것이기 때문입니다. 또 이긴다 해도 강을 건너가 마사게타이를 쳐부수고, 도망가는 것을 쫓는 것과 비교하면 그 전과는 비교도 되지 않을 것입니다.

제가 듣기로는 마사게타이인은 페르시아인들이 먹고 살아가는 훌륭하고 아름다운 것들을 전혀 알지 못하고 생활의 큰 기쁨을 누려 본 적도 없다고 합니다. 그러니 이런 약점을 이용해서 강을 건너가 그곳에 진지를 세운 뒤 독한 술을 항아리에 가득 담아 놓고 온갖 요리를 다 준비해 놓은 뒤 소수의 약한 병사들만 남겨 두고, 다른 부대는 모두 강변까지 철수하는 것입니다. 제 생각이 틀리지 않는다면 적은 진수성찬을 보고 마구 달려들 것이고, 그러면 우리는 임무를 훌륭하게 완수하게 될 것입니다."

이렇게 두 가지 의견이 대립하자, 키루스는 마음을 바꾸어 크로이소스의 의견을 채택하고는 이쪽에서 건너가겠다고 토미리스에게 통고했다. 그리고 후계자로 지명한 아들 캄비세스에게 언제나 존경심을 갖고 크로이소스를 잘 돌보아 주라고 신신당부한 뒤 두 사람을 페르시아로 돌려보내고, 자신은 휘하의 군대를 이끌고 도하했다.

아락세스강을 건넌 그날 밤중에 키루스가 꿈을 꾸었는데, 히스타스페스의 장남이 양쪽 어깨에 날개를 달고 나타나 한쪽 날개로는 아시아를, 다른 한쪽 날개로는 유럽을 뒤덮었다. 키루스는 잠에서 깨어나자 히스타스페스를 불러 옆에 앉힌 다음 그의 아들 다레이오스가 모반을 꾀하고 있는 것이 틀림없다고 말했다. 그러자 히스타스페스는 페르시아인이 노예로 살다가 자유의 몸이 된 것은 모두 키루스 왕 덕분인데 어떻게 딴마음을 먹고 모반을 꾀하겠느냐고 반문하고, 만약 그런 꿈의 계시가 있었다면 뜻하는 대로 처분할 수 있도록 자신의 자식을 왕에게 맡기겠다고 말했다. 그리고는 히스타스페스는 아들을 감시하기 위해 서둘러 아락세스강을 건너 페르시아로 돌아갔다.

키루스는 아락세스강에서 하루 정도 진군한 뒤 크로이소스가 권유한 계책대로 했다. 맛 좋은 술과 안주를 준비해 놓은 다음 그곳에 소수의 힘없는 병사들을 남겨 놓고 강한 부대를 이끌고 강변까지 철수했다. 아니나 다를까, 곧 마사게타이군의 3분의 1이 공격해 와 키루스의 잔류 부대를 궤멸시킨 뒤 그곳에 준비되어 있는 평생 처음 보는 진수성찬을 보자 그 자리에 앉아 실컷 먹고 마신 후 잠들어 버렸다. 그러자 페르시아군이 그곳을 습격해 마사게타이군을 많이 죽이고 그보다 더 많은 적군을 포로로 잡았는데, 그중에는 토미리스 여왕의 아들도 있었다.

여왕은 자신의 군대와 왕자에게 일어난 일을 알게 되자 키루스에게 사자를 보내 다음과 같이 말했다.

"피에 굶주린 키루스여, 이런 보잘것없는 승리로 우쭐해하지 말라. 그대 자신도 지나치게 마시면 미쳐 버리고 터무니없는 말이 입까지 올라오는 마약, 즉 포도주로 속임수를 써서 내 아들을 이긴 것이지 당당히 싸워 승리한 것이 아니다. 그래서 한마디 좋은 충고를 해 주겠다. 우리 군대의 3분의 1을 이긴 것을 기뻐하며 내 아들을 돌려보내고 아무 피해도 입지 않은 상태로 이 나라를 떠나도록 하라. 그러지 않으면 태양의 신께 맹세코, 피에 굶주린 그대에게 피를 포식하게 해 주겠다."

그러나 키루스는 여왕의 이런 말을 귀담아듣지 않았다. 그런데 여왕의 아들 스파르가피세스가 술에서 깨어난 뒤 뜻밖에도 자신이 비참한 처지에 놓인 것을 알게 되자 키루스에게 포박된 손발을 풀어 달라고 간청했다. 그리고 이 요청이 받아들여져 몸이 자유로워지자 곧 스스로 목숨을 끊어 버렸다.

토미리스여왕은 키루스가 자신의 권고에 귀를 기울이지 않자 왕국의 군대를 모두 집결시킨 뒤 그를 공격했다. 이 일전은 이방인들 사이에서 벌어진 전투 중에서 가장 격렬한 것이었다고 한다. 오랫동안 접전이 계속되었고, 결국 마사게타이인의 승리로 끝났다. 키루스왕도 이 전투에서 전사해 29년에 걸친 그의 치세가 막을 내렸다. 토미리스여왕은 가죽 부대를 사람 피로 가득 채운 뒤 페르시아군의 전사자들 사이에서 키루스의 시신을 찾아내자 그 목을 잘라 그 부대 속에 집어넣었다. 그러고는 시신에게 폭행을 가하면서 이렇게 말했다고 한다.

"나는 살아남아 싸움에서 그대를 이겼지만, 그대는 계략을 써서 내 아들을 사로잡음으로써 나를 파멸시켰다. 그러나 약속한 대로 그대에게 피를 포식시켜 주겠다." 〈제1권〉

6. 세소스트리스에서 아마시스왕까지

> ### 이집트왕의 계보
>
> 세소스트리스 → 페로스 → 프로테우스 → 람프시니토스 → 케오프스 → 케프렌 → 미케리노스 → 아시키스 → 아니시스 → 세토스 → 프삼메티코스 → 네코스 → 프사미스 → 아프리에스 → 아마시스(유일하게 평민 출신)

이집트의 사제들이 펼쳐 놓고 내게 읽어 준 파피루스 두루마리 책에 따르면, 제방을 쌓아 멤피스 지방을 홍수로부터 보호한 초대 왕민에서부터 세소스트리스왕에 이르기까지 330명의 왕이 이 나라를 다스렸다고 한다. 그들 중 18명은 에티오피아인이고, 이집트 여성이 한 명 있었는데, 기묘하게도 저 바빌론 여왕과 똑같이 그 이름이 니토크리스였다고 한다. 나머지는 모두 이집트인 남자였다.

이 고대 시대의 왕들에 대한 이야기는 생략하고, 배를 타고 아라비아만에서 출발해 바다 저쪽까지 원정하고 귀국하자 다시 아시아에서 유럽까지 원정한 세소스트리스왕에 대해 서술하기로 하겠다.

그는 자신이 정복한 땅에는 언제나 자신과 조국의 이름, 그 민족을 정복하게 된 내력을 기록한 기념비를 남겼는데, 그가 건립한 기념비는 멀리 스키타이와 트라키아까지 미치고 있다. 이 원정 때 세소스트리스 왕이 군대의 일부를 남겨 놓았는지, 아니면 다른 사람들을 식민했는지 모르지만, 어쨌든 오늘날의 이른바 콜키스인은 분명히 이집트인이다. 콜키스인은 이집트인 이상으로 이집트에 대해 잘 알고 있고 또 피부색이 검고 머리카락도 곱슬머리다. 이보다 더 유력한 증거는 전 세계에서 콜키스인과 이집트인과 에티오피아인만이 예로부터 할례를 하고 있다는 것이다. 페니키아인과 팔레스타인에 사는 시리아인은 그 풍습을 이집트인에게 배웠다고 스스로 인정하고 있고, 테르모돈과 파르테니오스 두 강변에 사는 시리아인과 그 이웃에 사는 마크로네스인은 콜키스인에게서 배웠다고 말하고 있다. 요컨대 세계에서 할례를 하는 것은 위의 민족들뿐이고, 그 방법도 이집트인과 똑같다. 이집트인과 에티오피아인의 경우에는 어느 쪽이 먼저 그것을 가르쳤는지 나로서는 판단이 서지 않는다. 어느 나라든 그것은 명백히 아주 오래된 풍습이기 때문이다.

또 하나 콜키스인이 이집트인과 비슷한 점은 두 민족만이 같은 방식으로 아마를 재배한다는 것이다. 그리고 전반적인 생활양식이나 언어도 서로 비슷하다.

그런데 사제들의 이야기에 따르면 세소스트리스왕이 원정을 끝내고 귀국하다가 펠루시온의 다프네에 이르렀을 때, 그 동안 통치권을 위임받았던 그의 동생이 그와 그의 자식들을 연회에 초대한 뒤 그 주위에 장작을 쌓아 놓고 불을 질렀다고 한다. 그러자 그는 아내의 의견에 따라 여섯 명의 자식 중 두 명을 장작 위에 눕게 하고 그들을 다리 삼아 불바다를 탈출했다는 것이다.

이집트로 돌아온 세소스트리스는 동생을 벌한 후 정복지에서 데려온 많은 포로를 동원해 지금 이집트에 남아 있는 운하를 파게 하거나 헤파이스토스 신전으로 거석들을 많이 운반하게 했다. 왕이 운하를 파게 한 이유는 나일 강변에서 멀리 떨어진 도시들은 강의 수위가 떨어질 때마다 물 부족에 시달려 염분이 많은 우물물을 먹어야 했기 때문이다.

사제들의 이야기에 따르면 세소스트리스왕은 모든 이집트인에게 같은 넓이의 사각형 토지를 나누어 주고, 그에 따라 매년 공물을 바치게 해 국가의 재정을 확보했다고 한다. 또 홍수로 그 일부를 잃었을 경우에는 왕이 사람을 보내 얼마나 감소했는지 측량하게 한 뒤 공물을 감해 주었다고 하는데, 이런 동기에서 기하학이 탄생되어 그리스로 건너온 것 같다.

이집트인으로서 에티오피아를 다스린 사람은 세소스트리스왕 한 사람뿐이다. 그는 자신의 통치의 기념물로 헤파이스토스 신전 앞에 자신과 아내의 모습을 본뜬 30키스(약 13.3미터)나 되는 2개의 석상과

4명의 자식의 모습을 본뜬 20페키스(약 8.8미터)에 이르는 석상을 남겼는데, 훗날 페르시아의 다레이오스왕이 이 석상들 앞에 자신의 상을 세우려 하자 광대한 페르시아 제국도 세소스트리스의 제국에는 훨씬 미치지 못한다며 사제들이 반대했고, 다레이오스도 이것을 좋은 쪽으로 받아들였다고 한다.

세소스트리스 왕이 세상을 떠난 뒤에 그의 아들 페로스가 왕위를 계승했다고 한다. 그는 군사적인 업적은 없지만 범람하는 나일강에 창을 던지는 불경한 짓을 저질러 맹인이 되었다는 이야기가 전해지고 있다. 그는 10년 동안 장님으로 지내다가 11년째 되는 해에 부토에서 신탁을 받았는데, 그에 따르면 이제 처벌 기한이 지나 남편밖에 모르는 부인의 오줌으로 눈을 씻으면 눈이 보이리라는 것이었다. 그래서 페로스왕이 곧 아내의 오줌으로 씻어 보았지만 시간이 지나도 회복되지 않았다. 그 후 잇따라 닥치는 대로 여성의 오줌으로 시험해 보았다. 결국 어느 여성의 오줌으로 다시 눈이 보이게 되었는데, 왕은 눈이 회복되자 왕비를 비롯해 지금까지 시험해 보았지만 효과가 없었던 여자들을 전부 모아 놓고 불태워 죽인 뒤 자신의 눈을 낫게 해 준 여성을 다시 왕비로 맞아들였다.

이 페로스의 뒤를 이어 왕이 된 것은 그 이름이 그리스어로 프로테우스인 멤피스 출신의 인물이었다고 한다. 현재 멤피스에는 헤파이스토스 신전 남쪽에 그를 모신 화려하게 장식된 아름다운 성역이 있다. 이 성역 안에 '이국(異國)의 아프로디테'라 불리는 신전이 있는데, 내 생각에는 이것은 실은 틴다레오스의 딸 헬레네를 모신 신전인 것 같다. 그 이유는 우선 프로테우스의 궁전에 헬레네가 얼마간 머물렀다는 이야기가 널리 전해지고 있고, 다음으로 이 신전에 '이국의 아프로디테'라는 이름이 붙어 있다는 것이다.

사제들이 내게 해 준 이야기에 따르면 스파르타에서 헬레네를 약탈한 알렉산드로스(파리스)가 고국으로 돌아가다가 에게해에서 역풍을 만나 이집트에 이르게 되었다 한다. 그런데 알렉산드로스의 노예들이 자신들이 도착한 해안에 있는 헤라클레스 신전으로 도망쳐 들어가면 아무도 손 댈 수 없게 된다는 것을 알고는 모반을 일으키고 신전 안에 들어앉은 뒤, 주인을 모함하려고 그를 비방하고 헬레네에 관한 일 등을 자세히 말했다. 이 보고를 들은 프로테우스왕은 멤피스로 모두 연행해 오게 한 뒤 자세한 사정을 알아보고는 결국 알렉산드로스와 배의 승무원들을 이집트에서 추방하고, 헬레네를 이집트에 머물게 하고 재물도 가져가지 못하게 했다. 호메로스도 이것을 알고 있었지만 서사시에 적합하지 않아 받아들이지 않았던 것이다.

내가 트로이 전쟁에 관한 그리스인의 전승(傳承)이 사실인지 아닌지 사제들에게 물어 보자, 그들이 메넬라오스로부터 직접 들어 잘 알고 있다며 다음과 같이 이야기해 주었다. 그에 따르면 그리스군이 트로이로 쳐들어가 그곳에 상륙하고 진지를 구축한 뒤 사자를 보내 헬레네와 알렉산드로스가 훔쳐 간 재물을 반환할 것과 죄과에 대한 보상을 요구하자, 트로이 측이 헬레네와 재물 모두 이집트에 있으며, 따라서 이집트왕 프로테우스가 억류해 놓고 있는 것을 자신들이 보상할 이유가 없다고 대답했다는 것이다. 그러나 그리스인들은 트로이인들에게 우롱당하고 있다고 생각해 트로이를 포위 공격하고 마침내 그곳을 점령했다. 그러나 성을 점령한 뒤에도 헬레네의 모습을 찾을 수 없고 여전히 같은 이야기를 듣게 되자, 그리스인들도 결국 그것을 믿고 메넬라오스를 프로테우스에게 보냈던 것이다.

한편, 프로테우스로부터 왕국을 물려받은 것은 람프시니토스였는데, 그는 후세의 어느 왕도 그를 능가하기는커녕 발끝에도 미치지 못할 정도로 막대한 양의 은을 소유하고 있었다고 한다. 그는 이 재산을 안전하게 보관하려고 한쪽 벽이 궁전의 바깥벽의 일부를 이루는 석조 건물을 짓게 했다. 그런데 이 일을 맡은 건축업자가 흑심을 품고 벽에서 돌 하나를 쉽게 뺐다 끼웠다 할 수 있게 해 놓았다. 이윽고 창고가 완성되고, 왕은 그곳에 막대한 재물과 보물을 보관해 두었다. 세월이 흘러 그 창고를 지은 자가 죽을 때가 되자 두 아들을 머리맡에 불러 놓고 보물 창고의 비밀을 알려 주었다. 그들을 부유하게 살게 해 주고 싶은 마음에서였다. 아버지가 죽자 두 형제는 밤중에 몰래 그곳에 들어가 많은 재물과 보물을 가져갔다.

어느 날 창고를 열어 본 왕은 항아리에 넣어 둔 재물과 보물이 줄

어든 것을 알아챘다. 그러나 자물쇠도 모두 이상이 없고 또 봉인도 뜯겨 나가지 않았기 때문에, 왕은 보초들을 나무랄 수도 없었다. 그 저 이상하다는 생각밖에 들지 않았다. 하지만 그 후에도 도적들이 계 속 훔쳐가 재물과 보물이 줄어들었다. 창고를 열 때마다 이 사실이 명백히 드러나자, 왕은 한 가지 계책을 생각해 내고 재물과 보물이 들어 있는 항아리들 주변에 몇 개의 덫을 놓게 했다.

도적들이 그런 줄도 모르고 다시 와서 한 명은 밖에서 망을 보고 다른 한 명은 창고 안으로 들어갔다가 곧 덫에 걸리고 말았다. 그러 자 이 남자는 자신이 쉽게 빠져나갈 수 없는 재난에 빠진 것을 깨닫 고는 곧 소리를 질러 동생에게 사정 이야기를 하고 즉시 안으로 들어 와 자신의 목을 치라고 말했다. 자신의 신분이 알려지면 동생도 체포 될 우려가 있었기 때문이다. 이 말을 들은 동생도 옳다는 생각이 들 어 형의 목을 친 뒤 돌을 원래대로 해놓고는 형의 머리를 갖고 집으 로 돌아왔다.

날이 밝자 보물 창고에 들어온 왕은 출입구에 아무 이상이 없는데 도 그 안에 머리 없는 시체가 덫에 걸려 있는 것을 보고 어찌할 바를 모르다가 이윽고 이렇게 하기로 했다. 즉 머리 없는 도적의 시체를 왕궁의 성벽 밖에 매달고 파수병이 지켜보다가 그 앞에서 슬퍼하거 나 우는 자가 있으면 즉시 체포해 자기 앞으로 데려오라고 명했다.

그 어머니는 아들이 목이 잘린 채 성벽에 걸려 있다는 소식을 듣자 몹시 슬퍼하며 어떻게 하든 죽은 형의 시신을 가져오라고 살아남은 자식에게 명했다. 만일 최선을 다하지 않으면 직접 왕에게 가서 그를 도적으로 고발하겠다고 위협했다.

아들은 이런저런 말로 어머니를 설득했지만 아무 소용없자 한 가지 계책을 생각해 냈다. 그는 가죽 부대 몇 개에 술을 가득 채우고는 몇 마리의 당나귀 등에 싣고 성벽 쪽으로 끌고 갔다. 시체를 지키고 있는 파수병들 앞까지 오자, 그는 느슨하게 묶어 놓았던 두세 개의 술 부대의 끈을 풀었다. 그리고 술이 흘러나오자 어떻게 해야 좋을지 모르겠다는 듯 큰소리를 지르며 자신의 머리를 쥐어박았다. 파수병들이 이것을 보고는 이게 웬 떡이냐고 생각해서 그릇을 들고 흘러나오는 술을 담으려고 달려왔다. 아들은 파수병들에게 화가 난 듯 욕설을 퍼부었지만, 그들이 달래자 곧 마음이 진정되고 화가 풀린 듯한 태도를 취하며 당나귀를 길가로 끌고 가 짐을 고쳐 맸다.

그 후 이런저런 이야기를 서로 나누다가 농담이 오갈 때쯤 되자 술 부대 하나를 파수병들에게 주었다. 그리하여 파수병들이 그 자리에 둘러앉아 술을 마시게 되었는데, 아들에게도 이왕이면 함께 마시자고 권했다. 물론 그도 이 권유에 응해 그 자리에 끼었다. 마실수록 파수병들이 친절하게 대해 주어, 그는 다시 술 부대 하나를 그들에게 주었다. 파수병들이 실컷 술을 마시고는 졸음을 이기지 못하고 그 자리에 쓰러진 채 잠들어 버렸다.

밤이 이미 이슥해서, 아들은 그 틈을 타서 형의 시체를 끌어내린 뒤 당나귀에 싣고 집으로 돌아왔다.

그런데 머리 없는 도둑의 시체를 누군가가 가져갔다는 보고를 받고 극도로 분노한 왕이 어떻게 하든 범인을 잡으려고, 도저히 믿을 수 없는 이야기이지만, 자기 딸을 사창가로 보냈다고 한다. 왕은 딸에게 어떤 남자나 다 손님으로 맞이하고, 몸을 맡기기 전에 반드시 누구에게나 지금까지 해온 일 중 가장 교묘하고 악한 짓이 무엇이었는지 물어 보라고 당부했다. 그리고 만약 왕의 창고에서 재물과 보물을 훔치고 도적의 시체를 가져갔다고 말하는 자가 있으면 그자를 잡고 도망치지 못하게 하라고 명했다.

딸은 아버지가 시키는 대로 했는데, 무슨 목적에서 이런 일을 벌이고 있는지 들어 알게 된 도적이 다시 한 번 왕의 코를 납작하게 해주고 싶어 죽은 지 얼마 안 되는 시체의 한쪽 팔을 잘라 낸 다음 그것을 갖고 공주의 방으로 찾아갔다. 공주가 명받은 대로 질문을 하자, 그는 자신이 한 가장 나쁜 짓은 왕의 보물 창고에서 재물과 보물을 갖고 나온 일과 덫에 걸린 형의 목을 친 일이고, 가장 교묘하게 저지른 일은 파수병들을 술에 취하게 만든 뒤 형의 시체를 훔친 일이라고 말했다. 이 말을 듣고 공주가 그를 잡으려고 하자, 도적이 어둠 속에서 시체의 팔을 그녀 쪽으로 내밀었다. 공주가 진짜 팔로 여겨서 그 팔을 잡고 놓아주지 않는 사이에, 도적은 유유히 문밖으로 빠져나갔다.

이 일 역시 왕에게 보고되자, 그는 도둑의 영리함과 대담함에 깜짝 놀라고는 모든 도시에 사자를 보내 만일 도둑이 왕 앞에 출두하면 죄를 용서하고 큰 상을 내리겠다고 약속했다. 왕의 말을 믿고 그 남자가 대담하게 왕 앞에 나타나자, 람프시니토스 왕이 그에게 크게 경탄하며 그 공주를 아내로 주었을 뿐만 아니라,

"세상에서 가장 현명한 이집트인 중에서도 가장 현명한 자다."

라고 말했다고 한다.

사제들의 이야기에 따르면 람프시니토스왕은 그 후 산 채로 그리스인이 하데스(죽은 사람들의 나라)라 부르는 지역으로 내려가 데메테르(이시스, 풍요의 여신)와 주사위 놀이를 하며 승패를 다투다가 황금 손수건을 선물로 받고 다시 지상으로 돌아왔다고 한다. 이 일이 계기가되어 그 후 이집트에서 축제가 벌어지게 되었다는 것이다. 이집트인의 이런 이야기들이 믿을 만하다고 생각되는 사람들은 마음대로 그것들을 역사로 받아들이면 되고, 나는 여러 민족의 전승을 충실히 기록할 뿐이다.

이집트인은 데메테르와 디오니소스(이시스와 오시리스)가 지하 세계의 지배자라고 말하고 있다. 또한 인간의 영혼은 불멸하며, 육체가죽으면 영혼이 마침 그때 태어나는 다른 동물 속으로 들어간다는 설을 처음으로 제창한 것도 이집트인이다. 그리고 영혼이 물, 땅, 하늘

에 사는 모든 동물의 몸을 거쳐 다시 인간의 몸속으로 돌아올 때까지 3,000년이 걸린다고 한다. 이런 이집트인의 윤회 사상을 받아들여 마치 자신의 독창적인 설인 양 주장하는 그리스인이 몇 명 있지만 여기에는 그 이름을 언급하지 않겠다.

사제들의 말에 따르면 이 람프시니토스왕의 시대까지는 훌륭한 정치로 이집트가 크게 번창했지만 그 뒤를 이어 왕이 된 케오프스(쿠푸)가 국민을 온갖 불행 속으로 다 몰아넣었다고 한다. 그는 모든 신전을 폐쇄하고 그곳에서 희생물을 바치는 것을 금지한 뒤 모든 이집트인을 강제로 동원해 자신을 위해 일하게 했다. 그래서 일부는 아라비아산맥에 있는 채석장에서 돌을 나일강까지 운반하게 하고, 다른 일부는 배를 통해 나일강 건너편으로 옮겨진 돌을 인계받아 멀리 리비아산맥으로 불리는 곳까지 운반하게 했다. 언제나 10만 명에 이르는 사람이 3개월씩 교대로 노역에 동원되고, 이 돌을 끌고 가기 위한 도로를 건설하는 데 10년이 걸렸다고 한다. 왕은 또 20년에 걸쳐 피라미드를 지었다.

이 피라미드를 짓는 데 사용된 것은 계단식 구축법으로, 맨 먼저 계단을 만들어 놓은 뒤에 나머지 돌을, 목재로 만든 기중기를 이용해 한 계단씩 아래에서 위로 차례로 옮겨 갔다. 이리하여 먼저 최상부부터 완성되고, 마지막으로 최하단의 지면에 닿는 부분이 완성되었다. 피라미드에는 이집트 문자로 노역자들이 소비한 무나 양파, 부추의

양이 기록되어 있는데, 통역자의 말에 따르면 이런 식으로 지출된 금액이 은 1,600탈란톤에 이르렀다 한다. 이것이 사실이라면 공사용 철제품이나 노역자들의 주식이나 의류를 구입하는 데 지출한 금액은 대체 얼마나 되었을까? 이 거대한 건축물을 짓는 데 소요된 비용은 분명히 상상할 수 없을 정도로 엄청났을 것이다. 돈이 궁한 나머지 케오프스는 마침내 자신의 딸까지 사창가로 보내 얼마간의 돈을 벌어 바칠 것을 명했다고 한다.

케오프스의 치세 기간은 50년에 이르렀고, 그가 사망한 뒤에는 그의 동생 케프렌(카프라)이 왕위를 계승했다고 한다. 이 왕도 형보다 나을 것이 없이 포학한 정치를 했다. 그 역시 피라미드를 세웠지만 케오프스 것에는 미치지 못했다. 나 자신이 직접 측량한 것이기 때문에 틀림없다. 이 왕의 재위 기간은 56년이었다. 그리하여 이집트인은 이 106년 동안 말할 수 없는 고초를 겪었을 뿐만 아니라 오랫동안 신전도 폐쇄되었다고 한다. 이집트인은 그들에 대한 증오심에서 이 왕들의 이름을 입에 올리지도 않는다.

그 다음으로 케오프스의 아들 미케리노스가 이집트의 왕이 되었다고 한다. 아버지가 한 일을 좋게 보지 않은 그는 신전들을 열고 극도로 고난에 시달려 온 국민에게 자유를 주어 본래의 생업에 종사하며 희생 제물을 바치게 했다. 또한 그는 역대 제왕 중에서 가장 공정한 재판을 했다.

이집트인이 이 왕을 가장 칭송하는 것은 이 때문이다.

미케리노스는 이렇게 자비롭게 백성들을 다스렸는데, 그에게 첫 번째 불행이 닥쳐왔다. 그의 외동딸이 그만 세상을 떠나고 말았다. 그는 자신에게 닥친 불행에 너무나 큰 슬픔을 느끼고, 다른 사람들과 다르게 장례를 치르고 싶어 안이 텅 빈 목우(木偶, 나무로 만든 사람 형상)를 만들고 여기에 금박을 입힌 다음 그 속에 딸의 시신을 넣었다고 한다. 그런데 이 목우가 땅속에 매장되지 않고 사이스에 있는 왕궁 안의 아름답게 장식된 방에 안치돼 있었다.

딸의 죽음에 이어 두 번째 불행이 닥쳐왔다. 부토 시에서 왕의 수명이 6년밖에 남지 않았다는 신탁이 내려졌던 것이다. 왕은 화가 나 신탁소에 사자를 보내 신에게 따졌다. 즉 자신의 아버지와 숙부는 신전을 폐쇄하고 백성들을 학대했는데도 장수했는데 신앙심이 깊은 자신은 왜 이렇게 일찍 죽어야 하는지 납득할 수 없다는 것이었다. 그러나 바로 그 때문에 수명이 단축되었다는 답변을 들었다. 즉 이집트는 150년 동안 고통을 겪도록 운명 지어져 있는데, 선왕들과 달리 그는 이것을 알지 못했다는 것이다.

이 신탁을 들은 왕은 자신의 운명이 정해져 있다는 것을 깨닫고 많은 등을 준비하고는 해가 지면 불을 밝히고 밤낮으로 끊임없이 술을 마시며 즐겼다. 그리고 작은 늪지나 숲은 물론, 놀기에 아주 좋다는 이야기를 들으면 어디든 다 돌아다녔다. 그가 이것을 생각해 낸 것은 밤을 낮으로 바꾸어 자신의 남은 수명인 6년을 12년으로 늘림으로써 신탁이 거짓임을 입증하기 위해서였다. 이 왕도 피라미드를 남겼는데, 이것은 그의 아버지 것보다 훨씬 작고 절반만 에티오피아의 돌로 건조되어 있다.

이집트왕의 계보는 그 후 미케리노스에서 벽돌로 피라미드를 지은 아시키스, 장님 왕인 아니시스, 헤파이스토스의 사제 출신인 세토스로 이어지는데, 이때까지를 계산하면 341대가 된다고 한다. 3대가 100년이므로 300대면 1만 년이고, 341대면 1만 1,340년이라는 장구한 역사를 자랑하게 되는데, 이 사이에 그리스와 달리 신이 인간의 모습으로 나타난 적이 한 번도 없었다고 한다. 태양은 이 기간 중에 네 번이나 정상적인 위치에서 벗어났다고 한다.

사제였던 세토스왕은 마치 필요 없다는 듯이 무사 계급을 무시하고 몹시 싫어하며 여러 가지로 냉대했는데, 그중에서도 특히 그때까지 무사 계급의 특권으로 주어지고 있던 12아루라의 토지를 몰수했다고 한다. 그런데 이것은 이집트에서는 보기 드문 일이었다.

본래 이집트인은 사제, 무사, 소치는 사람, 돼지치는 사람, 상인, 통역인, 뱃사람 등 7개의 계급 중에서 보통 생업에 종사하는 자들은 천하게 보고, 군사 일에 종사하는 무사는 고귀한 존재로 생각했다. 그리스에도 이렇게 생각하는 곳이 있는데, 특히 스파르타가 그렇다. 어쩌면 이것도 이집트의 영향을 받았기 때문인지도 모른다. 같은 그리스인이라도 코린토스인은 생업에 종사하는 사람을 높이 평가하고 있다.

세토스의 통치 시대 이후 이집트인이 자유를 되찾았지만, 그들은 왕 없이는 한시도 살 수 없었기 때문에 자진해서 이집트 전역을 12개의 지역으로 나누고 12명의 왕을 세웠다. 이 12명의 왕은 혼인을 통해 서로 인척 관계를 맺고 평화롭게 이집트를 다스렸다. 그들은 힘으로 누군가를 퇴위시키거나 다른 사람보다 우위에 서지 않기로 상호 협정을 맺고 이것을 엄격히 지켰다. 그 이유는 그들이 왕위에 오를 때 신탁이 내려 그들 가운데 헤파이스토스 신전에서 청동 잔으로 술을 바치는 자가 이집트 전역에 군림하게 되리라 예언했기 때문이다. 게다가 이 12명의 왕은 공동으로 기념물을 남기기로 하고 모이리스 호에서 약간 남쪽으로 떨어진 곳, 악어의 도시라 불리는 곳 반대편에 미궁(迷宮)을 짓기도 했다. 나 자신도 이 미궁을 보았는데, 말로 표현할 수 없을 정도로 훌륭한 건축물이었다.

그런데 12명의 왕 중 한 명인 프삼메티코스가 언젠가 헤파이스토스 신전에 모두 모여 희생을 바치게 되었을 때 다른 왕들과 달리 청동 투구로 신에게 헌주하는 바람에 오해를 사 다른 왕들에 의해 추방되고 말았다. 그때 제사장이 수를 잘못 세어 황금 술잔을 11개밖에 갖고 나오지 않아 마지막 차례였던 프삼메티코스가 하는 수 없이 그랬던 것인데, 다른 왕들이 그의 행위와 예전에 내려졌던 신탁, 즉 청동 잔으로 술을 바친 자가 이집트 전역을 지배하리라 예언했던 신탁을 결부시켜 생각하고는 그를 작은 늪지대로 축출하고 그곳에서 나오지 못하게 하기로 결정했던 것이다.

이 처사에 분노를 금치 못한 프삼메티코스는 다른 왕들에게 복수하기로 결심하고는, 청동 인간이 바다에서 나타날 때 복수가 이루어지리라는 신탁대로 이오니아인과 카리아인으로 구성된 해적의 무리가 이집트로 표류해 오자 이들과 친교를 맺고 많은 포상을 약속하며 설득해 자기편으로 삼는 데 성공했다. 그는 자신을 따르는 이집트인과 원군을 이끌고 다른 11명의 왕을 없애고 이집트의 왕이 되었다.

프삼메티코스는 이집트를 통일하는 데 협력한 이오니아인과 카리아인에게 거주할 땅과 많은 상을 내렸다. 또 이집트인 아이들을 그들에게 맡겨 그리스어를 가르치게 했다. 오늘날 이집트에서 통역으로 일하고 있는 자들은 이때 그리스어를 배운 자들의 후손들이다.

프삼메티코스는 54년간 이집트를 통치했는데, 29년 동안 시리아의 대도시 아조토스를 계속 포위 공격해 마침내 이곳을 점령했다. 이 도시는 우리가 아는 한 세계의 어느 도시보다 오랫동안 포위 공격을 견뎌낸 곳이다. 뒤이어 왕위에 오른 그의 아들 네코스는 나중에 페르시아의 다레이오스왕에 의해 완성된, 홍해로 통하는 운하에 처음으로 손을 댄 인물이다. 그는 16년 동안 재위하고, 왕위는 그의 아들 프사미스로 이어졌다. 프사미스는 겨우 6년밖에 재위하지 못했다. 그는 에티오피아 원정을 시도한 후 곧 세상을 떠났다.

다음 왕위에 오른 그의 아들 아프리에스는 28년간 재위하며 증조부 프삼메티코스를 제외하고는 가장 영화를 누린 인물이었지만, 대병력을 파견해 키레네를 공격하다가 대패하고 그때까지 일개 평민에 지나지 않았던 아마시스에게 왕권을 넘겨 주고 말았다.

그런데 이집트인들은 고귀한 집안 출신이 아닌 아마시스를 처음에는 경시하고 별로 존경하지 않았다. 하지만 그는 백성들을 가혹하게 대하지 않고 현명하게 처신해 민심을 얻었다. 그는 자신과 손님들이 발을 닦는 데 사용하는 황금 대야를 녹여 신상을 만든 뒤 그것을 도시의 가장 적당하다고 생각되는 곳에 세워 놓게 했다. 그러자 사람들이 이 신상에 참배하며 그것을 매우 숭상했다. 이것을 본 아마시스는 이집트인들을 불러 모아 놓고 이렇게 말했다.

"그대들이 숭상하고 있는 이 신상은 실은 내가 발을 넣고 닦거나 그 안에 토하거나 소변을 보기도 한 대야를 녹여 만든 것이오. 나도 이 대야와 같이 전에는 일개 평민에 지나지 않았지만 지금은 어쨌든 그대들의 왕이 되었으니 우러러 받드는 것이 당연하지 않겠소?"

그러나 아마시스는 새벽부터 광장이 사람들로 가득 찰 때까지는 열심히 정무를 보았지만, 그 후에는 술을 마시며 친구들을 놀리거나 시시하게 장난을 치며 시간을 보냈다. 그래서 가까운 사람들이 걱정을 하며 아마시스에게 좀 더 위엄을 보이며 왕답게 행동하라고 간언했다. 그러자 아마시스가 다음과 같이 대답했다고 한다.

"활도 당긴 후에는 늦추어 두지 않소? 사람도 마찬가지라오. 언제나 근엄하게 행동하면 머리가 돌거나 멍청해져 버릴 것이오. 나는 이것을 잘 알고 있기 때문에 여가 시간과 일하는 시간을 적절히 배분하고 있는 것이오."

아마시스는 사이스의 아테네 신전에 경탄을 자아낼 만큼 훌륭한, 거대한 돌문을 세우고 몇 개의 거상(巨像)과 사람 머리에 사자의 몸을 한 거대한 스핑크스도 봉납했다. 또한 그는 그 밖의 이름 높은 신전에도 모두 봉납물을 바쳤다.

그의 치세 때 모든 국민이 해마다 수입을 신고해야 하는 법률이 제정되고, 이집트가 전에 없던 물질적 번영을 누렸다 한다. 나중에 이 법률을 솔론이 받아들여 아테네에서 시행했는데, 그것이 오늘날에도 훌륭한 법률로 여겨지며 잘 지켜지고 있다. 〈제2권〉

7. 캄비세스의 광란

　키루스의 아들 캄비세스왕이 이집트왕 아마시스를 정벌하려고 한
것은 바로 어느 이집트인의 선동 때문이었다고 한다. 안과 의사인 그
는 전에 아마시스의 명에 따라 자신이 처자식과 생이별을 하고 페르
시아의 키루스에게 파견된 데 원한을 품고 언젠가 그에게 원수를 갚
으리라 마음먹고 있다가 캄비세스를 부추겨 아마시스의 딸을 요구하
게 했던 것이다. 그것은 아마시스가 딸을 보내게 되면 분명히 비탄에
잠길 것이고, 거절하면 캄비세스의 노여움을 사게 되리라는 생각에
서였다.

　한편 아마시스는 페르시아의 국력이 두려워 이 요구를 거절할 수
도 없고, 그렇다고 딸을 페르시아 왕의 첩으로 줄 수도 없는 난처한
처지에 빠졌다. 그래서 그는 궁리 끝에 선왕의 공주를 자기 딸로 속
이고 캄비세스에게 보냈다. 그 후 얼마간 세월이 흐른 뒤에 캄비세스
가 이 공주에게 아버지의 이름을 들먹이자, 그녀가 사실대로 털어놓
으며 자신은 아마시스가 모반을 일으켜 살해한 아프리에스의 딸이라

고 말했다. 그래서 이에 격분한 캄비세스가 이집트 원정에 나섰던 것이다.

그런데 이와는 별도로 이집트 원정을 촉진시킨 우발적인 사건도 있었다. 아마시스의 용병 중에 할리카르나소스 출신으로 지혜도 있고 무용도 뛰어난 파네스라는 자가 있었는데, 이자가 복무 조건에 불만을 품고는 캄비세스를 만나려고 이집트를 탈출했다. 이때 마침 캄비세스는 이집트 원정을 준비하며 어떻게 사막을 건널까 고민하고 있었는데, 파네스가 나타나 아마시스에 대한 정보도 제공해 주고 원정 행로에 대해서도 자세히 설명해 주며 아라비아 왕에게 사절을 보내 사막을 안전하게 통과할 수 있게 부탁하라고 조언해 주었다.

캄비세스는 파네스의 말대로 아라비아 왕에게 사절을 보내 서로 결맹의 서약을 한 뒤 그의 협조하에 물을 공급받으며 무사히 사막을 넘어 이집트로 침입했다. 그러나 이때 아마시스는 44년간 이집트를 통치하고 사망해 이미 이 세상 사람이 아니었고, 뒤이어 왕위에 오른 그의 아들 프삼메니토스가 나일 강의 펠루시온 하구에서 진을 치고 캄비세스를 기다리고 있었다.

양군이 많은 전사자를 내며 격렬히 싸웠지만 결국 캄비세스의 군대가 승리하고 이집트군은 패주했다. 나는 이 전투가 벌어졌던 곳에 가서 참으로 기묘한 광경을 보았다. 양군 전사자의 유골이 각기 다른 장소에 겹겹이 쌓여 있었는데, 페르시아인의 두개골은 매우 약해 작은 돌을 던져도 구멍이 날 정도인 데 반해 이집트인의 두개골은 돌로 쳐도 부서지지 않을 만큼 단단했다. 페르시아인은 어릴 때부터 티아라라는 중절모를 쓰는 습관이 있지만, 이집트인은 어릴 적부터 머리를 깎고 햇볕을 쬐어 두개골이 단단해졌기 때문이라고 한다. 사실 세계에서 이집트만큼 대머리가 드문 나라도 없다.

싸움에 패한 이집트군이 멤피스로 달아난 뒤 그곳에서 저항했지만, 페르시아군이 그곳을 포위하고 계속 공격하자 결국 항복하고 말았다. 그러자 이웃에 사는 리비아인과 키레네인, 바르카인이 싸우지도 않고 캄비세스에게 항복하고 자진해서 공물을 바치기로 했다.

멤피스가 함락되고 나서 10일째 되는 날, 캄비세스가 왕위에 오른지 6개월밖에 안 되는 프삼메니토스왕을 다른 이집트인들과 함께 교외로 끌고 가 앉히고는 그의 딸에게 노예 옷을 입히고 다른 명문가의 딸들과 함께 물을 긷게 했다. 딸들이 울면서 그 앞을 지나가자, 다른 아버지들은 모두 큰소리로 울부짖으며 탄식했지만, 프삼메니토스는 이를 보고도 고개를 숙인 채 땅만 바라보고 있었다.

캄비세스는 다음으로 프삼메니토스의 아들을 같은 또래의 2천 명의 이집트인과 함께 사형장으로 끌고 나오게 했다. 그들의 목에는 줄이 매어져 있고 입에는 재갈이 물려 있었다. 프삼메니토스 주변에 있던 이집트인들은 울며 몹시 괴로워했지만, 프삼메니토스만은 딸을 보았을 때와 같은 태도를 보였다.

그렇지만 이들이 지나간 뒤 술친구로 프삼메니토스왕의 연회에 참석하던 노인이 재산을 모두 몰수당해 거지가 된 채 병사들에게 구걸하며 지나갔다. 프삼메니토스는 그 모습을 보자 갑자기 눈물을 흘리며 큰소리로 울고 그 친구의 이름을 부르며 자신의 머리를 쳤다.

캄비세스가 이것을 이상하게 여기고는 그 이유를 물었다.

"프삼메니토스여, 딸이 학대를 받고 아들이 형장에 끌려가는 것을 보면서도 울거나 눈물을 보이지 않던 그대가 어째서 아무 혈연관계도 없는 거지를 보고는 슬퍼하며 경의를 표하는가?"

"키루스의 아드님이시여, 제 집안에는 큰소리로 슬퍼할 수 없을 정도로 큰 불행이 닥쳤습니다. 그러나 늘그막에 큰 재산을 잃고 거지 신세가 되어 버린 제 친구의 재난은 울 만한 것이었습니다."

프삼메니토스의 이 말을 듣고 이 원정에 참가했던 크로이소스도 눈물을 흘리고, 그 자리에 있던 페르시아인들도 모두 눈물을 흘렸다고 한다. 캄비세스도 동정심이 생겨 그 아들의 처형을 중단하라고 명하는 동시에, 프삼메니토스도 여생을 편히 보내도록 배려해 주었다. 그러나 이 명령은 형이 이미 집행된 뒤에 도착했고, 프삼메니토스도 그 후 이집트인들로 하여금 반란을 일으키도록 사주하다가 이것이 발각나 황소의 피를 마시고 그 자리에서 즉사했다.

이리하여 이집트를 정복한 캄비세스는 이번에는 카르타고인과 암몬인, 리비아의 남쪽 바닷가에 사는 '오래 사는' 에티오피아인을 원정하려고 했다. 그래서 그 계획을 논의한 결과, 카르타고에는 해상 부대를 파견하고, 암몬에는 선발된 육상 부대를 파견하며, 에티오피아에는 먼저 사람들을 보내 정탐을 한다는 방침이 세워졌다.

'오래 사는' 에티오피아인은 세계에서 가장 키가 크고 또 가장 아름다운 인종이라고 전해지고 있다. 그들은 풍습도 색다른 것이 많은데, 특히 왕위 계승과 관련해 다음과 같은 관습이 있다. 즉 국민 중에서 가장 키가 크고 그에 상응하는 힘도 지니고 있다고 판단되는 사람에게 왕위에 오를 수 있는 자격을 주고 있다.

정탐꾼들을 파견하기로 결심하자 캄비세스는 곧 에티오피아어를 할 줄 아는 이크티오파고이인들을 엘레판티네에서 불러들이기로 했다. 그 사이에 캄비세스는 해군에 명해 카르타고로 진격하라고 했지만, 페니키아인이 그 명령을 거부했다. 카르타고와 서약을 맺고 있는 데다가 자식과 같은 도시(카르타고는 페니키아의 식민시였다)를 공격하는 것은 신의에도 어긋나는 행위라는 것이었다. 캄비세스는 페니키아인이 자발적으로 페르시아의 신민이 되길 자청해 왔고, 또 페르시아의 전 해군이 그 민족에 의존하고 있었기 때문에 강권을 발동하지 않았다. 그래서 카르타고는 페르시아의 지배를 면하게 되었다.

이크티오파고이인들이 도착하자, 캄비세스는 그들에게 에티오피아에 가서 해야 할 말을 일러 주고 자색 의상, 황금 목걸이와 팔찌, 설화석고(雪花石膏, 눈꽃처럼 생긴 돌덩어리로 조각 재료 등에 사용됨) 항아리에 담은 향유, 야자로 담근 술과 항아리 등을 선물로 가져가게 했다.

이크티오파고이인 일행이 그 나라에 도착해 왕에게 선물을 바치고 페르시아왕 캄비세스가 친선 관계를 맺으려고 자신들을 보냈다고 말했지만, 그는 이들이 그곳을 정탐하러 온 줄 짐작하고 강궁(强弓)을 당겨 보이고는 건네주면서 이렇게 말했다.

"페르시아인이 이 정도의 강궁을 쉽게 당길 수 있을 때 대군을 이끌고 우리를 공격하는 것이 좋을 것이다. 그때까지는 에티오피아인의 자식들의 마음속에 다른 나라의 땅을 손에 넣고 싶은 욕망이 생기지 않게 해 주시는 신들께 감사하라고 페르시아 왕에게 전하라."

그 후 에티오피아왕은 자색 의상을 집어 들고 이것은 무엇이고 어떻게 만드느냐고 물었다. 그래서 사절들이 염색에 대해 설명하자, 왕은 "페르시아에서는 사람만 아니라 의복마저 사람을 속이고 사기를 치는 군." 하고 말했다. 다음으로 황금 목걸이와 팔찌를 보자, 왕은 그것들을 차꼬로 생각하는지 이곳에는 더 튼튼한 차꼬가 있다고 웃으면서 말했다. 세 번째로 향유를 보고 그 제조법과 어떻게 몸에 바르는지 묻고 사절들의 답변을 듣고는, 왕은 의상에 대해 말할 때와 같은 말을 되풀이했다.

왕이 가장 기뻐한 것은 야자로 담근 술이었다. 이어서 왕은 페르시아왕은 어떤 음식을 먹고, 페르시아인은 최대한 얼마나 사는지 물었다. 사절들은 왕은 빵을 먹는다고 말하고 밀 재배법에 대해 설명한 뒤, 페르시아인의 최대 수명은 80세라고 대답했다. 그러자 왕은 똥을 먹고 사니(밀을 재배할 때 인분을 비료로 사용하는 것을 빗대어 한 말일 것이다) 수명이 짧은 것도 놀랄 일이 못된다고 말하고, 그래도 80세까지 사는 것은 이 원기를 북돋아 주는 야자 술 덕분일 것이라고 덧붙여 말했다.

이번에는 이크티오파고이인들이 왕에게 에티오피아인의 수명과 식사에 대해 질문했다. 그러자 왕은 국민 대부분이 120세까지 살고 그 이상 사는 사람들도 있으며, 삶은 고기를 먹고 우유만 마신다고 말했다.

그 후 왕은 사절들을 제비꽃 냄새가 나는 샘으로 안내하고, 이 샘 물은 비중이 가벼워 어느 것도 뜨지 못하고 가라앉으며, 이곳에서 목욕을 하면 피부가 기름을 바른 듯 윤기가 난다고 말했다.

사절들은 이번에는 감옥으로 안내되었는데, 이곳의 죄수들은 모두 황금 차꼬를 차고 있었다. 이 나라에서는 황금이 아니라 청동이 가장 진기하고 귀중한 것으로 여겨지고 있기 때문이다.

사절들은 다음으로 이른바 '태양의 식탁'을 구경했는데, 시 교외의 초원에 온갖 네발짐승의 삶은 고기가 곳곳에 널려 있어 누구든 원하는 사람은 와서 마음대로 먹어도 된다는 것이었다. 그곳 사람들은 이곳에 놓여 있는 음식은 모두 대지가 제공해 주는 것이라고 믿고 있지만, 실은 관직을 맡고 있는 사람들이 밤중에 준비해 두는 것이다.

정탐꾼들이 이렇게 '오래 사는' 에티오피아인의 나라를 살펴보고 돌아와 보고하자, 캄비세스가 격분해 제대로 식량 준비도 하지 않고, 또 에티오피아가 멀리 떨어져 있는 것도 고려하지 않은 채 전군을 이끌고 원정에 나섰다.

테베에 도착하자 캄비세스는 원정군 중에서 5만 명을 선발한 뒤 암몬인을 정벌하라고 명하고, 자신은 남은 군대를 이끌고 에티오피아를 향해 진격했다. 그러나 5분의 1도 못 갔는데 식량이 떨어져 버렸다. 그래서 사람들이 소나 말 등 운반용 짐승들을 잡아먹기 시작했지만 이것들도 곧 떨어졌다. 이때 캄비세스가 자신의 잘못을 깨닫고 군대를 돌렸다면, 처음에 실수를 했더라도 현명한 처신이 되었을 것이다. 하지만 그는 전혀 주의를 기울이지 않고 계속 진군했다. 그래서 병사들은 풀을 먹으며 연명해 갔다. 그러나 사막 지대에 들어서자 풀마저 사라져서 일부 병사들이 끔찍한 짓을 저질렀다. 즉 10명이 한 조가 되어 추첨으로 뽑힌 자를 한 명씩 잡아먹기로 했다. 이것을 알게 된 캄비세스는 전군이 서로 잡아먹는 참상에 빠지게 될까 두려워 에티오피아 원정을 단념하고 이집트로 돌아왔다. 한편 그가 암몬으로 보낸 5만 명의 정벌군은 사막 지대로 들어가 암몬과 오아시스 중간쯤에 이르러 식사를 할 때, 갑자기 맹렬한 남풍이 불어와 전군을 생매장시켜 버렸다 한다.

캄비세스가 멤피스로 귀환했을 때, 이집트인이 신성한 소[牛] '아피스'가 출현했다며 정장을 하고 축제를 벌이기 시작했다. 아피스는 한 번 수태하면 다시는 수태할 수 없는 암소에게서 태어난 송아지를 말하는 것으로, 이집트인의 말에 따르면 천상에서 내려온 빛에 의해 수태해 아피스를 출산한다고 한다. 이 아피스라 불리는 송아지는 전체적으로 검은데 이마에 사각형의 흰 점이 있고, 등에는 독수리의 형상이 있으며, 꼬리의 털은 이중으로 되어 있고, 혓바닥에는 딱정벌레와 같은 점이 있다.

이집트인에게는 이 송아지가 나타나면 신이 출현했다고 환호하며 이를 축하하는 관습이 있는데, 캄비세스는 이 광경을 보고 자신이 원정에 실패한 것을 이집트인이 즐거워하며 축제를 벌이는 것으로 믿고는 신이 이집트에 출현했는지 직접 확인해 주겠다며 사제들에게 명해 아피스를 끌고 오게 했다. 그래서 아피스가 끌려오자 그가 단검으로 배를 노리고 찔렀지만 겨냥이 빗나가 허벅지를 베었다. 그러자 그는 웃으면서 피가 흐르고 칼로 베어지는 것이 무슨 신이냐며 자신을 조롱했다는 이유로 사제들을 채찍 형에 처하고, 축제를 벌이고 있는 이집트인들을 발견하는 대로 다 죽여 버리라고 명했다.

이집트인의 말에 의하면 전에도 온전한 정신이 아니었지만 이런 악행을 저지른 뒤에 캄비세스가 완전히 미쳐 버렸다고 한다. 그가 저지른 첫 번째 악행은 친동생 스메르디스를 살해한 것이었다. 이크티오파고이인들이 에티오피아의왕에게서 받아 갖고 온 활을 아무도 당기지 못했는데 이 스메르디스만은 약 2닥티로스(약 3.7센티미터)만큼 잡아당겼기 때문에, 캄비세스가 질투심에서 그를 페르시아로 보내 버렸다. 그 후 캄비세스가 꿈을 꾸었는데, 페르시아에서 사자가 달려 와 스메르디스가 옥좌에 앉아 있는데 그 머리가 하늘에 닿아 있다고 보고하는 꿈이었다. 깜짝 놀라 잠에서 깬 그는 스메르디스가 자신을 죽이고 왕위에 오르지 않을까 걱정되어 자신에게 가장 충실한 프락 사스페스를 급히 페르시아로 보내 동생을 죽이게 했다.

이어서 캄비세스는 자신을 따라 이집트에 온 자신의 아내이기도 한 여동생도 죽였다.

캄비세스는 아피스의 재앙 탓이든 아니든 가장 가까운 육친들에게 이런 미치광이 같은 짓을 저질렀다. 실은 캄비세스에게 태어날 때부 터 간질병이 있었다고 한다. 육체가 난치병에 걸려 있었다면 정신도 당연히 온전하지 못했을 것이다.

캄비세스의 광란은 여기에 그치지 않았다. 그는 자신이 제정신이 라는 것을 입증해 보이겠다면서 가장 믿을 수 있는 가신인 프렉사스 페스의 자식을 활로 쏘아 죽이기도 하고, 별다른 잘못이 없는 페르시 아인 12명을 체포해 거꾸로 생매장하기로 했다.

이것을 본 크로이소스가 간언하자, 캄비세스는 그까지 비웃으며 사형에 처하게 했다.

캄비세스는 페르시아인에게만 그런 것이 아니었다. 멤피스에 머무를 때 오래된 묘지를 파헤치고 시체를 구경하기도 하고, 신전이나 성소에 들어가 신상을 조롱하거나 불태우기도 했다.

캄비세스가 이렇게 극도의 정신 착란 상태에 빠져 있을 때, 페르시아에서 마고스 형제가 모반을 일으켰다. 그중 한 명은 캄비세스가 자신이 없는 동안 왕가를 돌보도록 페르시아에 남겨 놓은 인물이었는데, 이 자는 왕에 의해 스메르디스가 암살당한 사실을 아는 사람이 극소수에 불과하고 대부분은 그가 살아 있다고 믿고 있다는 점을 이용해 왕위 찬탈을 기도했다. 공교롭게도 그의 동생이 스메르디스와 용모가 비슷하고 심지어 이름까지 똑같았기 때문이다. 그리하여 마고스인 파티제이테스는 동생을 설득해 마침내 왕의 옥좌에 앉혔다.

그 후 파티제이테스는 곧 전국 각지와 이집트의 군대에 전령을 보내 앞으로는 캄비세스가 아니라 키루스의 아들 스메르디스의 명령에 복종하라고 포고했다.

이것을 알게 된 캄비세스는 프렉사스페스가 자신의 명령을 따르지 않고 스메르디스를 살려 둔 것이 틀림없다고 생각하고 그를 노려보며 "내가 명한 결과가 이것이냐?"고 말했다.

그러자 프락사스페스는 틀림없이 명대로 하고 스메르디스의 장례까지 지냈다며 누가 명을 전하게 했는지 신문해 봐야 한다고 캄비세스에게 말하고 전령을 다시 부르게 했다. 그 결과 마고스가 포고를 전하게 했음을 알아내고, 프렉사스페스는 모반자는 실은 마고스 형제인 파티제이테스와 그의 동생 스메르디스라고 캄비세스에게 말했다.

캄비세스는 이때서야 비로소 자신이 꾸었던 꿈의 의미를 깨달았다. 그가 꿈에서 본 스메르디스는 실은 동생 스메르디스가 아니라 마고스 스메르디스였던 것이다. 그리하여 자신이 죄 없는 동생을 죽인 것을 알게 된 캄비세스는 한동안 그의 죽음을 애도하며 비탄에 잠겼지만, 한시바삐 페르시아의 수사로 돌아가 증오스런 마고스 형제를 토벌하려고 급히 출발 준비를 시켰다. 그런데 그가 말에 오르는 순간 칼집이 벗겨져 그 칼에 허벅지를 찔리고 말았다. 상처가 난 부분은 전에 그가 단검으로 신성한 소 아피스를 베었던 곳과 같았다고 한다.

그는 자신의 운명이 얼마 남지 않은 것을 깨닫고 페르시아의 중신들을 모아 놓고는 자신이 꾼 꿈과 자신이 저지른 죄를 고백하고 주권을 메디아인으로부터 다시 빼앗으라고 명한 뒤 이렇게 자신의 운명을 한탄했다.

"정해진 운명은 누구도 거스를 수 없는 법인데, 나는 어리석게도 동생 스메르디스를 죽이고 운명을 바꾸려고 했다."

이윽고 허벅지와 뼈가 곧 썩기 시작해, 재위 7년 5개월 만에 캄비세스는 자식도 한 명 남기지 못한 채 세상을 떠났다. 〈제3권〉

8. 행운의 폴리크라테스

아이아케스의 아들 폴리크라테스는 그야말로 아침 해가 하늘로 떠오르는 기세를 보이며 승승장구하고 있었다. 병력을 일으켜 혁명으로 사모스섬의 정권을 손에 넣은 그는 처음에는 나라를 삼등분하여 형제인 판타그노토스와 실로손에게도 나누어 주었지만, 그 후 곧 판타그노토스는 살해하고 막내인 실로손은 추방해 사모스 전역을 손안에 넣었다.

그는 오십노선(노가 50개인 배) 100척과 1천 명의 궁병을 휘하에 두고 상대를 누구든 가리지 않고 제멋대로 약탈하고, 게다가 어느 곳을 공격하든 작전이 맞아떨어져 한 번도 실패한 적이 없었다. 그래서 그의 위세가 단시일 내에 커져 이오니아는 물론 그리스의 전 영토에 그 이름이 널리 알려지게 되었다. 그는 예컨대 친구의 것이라도 빼앗는 것이 좋다고 입버릇처럼 말했다. 그냥 두면 당연하게 여기고 별로 고마워하지 않지만 한번 빼앗았다가 돌려주면 감사하게 생각하기 때문이라는 것이었다.

폴리크라테스는 이런 식으로 많은 섬을 손안에 넣고 대륙의 많은 도시들도 점령했다. 그는 이집트의 아마시스왕과 친선 관계를 맺고 가까이 지내고 있었는데, 아마시스는 그가 운 좋게 계속 성공을 거두는 것을 보자 불안한 마음이 들어 그에게 편지를 보내 이렇게 충고했다.

"친애하는 폴리크라테스 전하, 저는 동맹을 맺고 있는 귀국이 번영하고 있다는 소식을 듣고 정말 기뻐해 마지않고 있지만 전하의 연이은 행운이 마냥 즐겁지만은 않습니다. 신들이 질투심이 많다는 것을 잘 알고 있기 때문입니다. 그래서 저는 저 자신뿐만 아니라 제가 사랑하는 사람들도 성공과 실패를 번갈아 맛보면서 일생을 보내는 것이 바람직하다고 생각하고 있습니다. 일찍이 무슨 일을 하던 성공을 거두었으면서도 마침내 재난을 당해 파멸하지 않은 예가 있다는 말을 저는 들어 본 적이 없습니다. 그러니 제 말에 귀를 기울이고 이렇게 하십시오. 너무나도 귀중해 잃어버리면 견딜 수 없을 정도로 큰 슬픔을 맛보게 될 것을 사람들 눈에 더 이상 띄지 않도록 버리십시오. 그리고 그 후에도 행운과 불운이 번갈아 일어나지 않으면 이 방법을 되풀이해 자신을 구원하도록 하십시오."

이 편지를 읽은 폴리크라테스는 훌륭한 조언이라는 생각이 들어 평소에 가장 애용하는 인장이 달린 반지를 버리기로 결심했다. 이 반지는 황금에 에메랄드를 끼워 넣은 것으로, 사모스의 유명한 장인 테오도로스의 작품이었다.

폴리크라테스가 배를 타고 멀리 떨어진 바다로 나가 반지를 버리고 왕궁으로 돌아와 가슴 아파하고 있었는데, 그 후 5일째 되는 날 뜻밖에도 다음과 같은 일이 벌어졌다. 한 어부가 크고 아름다운 물고기를 잡게 되자 왕에게 바치는 것이 좋겠다고 생각하고 그것을 왕궁으로 가져왔다. 폴리크라테스는 기뻐하며 시종들에게 배를 가르게 했더니 그 속에서 그가 버린 반지가 나왔다. 그는 이것은 신의 뜻에 의한 것이 틀림없다고 생각하고 이런 내용을 편지에 자세히 적어 이집트에 보냈다.

아마시스왕은 이 편지를 읽고는 사람의 힘으로는 정해진 운명으로부터 사람을 구해 낼 수 없다는 것과, 깊이 생각하고 버린 것조차 다시 찾게 될 만큼 운이 좋은 폴리크라테스가 언젠가는 반드시 비참한 죽음을 맞이하게 되리라는 것을 깨달았다. 그래서 그는 사모스로 사신을 보내 동맹 조약을 파기했다. 그가 이렇게 한 것은, 엄청난 대재난이 닥쳤을 때 폴리크라테스의 맹우(盟友)로서 느끼게 될 큰 슬픔을 피하기 위해서였다.

그런데 캄비세스가 이집트 원정에 필요한 군대를 모으고 있을 때, 폴리크라테스가 국민들 몰래 캄비세스에게 사자를 보내 사모스에도 병력 파견을 요청해 달라고 부탁했다. 그러자 캄비세스가 기꺼이 이를 수락하고 사절을 보내 해군을 파견해 줄 것을 요청했다. 그래서 폴리크라테스는 사모스의 시민 가운데서 반란을 일으킬 만한 자들만 골라 40척의 삼단노선(노를 세 층으로 배치한 배)에 실어 파견하고, 캄비세스에게 이들을 다시는 귀국시키지 말아 달라고 부탁했다.

그런데 이 원정군이 항해 도중에 서로 의논을 하고 사모스로 돌아가 버렸다. 그러자 화가 난 폴리크라테스가 함선을 동원해 이들을 공격했지만, 원정군이 이겨 사모스에 상륙했다. 그러나 이들이 지상전에서는 폴리크라테스가 이끈 군대에 패해 스파르타로 달아나 도움을 청했다. 스파르타인들은 처음에는 이들의 말에 귀를 기울이지 않았지만 결국 원조하기로 결정하고 사모스를 향해 군대를 진격시켰다. 사모스인들에 따르면 이것은 그들이 전에 메세니아 전쟁(기원전 8~7세기 스파르타와 메세니아 사이의 전쟁) 때 스파르타를 원조한 데 대한 보답이었다고 한다. 하지만 스파르타 측의 주장은 다르다. 스파르타인들의 이 출정은 그들이 전에 크로이소스에게 선물하기 위해 수송 중이던 혼주기(결혼 예물로 주는 그릇)와 아마시스왕이 스파르타에 선물로 보낸 갑옷을 사모스인에게 약탈당한 적이 있어 그 원한을 갚으려는 것이 주된 목적이었다고 한다.

스파르타인의 이 원정에는 코린토스인도 열의를 갖고 참여했다. 이보다 한 세대 전에 그들도 사모스인에게 모욕을 당했기 때문이다. 코린토스인과 코르키라인(이오니아 해의 섬에 사는 사람)과는 동족이면서 서로 적대하고 있었는데, 코린토스의 왕 페리안드로스가 코르키라의

삼단노선
사모스섬에 사는 사람들 중에 반란을 일으킬 만한 자들만 골라 실은 40척의 삼단노선은
페르시아왕 캄비세스의 이집트 원정 때 파견됐다.

명문가 자제 300명을 환관으로 만들려고 사르디스의 알리아테스에게 보냈는데, 이 임무를 맡은 코린토스인들이 도중에 사모스에 들렀을 때 사모스인들이 이 사정을 알게 되자 그 소년들에게 아르테미스 신역으로 도망치라고 가르쳐 주고 이리저리 손을 써서 결국 무사히 코르키라로 돌아갈 수 있게 해 주었다.

페리안드로스가 이 소년들을 환관으로 만들려 한 것도 본래는 코르키라에 복수하기 위해서였다. 그쪽에서 분별없이 먼저 나쁜 짓을 저질렀기 때문이었다. 페리안드로스에게는 두 아들이 있었는데, 이 자식들이 외할아버지인 에피다우로스(그리스 북동쪽에 있던 도시 국가)의 독재자 프로클레스의 말을 듣고 아버지가 자신들의 어머니를 죽였다고 확신하게 되었다. 형은 이것을 개의치 않았지만, 동생 리코프론은 아버지를 원망하며 만나도 인사를 하지 않고 말을 걸어도 대답하지 않았다. 그래서 마침내 격노한 페리안드로스가 그를 궁에서 내쫓아 버렸다.

그 후 큰아들을 계속 추궁해 외조부가 자식들에게 무슨 말을 했는지 알아낸 페리안드로스는, 궁에서 쫓겨난 아들이 머무르는 집마다 사자를 보내 그를 내보내게 하다가 급기야는 그를 집에 묵게 하거나 그와 말을 나눈 자는 아폴론 신에게 벌금을 내야 한다는 포고령을 내렸다. 그 후 아무도 말을 걸거나 집에 맞아들이는 사람이 없어, 리코프론은 처마 밑을 전전하면서 굶주림에 시달리게 되었다. 이 모습을 본 페리안드로스가 안쓰러워 가까이 다가가 이렇게 말했다.

"그만 고집을 부리고 궁으로 돌아오너라. 말만 잘 들으면 너는 코린토스의 왕자로서 머잖아 내 재산과 권력을 손에 넣을 수 있을 것이다. 내가 네 어머니를 죽였다고 화를 내고 있지만, 그 일로 제일 고통스러운 것은 다름 아닌 나다. 어서 궁으로 돌아오도록 해라."

그러나 리코프론은 아무 대답도 하지 않고, 자신과 이야기를 나누었으니 아바마마도 신에게 벌금을 내야 할 것이라고만 말했다. 페리안드로스는 하는 수 없이 작은아들을 보이지 않는 곳에 두기 위해 자신의 지배하에 있는 코르키라로 보내 버렸다.

세월이 흐르자 페리안드로스는 늙어 더 이상 정무를 볼 수 없다는 것을 깨닫고는 코르키라에 있는 리코프론을 불러와 왕위에 앉히려했다. 그가 보기에도 큰아들은 우둔하고 어리석었기 때문이다. 그러나 리코프론은 아버지의 사자에게 대답조차 하지 않았다. 하지만 페리안드로스는 작은아들 쪽으로 마음이 기울어졌기 때문에 누구보다더 설득력이 있으리라 생각하고 이번에는 아들에게는 누나가 되는 딸을 보냈지만, 리코프론은 아버지가 살아 있는 동안에는 귀국하지 않겠다고 말했다. 딸로부터 이런 보고를 들은 페리안드로스가 다시 사자를 보내 자신이 코르키라로 갈 테니 코린토스로 돌아와 왕위에오르라고 말하자, 왕자가 이에 동의했다. 그런데 페리안드로스가 오는 것을 막기 위해 코르키라인들이 이 젊은이를 죽여 버렸다. 페리안드로스가 보복하려고 한 것은 바로 이 때문이었다.

스파르타의 대군이 사모스에 도착해 그곳을 포위 공격했지만, 40일이 다 되어 가도 별 진전이 없어 결국 펠로폰네소스로 돌아갔다. 그리 믿을 수 없는 설에 따르면, 폴리크라테스가 납에 금을 입혀 주조하게 한 다량의 화폐를 받고 스파르타군이 철수했다고 한다. 어쨌든 이것은 스파르타인에 의한 최초의 아시아 원정이었다.

이리하여 행운의 폴리크라테스는 스파르타의 대군을 물리쳤는데, 캄비세스가 이집트에서 치명적인 부상을 입을 무렵에 또다시 사건이 벌어졌다. 당시 사르디스의 총독은 페르시아인 오로이테스였는데, 많은 사람들이 전하는 바에 따르면 그가 미트로바테스라는 다스킬레이온 행정구의 총독과 입씨름을 벌이다가 그로부터,

"코앞에 있는 사모스섬조차 왕의 영토로 만들지 못하면서 어떻게 사나이를 자처한단 말이오?"

라는 비웃음 섞인 말을 듣고는 어떻게든 폴리크라테스를 죽이겠다는 결심을 굳혔다는 것이다.

그러나 이 설만큼 유력하지는 않지만 다음과 같은 설도 있다. 즉 오로이테스가 뭔가 부탁할 것이 있어서 사모스로 사자를 보냈지만, 테오스의 시인 아나크레온과 식사를 하고 있던 폴리크라테스가 그 사자를 돌아보지도 않고 대답도 하지 않았다는 것이다.

아무튼 오로이테스는 폴리크라테스의 야망을 알고, 캄비세스왕이

자신을 죽이려 한다며 자신의 신병과 재물을 넘길 테니 가장 신뢰하는 사람을 파견해 달라는 편지를 사모스에 보냈다. 자신의 재물로 충분히 그리스를 제패할 수 있으리라는 것이었다. 폴리크라테스는 이 편지를 읽고 몹시 기뻐하며 비서역을 맡고 있던 마이안드리오스를 파견해 재물을 확인하게 한 뒤 직접 배를 타고 현지로 떠났지만 마그네시아에서 결국 비명횡사했다. 오로이테스는 폴리크라테스의 사자가 재물을 확인하러 온다는 소식을 듣자 8개의 상자 속에 돌만 가득 집어넣고 위쪽의 돌 표면에만 금을 입히고 그를 속였던 것이다.

오로이테스는 속아서 온 폴리크라테스를 차마 말로 표현할 수 없는 방법으로 살해한 뒤 십자가에 매달았다.

폴리크라테스가 사모스를 떠날 때 점쟁이나 측근들이 극구 반대하고, 또 그의 딸도 제우스 신이 공중에 매달린 아버지의 몸을 씻고 태양신이 기름을 바르는 꿈을 꾸었기 때문에 어떻게 하든 가지 못하게 하려고 애를 썼다. 특히 배를 타고 떠나는 곳까지 따라와 불길한 말을 되풀이하며 단념시키려고 했지만, 폴리크라테스는 "그런 말을 자꾸 하면 시집보내지 않겠다."라고 위협하며 배에 올라탔다. 그러자 딸은 아버지를 잃는 것보다 평생 시집 못 가는 편이 더 낫다고 대답했다.

결국 수많은 행운을 누렸던 폴리크라테스는 딸의 꿈대로 비가 내릴 때마다 제우스 신에 의해 몸이 씻기고, 해가 뜰 때마다 몸에서 흘러나오는 땀으로 기름을 바르는 비운을 맞이했던 것이다. 〈제3권〉

9. 다레이오스의 즉위

캄비세스가 죽은 뒤에 왕위에 오른 스메르디스가 실은 자신의 동생이 아니라는 그의 유언을 사람들은 믿지 않았다. 그가 스메르디스에게 맞서게 하기 위해 악의적으로 꾸며 낸 이야기일 것이라고 생각했던 것이다.

그리하여 사람들은 왕위에 오른 사람은 키루스의 아들 스메르디스라고 굳게 믿었고, 프렉사스페스조차 캄비세스가 죽은 이상 자신이 키루스의 아들을 죽였다고 말하면 위험했기 때문에 그것을 강하게 부인했다. 그래서 마고스는 아무 거리낄 것 없이 옥좌에 앉아 7개월간 백성들에게 인자한 정치를 베풀었다. 그러나 즉위 후 8개월째에 접어들어 다음과 같은 경위로 그의 정체가 드러나게 되었다.

페르시아에서 문벌로든 재산으로든 누구에게도 꿀릴 것이 없는 오타네스가 맨 먼저 의심을 품었다. 그 이유는 왕이 성 밖에 나가지 않고, 특히 페르시아인 귀족들을 만나려 하지 않았기 때문이다. 그래서 그는 자신의 딸에게 사람을 보내 동침하는 자가 키루스의 아들인지

다레이오스 1세
페르시아왕 다레이오스(기원전 522년~기원전 486년 재위)는
뛰어난 행정 조직과 대규모 건축 사업으로 유명하다.
몇 차례 그리스 정복을 꾀했으나 기원전 490년 마라
톤에서 아테네에게 패했다.

묻게 했다. 그의 딸 파이디메도 캄비세스의 아내였는데, 마고스가 캄비세스의 왕비들을 모두 자신의 아내로 삼았기 때문이다. 그런데 딸이 사자를 통해 키루스의 아들 스메르디스를 한 번도 만난 적이 없기 때문에 남편이 누구인지 모르겠다는 답변을 보내 왔다.

그래서 오타네스가 또다시 사자를 보내 딸에게 아토사를 만나 누구인지 물어 보라고 했다. 아토사는 키루스의 딸이고 스메르디스와 남매지간이므로 알아볼 것이 틀림없었기 때문이다. 하지만 딸이 전해 온 대답은 새 왕이 즉위하자마자 각기 별도의 거처에 살게 해 아토사를 만나 이야기할 수도 없고, 왕궁에 같이 살고 있는 다른 여자들도 만날 수 없다는 것이었다.

이 말을 듣자 오타네스는 점차 의심이 확신으로 변해 갔다. 그래서 그는 세 번째로 딸에게 사자를 보냈다.

"파이디메야, 고귀한 피가 흐르는 페르시아의 명문가 출신인만큼 위험하더라도 너는 아비의 명을 따라야 한다. 만약 그자가 키루스의 아들 스메르디스가 아니라 내가 짐작하는 인물이라면, 그자가 더 이상 너와 잠자리를 같이 하거나 페르시아에 군림하게 할 수 없다. 그러니 이렇게 해 주기 바란다. 잠자리를 같이할 때 그가 깊이 잠들면 귀를 만져 보거라. 만약 그가 키루스의 아들 스메르디스라면 귀가 있을 것이고, 귀가 없다면 틀림없이 마고스일 것이다."

키루스가 왕일 때 마고스 스메르디스가 중대한 죄를 지어 직접 그의 귀를 잘라 버린 적이 있었던 것이다.

오타네스의 딸은 아버지가 명한 대로 하겠다고 약속하고 자신의 차례가 되자 침실로 들어가 그와 같이 잤는데, 이윽고 마고스가 깊이 잠든 것을 확인하고 살며시 귀 언저리를 만져 보고는 곧 귀가 없는 것을 발견했다. 그녀는 날이 밝기를 기다렸다가 아버지에게 사람을 보내 자세한 사정을 알려 주었다.

오타네스는 딸의 연락을 받자 페르시아에서 명망이 높고 가장 믿을 수 있는 아스파티네스와 고브리아스를 불러 자신이 알아낸 정보를 들려주었다. 실은 이 두 사람도 전부터 의심을 품고 있었기 때문에 곧 오타네스의 이야기를 사실로 받아들였다. 세 사람은 각기 한 명씩 가장 믿을 만한 사람을 동지로 끌어들이기로 했다. 그리하여 인타프레네스와 메가비조스, 히다르네스를 새로 동지로 받아들였는데, 마침 이때 페르시아의 총독인 히스타스페스의 아들 다레이오스가 그곳에서 수사로 오자 그도 동지로 받아들이기로 했다.

이 7명의 동지는 곧 모임을 갖고 서로 맹세를 한 뒤 앞으로 어떻게 할 것인지 논의했다. 다레이오스는 자기 차례가 되자 이렇게 말했다.

"실은 왕위에 있는 자가 마고스고 키루스의 아드님이 아니라는 것을 저만 알고 있다고 생각했기 때문에, 저 혼자서라도 마고스를 없애려고 달려왔습니다. 그런데 저뿐만 아니라 여러분께서도 잘 알고 계신다 하니, 더 이상 미루지 말고 곧 결행하도록 합시다."

그러나 오타네스가 이 의견에 반대했다.

"히스타스페스의 아들이여, 이번 일은 경솔하게 서두르면 안 되오. 신중히 일을 진행시켜 가야 하오. 그리고 동지도 더 늘려야 하오."

그러나 다레이오스는 즉시 행동에 나설 것을 주장하며 물러서지 않았다.

"여러분, 오타네스 님께서 제안하신 대로 하면 우리는 비참한 최후를 맞이하게 될 것입니다. 누군가가 자신의 이익에 눈이 어두워 마고스에게 밀고할 것이기 때문입니다. 여러분끼리만 알고 모험에 나서는 것이 가장 좋았을 것입니다. 그러나 다른 사람들을 끌어들이기로 하고 제게 비밀을 털어놓았으니, 제 권유를 받아들여 오늘 일을 벌이도록 합시다. 그렇게 하지 않고 하루라도 미루면, 다른 사람에게 고발당하기 전에 나 스스로 마고스를 찾아가 여러분을 고발할 것입니다."

다레이오스가 무척 흥분하는 것을 보고는 오타네스도 한 걸음 양보하지 않을 수 없었다.

"그대는 우리에게 하루도 미루지 말고 결행하라고 하는데, 그렇다면 말해 보시오. 어떻게 왕궁에 들어가 그들을 공격한단 말이오? 그대도 잘 알고 있듯이 왕궁에는 곳곳에 경비병이 배치되어 있지 않소? 어떻게 그들을 뚫고 지나갈 수 있겠소?"

오타네스가 이렇게 말하자, 다레이오스는 다음과 같이 대답했다.

"오타네스 님, 세상에는 말로는 어려워도 행동으로는 쉽게 설명할수 있는 일이 많이 있습니다. 이와 반대로 말은 쉽게 하지만 그것으로 끝나고 고귀한 행동이 뒤따르지 않는 경우도 있습니다.

여러분도 잘 알고 계시듯이 우리가 경비병들을 뚫고 지나가는 것은 그리 어려운 일이 아닙니다. 우리 신분이면 들어갈 수 있을 것입니다. 우리에 대한 존경심과 두려움 때문에 안 된다고 말하지 못할것입니다. 게다가 저는 페르시아에서 갓 돌아왔고 또 왕에게 부친의전언을 전해야 하기 때문에 안에 들어갈 수 있는 아주 좋은 핑곗거리가 있습니다.

필요할 때에는 거짓말도 해야 합니다. 거짓말을 하든 진실을 말하든, 그것은 한 가지 목적 때문입니다. 거짓말을 하는 것은 남을 속임으로써 이익을 얻을 수 있다고 생각하기 때문이고, 진실을 말하는 것은 그럼으로써 뭔가를 얻을 수 있고, 앞으로 좀 더 중요한 문제에서 신뢰받을 것으로 기대하기 때문입니다. 따라서 행동은 정반대지만 목적은 비슷합니다. 아무 이득도 없으면 정직한 사람도 거짓말을 할것이고, 거짓말쟁이도 진실을 말할 것입니다. 아무튼 보초병이 쉽게 우리를 들여보내 주면 나중에 보답을 하고, 저항하면 즉시 적으로 간주해야 합니다. 이렇게 밀고 들어가 그 앞에 이르러 우리가 해야 할 일을 하는 것입니다."

이런 다레이오스의 제안에 고브리아스가 찬성했다.

"동지 여러분, 우리가 왕국을 되찾을 수 있을지, 아니면 그러지 못하고 죽을지도 모르지만 지금보다 더 좋은 기회가 어디 있겠소? 페르시아인인 우리가 메디아인 마고스, 그것도 귀가 잘려 나간 자의 지배를 받아야 되겠소? 여러분 중에 캄비세스 전하께서 임종하실 때 그 자리에 있었던 사람들은 전하께서 페르시아인이 마고스로부터 왕권을 되찾으려 하지 않는다면 이런저런 재난에 처하도록 저주하겠다고 말씀하신 것을 틀림없이 기억할 것이오. 그때 실은 우리는 캄비세스 전하의 말씀에 귀를 기울이지 않은 채 그분께서 동생 분에 대해 악의에 찬 중상을 하고 계시다고 생각했소. 그래서 나는 다레이오스의 주장대로 즉시 이곳에서 곧장 왕궁으로 달려가 마고스 일당을 처단해야 한다는 쪽에 찬성표를 던지겠소."

고브리아스가 이렇게 말하자, 모두 이 제안에 동의했다.

그들이 이렇게 의논하고 있을 때 우연히 다음과 같은 사건이 일어났다. 마고스 형제는 프렉사스페스의 자식이 부당하게 캄비세스에게 살해되었고, 프렉사스페스가 키루스의 아들 스메르디스를 죽인 장본인이라는 점 때문에, 그리고 그가 페르시아인들 사이에서 매우 명망이 높았기 때문에, 그를 자신들 편으로 끌어들이기로 했다. 그래서 그들은 프렉사스페스를 부른 다음 자신들이 페르시아인들을 속이고 있는 것을 누구에게도 발설하지 않겠다고 약속하면 갖가지 엄청난 재물을 미리 주겠다고 제의했다. 프렉사스페스가 이것을 받아들임으로써 설득하는 데 성공하자, 마고스 형제는 이번에는 그에게 페르시아인들을 왕궁의 성벽 밑에 집결시킬 테니 망루에 올라가 페르시아를 통치하고 있는 것은 다른 누구도 아닌 키루스의 아들 스메르디스라는 내용의 연설을 해 달라고 말했다. 프렉사스페스가 두 번째 요구 조건도 흔쾌히 받아들이자, 마고스 형제는 기뻐하며 페르시아인들을 소집했다.

페르시아인들이 모이자 프렉사스페스가 망루에 올라가 연설하기 시작했는데, 그는 마고스 형제가 부탁한 것을 저버리기로 하고 아케메네스에서 시작해 키루스의 아버지 쪽 계보를 설명하고, 키루스 대에 이르자 끝으로 그가 페르시아인들에게 베푼 여러 가지 큰 은전에 대해 자세히 이야기했다.

그리고는 무슨 일이 일어났는지 이야기하면 자신이 위험하기 때문에 지금까지 비밀로 해 두었지만 이제는 밝히지 않을 수 없다며 사실대로 털어놓았다. 그는 자신이 캄비세스의 명을 받아 그의 동생 스메르디스를 살해했기 때문에 현재의 왕은 키루스의 아들이 아니라 마고스 스메르디스라고 말했다. 그런 다음 그는 페르시아인들을 향해 그들이 앞으로 마고스 형제를 죽이고 왕권을 회복하지 않는다면 재앙이 있을 것이라며 갖가지 저주를 퍼붓고는 망루에서 몸을 던졌다. 이것이 평생 페르시아인 사이에서 명망이 높았던 프렉사스페스의 최후였다.

한편 오타네스 등 7인의 페르시아인은 즉시 마고스 형제를 치기로 결정하고, 프렉사스페스에게 일어난 일을 모른 채 신들에게 기원한 후 출발했다. 그리고 중간쯤 와서 듣고 프렉사스페스 사건에 대해 알게 되었다. 그래서 그들은 길가에서 다시 의논했다. 이때도 오타네스는 신중론을 펼치고 다레이오스는 즉시 결행할 것을 주장했는데, 이때 그들 머리 위에서 일곱 쌍의 매가 독수리 두 쌍을 바싹 추적하더니 순식간에 그 깃털을 잡아 뜯고 몸을 갈기갈기 찢어 버리는 일이 벌어졌다. 이 전조에 7인은 용기백배해 왕궁으로 돌진하기로 했다.

그들이 왕궁에 이르자 모든 일이 다레이오스의 예상대로 전개되었다. 보초병들은 명문가 출신의 7인의 페르시아인이 이제부터 무슨 일을 저지르려 하는지 꿈에도 생각지 못했기 때문에 검문도 하지 않고 그냥 안으로 들여보내 주었다. 안뜰까지 오자 환관들이 서 있다가 무슨 용건이 있어 왔느냐고 물었지만, 7인은 단검을 빼들고는 즉시 그들을 찌르고 어전으로 달려 들어갔다.

마침 이때 마고스 형제는 그 안에서 프렉사스페스가 일으킨 사건을 어떻게 수습할 것인지 의논하던 중이었는데, 환관들이 공격을 받고 큰소리를 지르면서 뛰어오자 곧 무슨 일이 벌어지고 있는지 깨닫고는 방어 태세를 갖추었다. 한 사람은 벽에 걸려 있는 활을 집어 들고, 다른 한 사람은 창을 손에 쥐었다. 그리하여 싸움이 벌어졌는데, 결국 7인은 두 마고스를 죽이는 데 성공하고 그 목을 잘랐다.

그들은 창에 찔려 허벅지를 다친 아스파티네스와 한쪽 눈을 잃은 인타티프레네스를 왕궁을 지키도록 그 자리에 남겨 둔 뒤, 성 밖으로 달려 나가 페르시아인들에게 사건의 전말을 알리고 마고스 형제의 머리를 보여 주었다. 페르시아인들은 7인의 영웅적인 행위를 알고는 그에 감격해 자신들도 그들의 행동을 본받아야 한다고 생각하고 단검을 뽑아 들고 다른 마고스 성을 가진 사람들을 닥치는 대로 살해하기 시작했다. 만약 어둠이 찾아와 학살을 중단하지 않았으면 마고스 성을 가진 사람들은 씨가 마르고 말았을 것이다. 페르시아인은 이날을 중시하며 해마다 성대한 축제를 여는데, 이 축제를 그들은 '마고스 살해의 축제(마고포니아)'라 부르고 있다. 마고스들은 이날은 외출하지 않고 집에 틀어박혀 있다.

5일이 지나 소란이 가라앉자, 마고스 형제에 대항해 반기를 들었던 7인이 모여 페르시아의 국정을 논의했다. 이 자리에서 오타네스는 국정의 처리를 국민 전체에게 맡겨야 한다고 주장하며 이렇게 말했다.

"내 생각에는 한 사람의 통치자를 두는 것은 더 이상 바람직하지 않은 것 같소. 독재 정치는 좋지도 않고 즐겁지도 않소. 여러분은 캄비세스가 독재자로 얼마나 교만했는지 잊지 못할 것이고, 마고스들의 오만방자한 태도도 여러분 자신이 경험하지 않았소? 무슨 일이든 혼자 결정하고, 게다가 자신이 결정한 것을 책임지지 않는 것이 독재 정치요. 따라서 아무리 뛰어난 인물이라도 일단 독재자가 되면 예전의 심성을 잃어버리게 되오.

권력을 잡으면 부귀영화로 인해 자만심이 생겨 자신이 다른 사람들보다 뛰어나다는 착각에 빠지게 되오. 또 인간에게는 천성적인 약점인 질투심이 있는데, 그 자만심과 이 질투심을 합치면 야만적인 폭력 행위를 불러일으키게 마련이오. 사실 왕은 원하는 것이라면 무엇이든 마음대로 할 수 있기 때문에 질투심이 있을 수 없지만, 그의 국민에 대한 태도는 전혀 그렇지 않소. 그는 가장 고결한 사람들을 질투하며 죽기를 바라고, 가장 천하고 비열한 자들을 총애하며 언제나 그들의 중상모략에 귀를 기울이려 하오. 더군다나 왕처럼 변덕스러운 자도 없소. 적당히 칭송하면 그것으로 부족하다고 화를 내고, 지나치게 받들면 아첨한다고 미워하오.

그러나 가장 나쁜 것은 독재자가 조상 전래의 미풍양속을 파괴하고 여자를 강제로 범하며 재판도 하지 않고 사람을 처형한다는 것이오. 한편 민주 정치는 첫째로 만민의 권리가 평등하고, 둘째로 앞에서 말한 독재 정치의 폐해가 없소. 관리들의 추첨에 의해 선출되어 책임감을 갖고 직무를 수행하며, 마지막으로 토의해야 하는 문제는 모두 민회에 회부되오. 그래서 나는 왕정을 폐지하고 국민 주권을 확립하자는 데 찬성하오. 국민이 무엇보다 소중하기 때문이오."

그러나 메가바조스는 과두 정치, 즉 집단 지도 체제를 역설했다.

"오타네스의 왕정에 대한 반대론에는 나도 전적으로 동의하지만, 권력을 모두 국민의 손에 넘겨야 한다는 권고는 최상의 견해가 아닌 것 같소. 다루기 어려운 무질서한 군중만큼 분별력이 없고 무례한 존재는 없기 때문이오. 따라서 독재자의 오만함을 피하기 위해 제어되지 않는 군중에게 주권을 넘기는 것은 결코 견딜 수 없는 어리석은 일이오. 독재자는 언제나 최소한 자신이 무슨 일을 하고 있는지 알고 있지만, 군중은 알지도 못하오. 옳고 적합한 것을 구별할 줄 아는 감각을 타고나지 못한, 배우지 못한 무질서한 군중이 그것을 어떻게 알 수 있겠소? 그들은 겨울철에 불어난 강물처럼 격정적으로 국정에 거칠게 달려들어 모든 것을 혼란에 빠뜨리오. 무질서한 군중에 의한 민주 정치의 지배는 '페르시아의 적'이나 받게 하고, 우리 페르시아는 가장 훌륭한 소수의 인물을 선출해 그들의 손에 정치를 맡기도록 합시다. 이렇게 하면 그 속에 우리 자신들도 포함될 것이고, 또 가장 우수한 인재들에게서 최상의 정책이 나올 가능성이 높기 때문이오."

다레이오스가 세 번째로 발언했는데, 그의 주장은 이런 것이었다.

"대중에 대한 메가바조스 님의 견해는 옳지만, 그분의 과두 정치에 대한 생각은 그렇지 않은 것 같습니다. 세 가지의 정치 체제, 즉 민주제와 과두제, 왕정이 각기 최상의 상태로 실현될 경우, 마지막 것이 다른 두 체제보다 훨씬 더 우수하다는 것이 제 주장입니다. 가장 뛰어난 한 사람에 의한 통치 체제보다 더 훌륭한 것은 발견할 수 없기 때문입니다. 그 인물은 아주 뛰어난 판단력으로 비난을 받지 않고 대중을 다스릴 것이고, 어느 나라에 비해 적에 대한 조치에서도 비밀 유지가 잘될 것입니다. 그러나 과두제하에서는 사람들이 공동체를 위해 봉사하려고 서로 경쟁하겠지만, 사람들 사이에 맹렬한 적개심이 생기기 쉽습니다. 각기 자기가 우두머리가 되려 하고, 자기 의견을 관철시키려 합니다. 격렬한 싸움이 벌어지다 보면 그것이 공공연한 반목으로 이어지고, 유혈 사태로 종결될 때가 많습니다. 그러면 틀림없이 왕정으로 넘어가게 될 것입니다. 이것 역시 독재제가 다른 체제를 훨씬 더 능가한다는 것을 입증해 주고 있습니다.

다음으로 민주 체제하에서는 부정행위를 막을 수 없습니다. 그러나 이런 부정행위는 적대감을 초래하지 않고 거기에 가담하는 자들 사이에 친밀한 우애감을 조성합니다. 사회에 해악을 끼치는 자들이 몰래 그런 짓을 하기 위해 이마를 맞대고 의논을 하기 때문입니다. 그래서 결국 누군가가 국민의 선두에 서서 악인들을 쳐부수고, 이런 위대한 공적 때문에 국민들로부터 칭송을 받아 곧 왕으로 지명받게 됩니다. 여기에서도 왕정이 가장 우수한 정치 체제라는 것이 명백히 드러납니다.

마지막으로 한마디로 요약하면 우리가 누리고 있는 자유는 대체 어떻게 얻어졌습니까? 민주 정치가 가져다주었습니까? 아니면 과두제입니까, 왕정입니까? 단 한 사람, 키루스 전하께서 회복시켜 주셨습니다. 따라서 제 결론은 독재제를 유지해야 한다는 것입니다. 이것을 차치하더라도 잘되어 갈 때에는 조상 전래의 관습을 바꾸어서는 안 됩니다. 바꾸면 좋지 않기 때문입니다."

이리하여 독재제, 과두제, 민주제를 추천하는 세 가지 다른 의견이 나왔는데, 7명 중 4명이 다레이오스의 견해를 지지했다. 페르시아인들에게 평등한 권리를 주고 싶어 했던 오타네스는 자신의 의견이 받아들여지지 않자 모인 사람들 앞에서 이렇게 말했다.

"동지 여러분, 이렇게 된 이상 추첨으로 정하든 국민이 선택하게 하든 그 밖의 방법을 쓰든 간에 우리 중 한 사람이 왕이 되어야 하는데, 나는 그대들과 왕위를 다투고 싶지 않소. 나는 남을 지배하는 것도 남에게 지배당하는 것도 싫기 때문이오. 따라서 나는 지배자의 지위를 단념하겠지만, 단 여기에는 조건이 있소. 그것은 나는 물론 내 자손 대대로 누구의 지배도 받지 않겠다는 것이오."

6인이 오타네스의 이 조건을 받아들여 오타네스는 국외자의 입장에 서게 되었지만, 그 덕분에 그 일족은 오늘날에도 변함없이 자유 독립의 신분을 유지하고 있다. 그들은 페르시아의 법률은 지키지만 원하지 않는 한 왕의 지배를 받지 않는다.

그리하여 남은 6인은 어떻게 하면 가장 공정하게 왕을 뽑을 수 있을지 의논했다. 그들은 누구든 왕위에 오를 경우 먼저 이번 봉기를 추진하고 동지들을 규합한 오타네스의 공을 높이 평가해 그와 그의 자손에게 특권으로서 해마다 귀한 선물을 주기로 했다. 다음으로 7명에게 공통되는 사항으로 누구든 왕이 왕비와 동침할 때를 제외하고는 언제든지 시종의 안내 없이 왕궁에 출입할 수 있는 권한을 주기로 하고, 또 왕이 동지들 이외의 가문에서는 아내를 맞이하지 못하게 했다. 왕위에 누가 오를 것인가 하는 문제와 관련해서는 이렇게 결정했다. 즉 6인이 이튿날 아침에 도시의 교외로 함께 말을 타고 나갔을 때 해가 뜬 뒤 맨 먼저 우는 말의 주인이 왕위에 오른다는 것이었다.

회의가 끝나고 서로 작별한 뒤, 다레이오스가 마부인 오이바레스에게 이렇게 말했다.

"오이바레스, 우리는 이렇게 왕을 선출하기로 했다. 즉 우리가 말을 타고 나갔을 때 해가 뜬 뒤 맨 먼저 말이 우는 사람이 왕국을 맡기로 했다. 그러니 네게 좋은 생각이 있으면 어떻게 해서든지 내가 왕위를 손에 넣을 수 있도록 해 보거라."

이 마부는 매우 영리했기 때문에 다레이오스의 입장을 깨닫고는 이렇게 말했다.

"그런 일이라면 안심하십시오. 반드시 주인님께서 임금님이 되실 테니까요. 제게 좋은 수가 있습니다."

그 후 오이바레스는 다레이오스의 말이 가장 마음에 들어 하는 암말을 알고 있었기 때문에, 해가 지자 그 암말을 성 밖으로 끌고 가 매어 두고는 다레이오스의 말을 그곳으로 끌고 가 암말 주위를 스칠 듯 말 듯 여러 번 돌고 나서 교미하도록 풀어 주었다.

다음날 새벽녘이 되자 6인이 약속한 대로 말을 타고 모인 뒤 교외로 달려 나갔는데, 전날 밤에 암말이 매여 있던 곳에 이르자 다레이오스의 말이 앞으로 달려가며 울었다. 그와 동시에 맑은 하늘에서 번개가 치고 천둥이 울었다. 차례로 일어난 이런 사건들이 다레이오스가 숙원을 이루는 데 결정적 역할을 했다. 하늘의 뜻처럼 생각되었기 때문이다. 그러자 다른 사람들이 서둘러 말에서 뛰어내리더니 다레이오스 앞에 엎드렸다.

이리하여 히스타스페스의 아들 다레이오스가 왕위에 올랐다. 키루스와 캄비세스에 의해 평정된 땅과 백성들이 모두 그에게 복속되었다. 아라비아를 제외한 전 아시아가 신하로서 그에게 복종하며 그의 명령을 따랐다. 아라비아인은 일찍이 페르시아에 예속되지 않고 캄비세스의 이집트 원정 시 편의를 봐 주어 우방이 되어 있었다.

다레이오스는 또 페르시아인으로서는 최상급의 혼인을 했다. 그는 키루스의 딸 아토사와 아르티스토네를 아내로 맞이했는데, 아토사는 처음에는 자신의 오빠인 캄비세스에게 시집을 갔다가 그 뒤에는 마고스의 아내가 되었던 여자이지만, 아르티스토네는 처녀였다. 그 외에 그는 키루스의 아들 스메르디스의 딸도 아내로 맞이하고, 또 마고스의 정체를 폭로했던 오타네스의 딸도 손에 넣었다.

이리하여 다레이오스의 권력이 왕국 전역에 고루 미치게 되었는데, 그는 즉위한 지 얼마 안 되어 페르시아는 제외하고 전 영지를 20개의 주(州)로 나누고는 총독을 임명하고 각각의 납세액을 정했다. 그는 페르시아만은 특별 취급을 하며 세금을 면제해 주었다.

키루스나 캄비세스의 시대에는 정해진 납세 제도가 없고 백성들이 단지 헌 상품만 바칠 뿐이었다. 그래서 페르시아인들은 다레이오스는 상인, 캄비세스는 폭군, 키루스는 아버지였다고 말하고 있다. 다레이오스는 모든 면에서 상인처럼 자신의 이익을 취하려 했고, 캄비세스는 가혹하고 동정심이 없었으며, 키루스는 언제나 친절하게 백성들을 위해 그들이 잘 살 수 있는 계획을 세워 주었기 때문이라는 것이다.

다레이오스가 정한 20개의 징세구와 납세액은 다음과 같았다.

제1구: 아시아에 거주하는 이오니아인, 마그네시아인, 아이올리스인, 카리아인, 리키아인, 밀리아스인, 팜필리아인. 은 400탈란톤.

제2구: 미시아인, 리디아인, 라소니오이인, 카발리오이인, 히겐네이스인. 500탈란톤.

제3구: 해협으로 들어갈 때 오른쪽 해안에 거주하는 헬레스폰토스인, 프리기아인, 아시아에 거주하는 트라키아인, 파플라고니아인, 마리안디노이인, 시리아인. 360탈란톤.

제4구: 킬리키아인. 360마리의 백마와 은 500탈란톤.

제5구: 면세 지구인 아라비아인의 거주 지역은 제외하고 킬리키아와 시리아의 국경에 건설된 포시데이온시에서 이집트에 이르는 지역 일대. 여기에는 페니키아 전역과 이른바 팔레스타인, 시리아 및 키프로스가 포함되어 있었다. 350탈란톤.

제6구: 이집트, 리비아, 이집트 구에 편입된 키레네, 바르카. 700탈란톤과 어류 및 곡물.

제7구: 사타기다이인, 간다리아인, 다디카이인, 아파리타이인. 170탈란톤.

제8구: 수사 및 그 밖의 키시아 지구. 300탈란톤.

제9구: 바빌론, 그 밖의 아시리아 지구. 1천 탈란톤 및 거세된 남자아이 500명.

제10구: 아그바타나와 그 밖의 메디아 지방, 파리카니오이인, 오르토코리반티오이인. 450탈란톤.

제11구: 카스피오이인, 파우시카이인, 판티마토이인, 다레이타이인. 200탈란톤.

제12구: 아이글로이인까지 포함된 박트리아인. 360탈란톤.

제13구: 팍티이케, 아르메니아인 및 흑해에 이르기까지의 인근 여러 민족.
400탈란톤.

제14구: 사가르티오이인, 사랑가이인, 타마나이오이인, 우티오이인, 미코
이인 및 홍해섬 지방의 주민들. 600탈란톤.

제15구: 사카이인, 카스피오이인(제11 징세구와 다른 민족). 250탈란톤.

제16구: 파르티아인, 코라스미오이인, 소그도이인, 아레이오이인. 300탈
란톤.

제17구: 파리카니오이인, 아시아의 에티오피아인. 400탈란톤.

제18구: 마티에노이인, 사스페이레스인 및 알라로데오이인. 200탈란톤.

제19구: 모스코이인, 티바레노이인, 마크로네스인, 모시노이코이인, 마레
스인. 300탈란톤.

제20구: 인도인. 사금 360탈란톤.

금을 은의 13배로 계산한 뒤 이것을 모두 합치면 해마다 다레이오
스에게 납입되는 세금은 1만 4,560탈란톤에 이르렀다. 그러나 훗날
에는 이 외에 여러 섬 지방 및 테살리아에 이르는 유럽 주민들로부터
도 세금을 거두었다. 또 세금과는 다르지만 에티오피아인과 콜키스
인, 아라비아인도 해마다 공물을 바쳤다. 그리고 다레이오스는 이
세금으로 받은 금은을 이렇게 보관했다. 즉 그것을 모두 녹여 토기
항아리에 붓고 이것이 항아리에 가득 차고 굳으면 항아리를 부수어

없애 버렸다. 그리고 화폐가 필요하면 그때마다 필요한 만큼의 양을
새로 주조하게 했다. 〈제3권〉

10. 아시아, 리비아, 유럽

페르시아인의 거주지는 아래쪽으로는 홍해라 불리는 남쪽 바다에 이르는데, 그 북쪽에는 메디아인이 살고 있다. 메디아 끝에는 사스페이레스인이 거주하고 있고, 그리고 여기에서 파시스강이 흘러들어가고 있는 흑해까지는 콜키스인의 영토다.

이 지역에서 두 부분이 바다 쪽을 향해 서쪽으로 돌출되어 있다. 하나는 파시스강을 기점으로 흑해를 따라 헬레스폰토스에서 트로이령의 시게이온으로 뻗어 나간 뒤 남쪽으로 돌아 트리오피온곶에서 미리안드로스만에 이르고 있다. 다른 하나는 페르시아 땅에서 남쪽 바다를 향해 뻗어 있는 돌출부로, 이곳에 아시리아와 아라비아가 있다. 이 돌출부는 다레이오스가 나일강과 운하로 연결시킨 아라비아만에서 일단 끝난다.

페르시아에서 페니키아까지는 땅이 널찍하게 펼쳐져 있고, 페니키아는 팔레스타인, 시리아, 이집트로 이어지는 동시에 '우리의 바다'인 지중해에 닿아 있다.

지금까지 페르시아 서쪽 지역에 대해 이야기했는데, 페르시아인, 메디아인, 사스페이레스인, 콜키스인이 사는 지역 북동쪽에서는 아락세스강이 해가 뜨는 방향에서 카스피해로 흘러들어 가고 있다.

다소 확실한 이야기로, 전해들은 바에 의하면 인도인은 우리가 알고 있는 아시아인 중에서 가장 동쪽에 사는 민족이다.

다레이오스는 나일강을 제외하고 악어가 서식하는 유일한 강인 인더스강의 하구에 대해 알고 싶어 믿을 수 있는 사람들만 배에 태운 뒤 탐험을 떠나게 했다. 그들은 팍티이카라 불리는 지역의 카스파티로스시를 출발하자 강을 따라 해가 뜨는 방향으로 내려갔다. 그리고 하구에 이르러 바다로 나간 다음에는 서쪽으로 진로를 잡고 결국 30개월 뒤에 아라비아만에 도착했다. 그 후 얼마 안 있어 다레이오스가 인도를 정복했는데, 사람이 살지 않는 사막으로 이루어진 인도 동쪽 지방은 별도로 치고 인도의 주변 역시 큰 돌출부로 생각된다.

인도인이 다레이오스왕에게 바친 사금은 북부의 사막 지대에서 채취된 것이다. 이 사막에는 개보다는 작지만 여우보다는 큰 개미들이 서식하고 있는데, 이것들이 그리스의 개미들과 똑같이 땅속에 집을 짓고 모래를 밀어 올려 수북이 쌓아 올린다. 금은 이 모래 속에 섞여 있다. 인도인들은 각자 두 마리의 숫낙타와 최근에 출산한 한 마리의 암낙타에 멍에를 씌우고 가장 폭염이 심할 때 모래를 가져올 수 있도록 시간 계산을 하고 출발한다. 개미들이 이때에는 더위를 피해 땅속으로 들어가기 때문이다. 이 지방에서는 해가 뜰 때부터 시장 문을 닫을 때(정오경)까지가 가장 무더운데, 그리스의 정오 때보다도 훨씬 더 무덥다. 목적지에 도착하면 인도인들은 자루 속에 모래를 가득 퍼 담고는 서둘러 그 자리를 떠난다. 개미들이 냄새를 맡고 곧 추격해 오기 때문이라고 한다. 이 개미들은 다른 어떤 동물도 미치지 못할 만큼 빠르기 때문에, 개미들이 집결하는 사이에 멀리 달아나지 못하면 한 사람도 살아남지 못한다고 한다. 또 이때 걸음이 느린 두 마리의 숫낙타는 시간을 벌기 위해 도중에 차례로 버리지만, 암낙타는 출발지에 남겨 놓은 새끼를 생각해 속도를 늦추지 않고 계속 빨리 달리기 때문에 그럴 필요가 없다.

인도인은 많은 종족으로 나뉘어 있고 언어도 다양하다. 그중에는 유목민도 있고, 강에 둘러싸인 습한 땅에 살며 갈대로 만든 배를 타고 물고기를 잡아 날것 그대로 먹는 종족도 있다. 그런가 하면 살아 있는 것은 무엇이든 죽이지 않고 채식만 하며 살아가는 종족도 있다. 인도인은 모두 짐승처럼 공공연히 성행위를 하고, 피부색도 에티오피아인처럼 까맣다. 또한 정액도 다른 인종처럼 희지 않고 에티오피아인처럼 검다.

그리스가 온화한 기후라는 선물을 하늘로부터 받았다면, 세계의 저 끝에 있는 지역은 풍요로운 산물이라는 천혜를 누리고 있다고 말할 수 있을 것 같다. 인도에는 앞에서 말한 사금 외에 금도 무진장 묻혀 있고, 말을 제외한 다른 네발짐승이나 조류는 다른 나라의 동물보다 훨씬 더 크다. 또 인도에는 양털보다 더 질이 좋고 아름다운 털실을 뽑는 열매가 열리는 야생 나무도 있다.

인류가 살고 있는 가장 남쪽 끝 지방은 아라비아인데, 유향이나 몰약, 계피, 육계(肉桂, 계수나무 껍질), 방향 아교 등이 산출되는 곳은 세계에 이 지역밖에 없다. 그런데 유향을 채취하는 나무들을 크기는 작지만 울긋불긋한 색깔의 날개 달린 뱀들이 떼 지어 살면서 지키고 있다. 그래서 유향을 채취할 때 아라비아인들은 페니키아인이 그리스에 수출하는 스타락스 향을 피워 이 뱀을 쫓아 버린다.

아라비아인의 말에 따르면, 이 뱀이 살모사처럼 수컷이 암컷을 수정시키고 나서 암컷이 수컷을 먹어치우는 일이 일어나지 않는다면 온 나라가 이 뱀으로 가득 찰 것이라고 한다. 그런데 신의 섭리 같은 것이 작용해 다른 생물의 먹이가 되는 약한 동물은 번식을 많이 하는 데 반해, 잔인하고 사나운 짐승은 번식력이 약하다. 인간뿐만 아니라 다른 짐승이나 새에게도 쫓기며 잡아먹히는 토끼만 보더라도 번식력이 무척 강하다. 임신 중인데도 다시 새끼를 배는 것은 토끼뿐이다. 이와 반대로 가장 강하고 사나운 사자는 일생에 딱 한 번 한 마리의 새끼만 낳는다. 사자는 새끼를 낳으면서 자궁도 함께 배출하기 때문이다. 그것은 모체 안에 있는 새끼가 날카로운 발톱으로 자궁을 긁어

찢어 버리기 때문이다.

그런데 아라비아의 날개 달린 뱀의 경우에도 수컷이 교미하다가 정액을 배출해 수정시키면 암컷이 수컷의 목을 물고 다 먹어 치울 때까지 놓아주지 않는다. 암컷 역시 다음과 같이 그 죄의 대가를 치른다. 즉 태내에 있는 새끼가 아비의 복수를 갚기 위해서인지 모태를 다 갉아먹은 뒤에야 밖으로 나온다.

앞에서 언급한 대로 인도의 동쪽 지역은 사람들이 살지 않는 황무지인데, 그곳이 어떤 곳인지 설명해 주는 사람은 아무도 없다.

다음으로 리비아도 아시아에 연속된 큰 돌출부로 볼 수 있다. 그 폭이 가장 좁은 부분은 이집트 부근이고, 지중해에서 홍해까지의 거리는 겨우 1천 스타디온(177.6킬로미터)에 지나지 않는다. 그러나 이 좁은 부분을 지나가면 리비아 지역이 광대하게 펼쳐진다.

이쪽 방향에서 사람이 거주하는 맨 마지막 지역은, 남쪽이 해가 지는 방향으로 기우는 곳에 있는 '오래 사는' 에티오피아인의 나라다. 이곳에서는 막대한 금과 거대한 코끼리, 온갖 야생 수목, 흑단 등이 산출되고, 앞에서 언급했듯이 세계에서 가장 체구가 크고 용모도 아름다운데다가 수명도 제일 긴 사람들이 살고 있다.

리비아도 아시아와 붙어 있는 지역을 제외하고는 모두 바다로 둘러싸여 있다. 이 사실을 맨 처음 발견한 사람은 이집트왕 네코스였다. 그는 나일강에서 아라비아만으로 통하는 운하 건설을 중지시킨 뒤 페니키아인들을 탑승시킨 선단을 아라비아만에서 출발시켰다. 그들은 홍해를 경유해 남쪽 바다(인도양)로 항해하고 나서 리비아 연안을 빙 돌고 3년째 접어들어 헤라클레스의 기둥를 지나 지중해로 들어온 다음 이집트로 돌아왔다.

3년이라는 긴 세월 동안 그들은 항해 도중에 식량이 떨어지면 리비아의 해안에 상륙해 씨앗을 뿌리고 수확을 끝낸 뒤 다시 배를 출발시켰다. 리비아의 남단을 돌자 태양이 언제나 그들의 오른쪽에 있었다고 하는데, 나로서는 믿기 어렵다.

이리하여 리비아와 인도 서쪽의 아시아 모두 남쪽이 바다로 둘러싸여 있는 것을 알 수 있지만, 유럽의 경우에는 그 동쪽과 북쪽이 바다로 둘러싸여 있는지 어떤지 확실히 아는 사람이 아무도 없다. 다만 유럽이 다른 두 대륙을 합한 길이만큼 뻗어 있다는 것만은 잘 알려져 있다.

본래는 하나의 거대한 땅덩어리인 대지에 어째서 여자 이름에서 유래된 3개의 이름(아시아, 리비아, 유럽을 말함)이 붙여졌는지, 또 어째서 이집트의 나일강과 콜키스의 파시스강이 그 경계선이 되었는지 나로서는 알 수 없다. 대부분의 그리스인의 말에 따르면 리비아는 그 지방의 여자 이름을 딴 것이고, 아시아는 프로메테우스의 아내 이름을 딴 것이라고 한다. 그러나 리비아인은 아시아의 이름에 대해 다음과 같이 주장하고 있다. 즉 그것은 프로메테우스의 아내 아시아가 아니라 코티스의 아들 아시아스에서 유래된 것이고, 또 사르디스에 사는 아시아라는 부족의 명칭도 여기에서 비롯되었다는 것이다.

유럽은 그 명칭이 티로스의 여성 에우로파에서 유래되었다는 것 외에는 알려진 것이 없다. 에우로파는 아시아 출신으로 오늘날 우리가 유럽이라 부르고 있는 지역에는 온 적이 없다. 그녀는 페니키아에서 크레타, 크레타에서 리키아까지밖에 항해한 적이 없기 때문이다. 이런 이유에서 어찌 되었든 유럽이 에우로파에서 유래되었다면, 그 이전에는 이름이 없었다는 것이 된다. 이것은 리비아와 아시아의 경우에도 마찬가지이다.

유럽의 흑해 지방에는 스키타이인을 제외하고는 세계에서 가장 무지한 미개 민족들이 살고 있다. 흑해 안쪽에 거주하고 있는 민족 중에 스키타이인과 아나카르시스인을 빼고는 문명화된 생활 수단을 갖고 있는 민족은 하나도 없다.

가장 중요한 인간사 중 하나만은 스키타이인이 세계의 어느 민족보다 현명하게 해결하고 있다. 그들은 결코 도시를 건설하거나 성을 쌓거나 하지 않는다. 그들은 어느 곳을 가든 끌고 다니는 수레 안에서 거주하고, 말 위에서 활과 화살을 갖고 싸우며, 가축에 의존하며 살아가고 있다. 따라서 그들을 공격하는 자들은 살아 돌아갈 수 없고, 그들이 피하려 들면 어느 누구도 그들을 잡을 수 없다. 확실히 이들은 무적이고 접근하기가 불가능하다.

실제로 풍토도 그들의 이런 생활양식에 적합하다. 즉 그들의 국토는 풀과 물이 풍부한 평원이다. 흑해로 흘러들어 가는 강이 많은데, 그중에서 가장 웅대한 것은 맨 서쪽에서 흐르고 있는 이스트로스강(다뉴브강)이다. 이 강은 5개의 하구가 있고, 여름이든 겨울이든 수량에 변함이 없다. 물의 원천은 유럽의 가장 서쪽 끝에 살고 있는 켈트인 땅에 있고, 그곳에서 전 유럽을 관통하며 스키타이 쪽으로 흐르고 있다. 이 강이 세계에서 가장 큰 하천인 이유는 다른 여러 개의 지류가 흘러들어 와서 수량을 늘리기 때문이다. 이와 대조적으로 이집트의 나일강은 강이든 샘이든 흘러 들어와 수량을 늘려 주는 것이 하나도 없다. 그런데 이스트로스강의 수량이 일정한 것은 겨울에는 비가 내리지 않고 눈만 많이 내리며, 여름에는 눈도 녹고 폭우도 자주 내린다. 여기에서는 여름이 우기이기 때문이다. 그리하여 태양이 수분을 많이 증발시켜도 흘러들어 오는 수량이 많아 균형이 이루어지게 된다.

이 밖에 티라스강, 히파니스강, 보리스테네스강, 게로스강, 타나이스강 등도 이스트로스강의 동쪽 평야를 흐르며 흑해로 들어가고 있는데, 이스트로스강 다음으로 큰 것은 보리스테네스강이다. 이 강의 물은 맑고 깨끗하기 때문에 식수용으로 가장 적합하며, 또 가장 맛 좋은 물고기도 많이 서식한다. 이 강 연안에는 가축을 키우는 데 알맞은 질 좋고 풍부한 초지가 있고, 또 땅이 기름져 곡물을 재배하는

데도 안성맞춤이다. 이 강의 수원이 어디인지는 아무도 말하지 못한다. 흑해로 흘러들어 가는 하구에서 배로 40일이 소요되는 게로스 지방까지는 알려져 있지만 그 북쪽에서는 어떤 나라를 지나며 흐르는지 아는 사람이 없다. 아마도 무인 지대를 흐르고 있을 것이다.

보리스테네스강은 흑해 근처에 이를 즈음에 히파니스강과 합류해 늪지대로 흘러들어 간다. 히파니스강가에는 보리스테네스인이 살고, 보리스테네스강에서 판티카페스강 중간 지대에는 농업을 하는 스키타이인이 거주하고 있다. 케로스강은 보리스테네스강 상류에서 갈라진 강으로, 이 강을 경계로 서쪽에는 유목 스키타이인, 동쪽에는 왕족 스키타이인이 살고 있고, 왕족 스키타이인이 사는 지역의 동쪽을 흐르는 강이 타나이스강이다.

이 타나이스강을 건너면 더 이상 스키타이령이 아니다. 그곳에서 맨 먼저 만나게 되는 민족은 사우로마타이인이다. 그들은 그리스인들이 테르모돈에서 싸운 아마존족의 후예로 알려져 있다.

여인들로 이루어진 아마존족은 스키타이어로 아이오르파타라고 하는데, 이것은 '남성 살인자들'이라는 뜻이다. 아마존족이 그리스인들에게 패한 뒤 포로가 되어 3척의 배에 실려 가다가 남자들을 습격해 모두 죽였지만, 배에 관한 지식이 없어 그 후 물결치는 대로 표류하다가 마이오티스 호반의 자유 스키타이인의 영지에 도착했다. 스키타이인들은 처음에는 아마존족을 남자로 생각하고 싸움을 걸었지만, 싸움이 끝나고 시체를 보고 나서야 적들이 여자임을 알게 되었다.

그래서 스키타이인들은 더 이상 아마존족을 살해하지 않기로 하고, 그 대신 젊은 남자들을 아마존족의 숫자만큼 선발한 뒤 쉽게 도망칠 수 있는 범위 내에서 야영하라고 지시했다. 스키타이인들은 아마존족을 통해 자식을 얻으려 했던 것이다.

아마존족도 스키타이의 젊은이들이 자신들을 해치려 하지 않는 것을 알게 되자 괴롭히려 들지 않았다. 쌍방의 야영지는 날이 갈수록 가까워져 갔다. 젊은이들은 여자들과 마찬가지로 무기와 말만 가지고 사냥하거나 약탈을 하며 똑같이 생활했다. 그런데 아마존족은 한낮이 되면 한 사람씩, 혹은 두 사람씩 흩어져 용변을 보는 습성이 있었다. 스키타이의 젊은이들도 이것을 알고 따라 했는데, 한 젊은이가 홀로 있는 아마존 여성에게 다가갔지만 그녀가 거부하지 않고 남자가 하는 대로 몸을 맡겼다. 두 사람은 말이 통하지 않았지만, 여자가 손짓, 발짓으로 내일 동료를 데리고 이곳으로 와 달라고 했다. 젊은이가 다음날 동료 한 명을 데리고 어제 만났던 장소로 갔다. 그러자 아마존 여성이 동료와 함께 기다리고 있었다. 그리하여 이윽고 다른 젊은이들도 나머지 여성들을 손에 넣게 되었다.

이때부터 그들은 야영지를 합쳐 함께 살게 되었고, 남자들은 각기 몸을 섞은 여자를 아내로 삼았다. 남자들은 여자들의 말을 배우지 못했지만, 여자들이 차차 남자들의 말을 이해하게 되었다. 그리하여 의사소통이 가능해지자 남자들이 여자들에게 이렇게 말했다.

"실은 우리에게는 부모님도 계시고 재산도 있소. 그러니 이런 생활은 그만두고 우리 민족이 사는 곳으로 돌아가는 게 어떻겠소? 돌아가도 결코 당신들을 버리지 않을 것이오."

그러나 아마존 여자들은 이렇게 말했다.

"우리는 당신네 나라의 여자들과 함께 살 수 없을 거예요. 서로 습관이 달라요. 우리는 활도 쏘고 창도 던져요. 말도 타구요. 하지만 여자들이 하는 일은 배우지 못했어요. 그런데 당신네 나라 여자들은 이런 일은 하나도 하지 않고 수레 안에서 여자들이 해야 하는 일에 열중하고 있어요. 그런 여자들과 우리가 사이좋게 지낼 수 있겠어요? 당신들이 정말로 우리를 계속 아내로 데리고 살고 싶고 또 정직한 남자로 여겨지고 싶으면, 부모님께 돌아가 각기 자신들에게 할당된 재산을 분배받아 갖고 돌아오세요. 그리고 함께 어디든 가서 우리끼리 살기로 해요."

젊은이들은 납득을 하고 여자들 말대로 했다. 그들이 재산을 분배받아 갖고 돌아오자, 그녀들이 또 이렇게 말했다.

"우리는 당신들을 부모님에게서 빼앗았을 뿐만 아니라 노략질로 스키타이에 큰 손해를 끼쳤기 때문에, 이 땅에 살아야 한다는 생각만 해도 무섭고 두려워요. 우리를 계속 아내로 데리고 사는 것이 좋겠다고 생각한다면, 우리의 요청을 받아들여 주세요. 즉 함께 이 땅을 떠나 타나이스강 건너편으로 가서 살도록 해요."

젊은이들은 이번에도 동의했다. 그리하여 그들은 함께 타나이스강을 건넌 다음 해가 뜨는 방향으로 사흘간 이동하고, 다시 마이오티스호에서 북쪽으로 사흘간 더 간 뒤 현재 그들이 살고 있는 지역에 도착해 그곳에 정착했다.

이곳에서는 여자들이 조상의 생활양식을 그대로 고수하며 말을 타고 남자들과 함께, 아니면 따로 사냥하러 나가고 전쟁에도 참여한다. 그들이 쓰는 말은 부정확한 스키타이어로, 이것은 아마존족이 스키타이어를 올바르게 익히지 못했기 때문이다.

이 사우로마타이인이 사는 지역에는 야생수든 재배수든 나무는 한 그루도 없다. 그 너머에 있는 부디노이인의 나라에는 온갖 종류의 수목이 빽빽이 들어차 있다. 이곳에서 더 북쪽으로 가면 7일간 무인 지대가 계속되고, 그 끝 부분에서 약간 동쪽으로 돌아가면 수렵 생활을 하는 티사게타이 민족이 있다. 그 이웃에는 이이르카이 민족이 살고 있고, 여기에서 동쪽으로 더 가면 또 다른 스키타이인이 거주하고 있다. 이들은 왕족 스키타이인과 충돌한 끝에 이곳으로 이주했다.

여기에서 더 나가면 자갈과 바위투성이의 황무지가 계속된다. 이 지역을 한참 지나면 높은 산맥(우랄산맥) 기슭에 남녀를 불문하고 모두 태어나면서부터 대머리인 종족이 살고 있다. 납작코에 턱이 길고, 옷은 스키타이인과 같지만 독자적인 언어를 갖고 있다.

나로서는 믿기 어렵지만 대머리족이 사는 지역 위쪽의 산속에는 산양의 다리를 지닌 인간들이 살고 있고, 그 너머에는 1년 중 6개월 간은 계속 자는 인종과 외눈박이 종족이 있다고 한다.

이상 열거한 지역은 모두 혹한 지대다. 1년 중 8개월간은 견딜 수 없을 정도로 춥다. 땅에 물을 붓고 불을 쬐어야 진흙을 갤 수 있을 정도다. 아조프해와 킴메리아 보스포로스해협(케르치해협) 모두 얼어붙기 때문에 스키타이인이 신도이인의 나라를 칠 때는 마차를 타고 이곳을 건너 공격해 들어간다.

다른 지방에서는 말이 추운 데 계속 서 있으면 동상에 걸리지만, 이들 나라에서는 말이 혹독한 추위에 잘 견뎌낸다. 이와 반대로 다른 지방에서는 당나귀나 노새가 추위에 강한데, 이곳에서는 당나귀나 노새가 추위를 견뎌내지 못한다. 스키타이의 소에 뿔이 없는 것도 이 추위 때문인 것 같다. 호메로스의 《오디세이아》에 나오는 "새끼 양이 태어나면 금세 뿔이 나는 리비아도"라는 구절이 이 견해를 뒷받침해준다. 확실히 열대 지방에서는 뿔이 빨리 자라지만, 몹시 추운 곳에서는 가축의 머리에 뿔이 전혀 혹은 거의 나지 않는다.

스키타이인은 대기가 깃털로 가득 차 있어서 대륙의 북쪽으로 더 갈 수도 없고 그 지역을 볼 수도 없다고 말하는데, 내 생각에는 그 깃

털은 그 땅에 끊임없이 내리는 눈을 말하는 것 같다. 유럽의 북부가 사람이 살지 않는 황무지인 것도 그 지방의 겨울 추위가 그만큼 심하기 때문이다.

트라키아 북쪽 지방에는 어떤 사람들이 살고 있는지 아무도 확실히 알지 못하고 있다. 그러나 이스트로스강을 건너면 무인 지대가 끝없이 전개되고 있는 것 같다. 이스트로스강 저편에 살고 있다고 내가 들은 유일한 민족은 시긴나이라는 민족인데, 이들은 메디아풍의 옷을 입는다고 한다. 트라키아인의 말에 의하면 이스트로스강 건너편 지역에는 벌이 밀집해서 살고 있기 때문에 더 이상 깊이 들어갈 수 없다고 한다. 그러나 이런 일은 있을 법하지 않다. 벌은 원래 추위를 못 견디는 곤충이기 때문이다. 나는 북극에 사람이 살지 않는 것도 추위 때문이라고 생각한다.

유럽의 서쪽 끝에 있는 지방에 대해서는 나는 확실히 말할 수 없다. 나는 받아들이지 않지만 이방인들의 말에 따르면 에리다노스라는 강이 북해로 흘러들어 가고 그곳에서 호박(琥珀)이 채취된다고 한다. 또 우리가 수입하는 주석의 원산지라는 '주석의 섬'이 실재하는지도 나는 알지 못한다. 에리다노스라는 강의 이름도 그리스어고 그 지방의 말이 아니기 때문에 그리스의 시인 누군가가 지어냈을 것이다. 또 나는 유럽 저쪽에 바다가 있다는 말을 확인하기 위해 실제로 본 사람을 만나려고 애를 썼지만 찾을 수 없었다.

유럽 북쪽에 다량의 금이 있는 것은 분명한데, 그것이 어떻게 채취되는지는 알 수 없다. 외눈박이 인종이 금을 지키고 있는 괴조 그리프스에게서 빼앗아 온다고 하지만, 그런 인종이 있다는 것 자체가 의심스럽다. 아무튼 다른 지역들을 둘러싸고 있는 세상의 맨 끝 지방에는 우리가 가장 귀중하고 진귀하게 여기는 것들이 숨겨져 있는 것이 확실한 것 같다. 〈제3권〉

제 2 부 유목 민족의 역사와
그리스 도시들의 반란

제2부 유목 민족의 역사와 그리스 도시들의 반란

    제2부는 페르시아왕 다레이오스의 스키타이 원정 이야기에서 시작한다. 스키타이의 지리, 역사, 종교, 풍속, 인정 등을 다룬 다음 이 원정이 실패한 전말을 그려 낸다. 또 거의 같은 시기에 행해진 리비아 원정에 대해서도 기술하려고 리비아의 역사, 지지, 풍속이나 키레네 식민에 관한 삽화를 끼워 넣는 것을 잊지 않는다.

    그 다음으로 스키타이 원정 이후 트라키아에 남겨진 메가바조스의 트라키아 정복을 다루는데, 여기에서도 예외 없이 그 땅의 인정, 풍속, 지리 등이 이야기되고 있다. 이어서 다레이오스의 스키타이 원정과 관련해 밀레토스의 참주 히스티아이오스를 등장시켜 밀레토스를 맹주로 하는 이오니아인의 페르시아에 대한 모반(기원전 499년)에 대해 기술하면서, 이와 관련해 당시의 스파르타의 동정이나 페이시스트라토스 이후의 아테네 역사도 기술하고 있다. 그리고 이 반란의 전후 사정과 다레이오스가 배후의 사주자인 아테네를 정벌하려는 생각을 품게 된 이유를 설명하고 마침내 페르시아군의 제1차 그리스 원정(기원전 492년)을 다룬다. 이 원정은 실패로 끝나고 이어서 제2차 원정이 시작되는데, 유명한 마라톤 전투가 나오는 부분이 바로 여기다.

1. 스키타이 원정

　다레이오스는 자신이 지배하는 아시아 지역의 인구가 헤아릴 수
없을 정도로 많고 국고 수입도 막대한 액수에 이르게 되자 어떻게든
스키타이를 공격해 한을 풀었다. 앞에서 말했듯이 스키타이인이 킴
메리아인을 쫓아 아시아에 침입해 메디아의 지배권을 빼앗고 28년
이상 아시아에 군림한 적이 있었기 때문이다.

　이리하여 스키타이인은 28년간 국외에 있다가 고국으로 돌아왔는
데, 그들을 기다리고 있는 것은 메디아에서 당한 것 못지않은 고난뿐
이었다. 적개심을 품은 대군이 그들의 입국을 저지하기 위해 진을 치
고 있었기 때문이다. 스키타이 여인들은 남편들이 집을 떠난 뒤 오랫
동안 돌아오지 않자 노예들과 정을 통해 자식들을 낳았고, 그 자식들
이 성장해 자신들의 출신 성분을 알게 되자 메디아에서 돌아온 스키
타이인들에 대항해 싸우기로 결심했던 것이다.

　전투가 수없이 되풀이되었지만 좀처럼 승부가 나지 않았다. 그러
자 한 스키타이인이 이렇게 제안했다.

"여러분, 우리는 지금 노예들과 싸우고 있는데, 생각해 보면 정말 어리석은 짓을 하고 있는 것 아닙니까? 우리 편이 죽으면 동포의 수가 줄어들고, 상대방이 죽으면 우리의 재산이 축나지 않습니까? 따라서 내 생각에는 이제부터는 창이나 활을 버리고 채찍을 들고 다가가는 것이 좋을 것 같습니다. 우리가 무기를 들고 있는 것을 보았을 때에는 자신들이 우리와 대등하고 출신 성분도 같다고 생각했겠지만, 우리가 채찍을 들고 있는 것을 보면 자신들이 우리의 노예임을 깨닫고 저항하지 않을 것입니다."

스키타이인은 이 말을 듣고 그대로 실행에 옮겼다. 그러자 노예들은 깜짝 놀라 싸우는 것을 잊고 도망쳐 버렸다.

이리하여 스키타이인은 아시아에 군림하다가 다시 메디아인에게 쫓겨나 조국으로 돌아왔는데, 다레이오스가 보복을 결심하고 원정군을 모은 것은 그때 스키타이가 먼저 메디아를 침략했다는 이유에서였다. 그는 사방의 속국에 사자를 보내 보병 부대나 함선을 집결시킬 것을 명하고, 트라키아의 보스포로스해협에 다리를 놓기 위해 노역자들을 차출했다. 그의 동생인 아르타바노스가 스키타이 정벌의 어려운 점을 설명하며 그에게 원정을 포기할 것을 간곡히 권했지만, 그는 이 유익한 충언을 귀담아듣지 않고 준비를 마치자 군대를 이끌고 수사를 출발했다.

이때 페르시아인 오이오바조스가 자신의 세 아들이 모두 출정하는

스키타이 귀족의 가슴장식물

스키타이의 전사

것을 슬퍼하며 한 명만이라도 자기 곁에 남게 해 달라고 간청했다. 그러자 다레이오스는 그가 친구이고 일리 있는 요청이므로 아들 셋을 다 곁에 남게 해 주겠다고 대답했다. 오이오바조스는 자식들의 병역이 모두 면제되었다고 생각하고 몹시 기뻐했지만, 다레이오스는 관리에게 명해 오이오바조스의 자식들을 모두 죽이게 했다. 세 아들은 시신이 되어 오이오바조스 곁에 남겨졌다.

다레이오스는 이미 다리가 완성되어 있는 칼케돈의 보스포로스연안에 도착하자 그곳에서 배를 타고 암초인 키아네아로 건너가서 절경을 이루고 있는 흑해를 바라보았다. 길이는 1만 1,100스타디온, 폭은 가장 넓은 부분에서 3,300스타디온에 이르는 웅대한 흑해와 그 맞은편에 있는 아조프해가 한쪽에 펼쳐져 있고, 다른 한쪽에는 겨우 폭 4스타디온, 길이 120스타디온의 보스포로스해협이 있다. 이 해협은 프로폰티스해로 연결되고, 다시 멀리 헬레스폰토스해협을 지나서 에게해로 이어진다.

다레이오스는 흑해의 전망을 즐긴 뒤 배를 타고 다리를 놓은 지점으로 돌아왔다. 그는 보스포로스의 풍경을 감상한 뒤 해안가에 2개의 흰 대리석 기둥을 세우고 한쪽에는 아시리아 문자로, 다른 한쪽에는 그리스 문자로 그가 이끌고 온 민족의 이름을 모두 새기게 했다. 그가 거느린 군대는 해군을 제외하고 그 총수가 기병을 포함해 약 70만 명에 이르고, 집결한 배의 수는 600척이었다. 그는 자신이 지배하는 민족의 군대를 모두 휘하에 두고 있었다.

　이어서 다레이오스는 보스포로스해협에 놓인 배다리[船橋]를 보고 몹시 기뻐하며 설계자인 사모스인 만드로클레스에게 막대한 은상을 내렸다. 그러고는 그는 이오니아인에게 흑해로 들어가 이스트로스강까지 항해한 뒤 그곳에 다리를 놓고 자신이 도착하길 기다리라고 명하고 나서 유럽으로 건너갔다. 해군을 이끌고 있는 것은 이오니아인과 아이올리스인, 헬레스폰토스인 등이었기 때문이다. 그래서 해군은 키아네아이를 지나 이스트로스강으로 곧장 항해한 뒤 다시 이틀 동안 하구에서 강을 거슬러 올라갔다. 그리고 몇 개의 하구의 분기점이 되고 있는 강의 목 부분에 다리를 놓고 다레이오스군을 기다렸다.

　한편 다레이오스는 다리를 통해 보스포로스를 건너자 트라키아 지방으로 진군해 테아로스강의 수원지에 도착한 뒤 여기에서 사흘간 야영하고, 그 후 이곳을 떠나 오드리소이국을 흐르고 있는 아르테스코스라는 또 다른 강에 이르렀다. 이스트로스강에 도달하기 전에 다레이오스가 맨 먼저 공격한 것은 영혼 불멸을 믿는 게타이인이었다. 다른 트라키아인들은 싸우지 않고 페르시아군에 굴복했지만, 게타이인은 무모하게 저항했기 때문이다. 게타이인은 트라키아인 중에서 가장 용맹하고 정의감이 투철한 부족이다.

　다레이오스는 이스트로스강에 도착하자 즉시 전군을 도하시키고 이오니아인에게 다리를 파괴한 뒤 해군도 육지에 상륙해 진군하라고

트라키아인
고대 그리스 북방에 있는 트라키아 지방의 주민. 호전적인데다가
인신공희(人身供犧, 인간을 재물로 바치는 의식)·문신(文身)·화장(火葬)·다처(多
妻)의 풍속이 있어 그리스인은 이들을 매우 야만적이라고 생각했다.

페르시아 병사

명했다. 그래서 이오니아인이 명받은 대로 하려고 할 때, 미틸레네 부대를 지휘하고 있던 알렉산드로스의 아들 코에스가 먼저 의견을 제시해도 되겠느냐고 묻고 나서 이렇게 말했다.

"왕이시여, 전하께서 이제부터 정벌하시려는 지역에는 경작지도 없고 인가가 있는 도시도 없습니다. 그러하오니 이 다리를 이대로 남겨 두고 해군이 지키게 하시는 것이 어떻겠습니까? 우리가 스키타이인을 만나 바라던 대로 성공했을 경우에도 다리가 있으면 또다시 놓을 필요가 없습니다. 또한 스키타이인을 만나지 못할 경우에도 다리만 있으면 철수하는 데 고생하지 않을 것입니다. 저는 우리가 싸움에서 스키타이인에게 패하리라는 생각은 전혀 해 본 적이 없지만, 그들을 만나지 못하고 헤매다가 뜻밖의 재난을 당하지 않을까 걱정됩니다. 전하, 저는 뒤에 남아 다리를 지키려는 속셈으로 제 자신의 이익을 위해 이렇게 말씀드리는 것이 아닙니다. 단지 전하를 위해 최선의 방책이라 생각되는 의견을 아뢰는 것뿐입니다. 저는 끝까지 전하를 모시고 진군할 것입니다."

다레이오스는 이 말을 듣고 크게 칭찬하며 무사히 왕궁으로 돌아가게 되면 이 충언에 반드시 보답하겠다고 약속했다. 그러고는 그는 즉시 이오니아의 지휘관들을 소집하고 60개의 매듭으로 묶은 긴 혁대를 보여 주며 이렇게 명령했다.

"이오니아인들이여, 나는 다리에 대해 내렸던 명령을 취소하겠소. 그 대신 이 혁대를 줄 테니 지금부터 내가 말하는 대로 하시오. 내가 스키타이를 공격하기 위해 떠나면 그날부터 날마다 하나씩 매듭을 풀도록 하시오. 그 기간 내에 내가 돌아오지 않으면 여러분은 각자 배를 타고 고국으로 돌아가도 좋소. 하지만 그때까지는, 다시 말해 60일 동안은 다리를 보전하고 지키는 데 온 힘을 다 기울여 주시오."

이렇게 말하고 다레이오스는 서둘러 진군했다. 스키타이인의 국토는 남쪽은 흑해, 동쪽은 아조프해에 둘러싸인 사각형 모양을 하고 있고, 동서와 남북의 길이가 똑같다. 동일하게 20일간의 여정이 소요되기 때문이다. 즉 이스트로스강에서 보리스테네스강까지 10일간의 여정이 필요하고, 보리스테네스강에서 아조프해까지도 10일이 걸린다. 한편 흑해에서 스키타이 북방에 있는 멜란클라이노이인의 국토까지 20일간의 여정이 필요하다. 그렇다면 하루 여정을 200스타디온으로 계산할 경우 가로변이나 세로변 모두 4천 스타디온이다. 이것이 이 나라의 넓이다.

스키타이인은 단독으로는 다레이오스의 군대를 물리치기 어렵다고 보고 인근 국가들에 사절단을 보냈다. 그런데 이미 여러 국가의 왕들이 페르시아군의 침공 소식을 듣고 한데 모여 대처 방안을 의논하고 있었다. 스키타이의 사절단은 페르시아가 아시아 대륙을 모두 평정한 뒤 보스포로스에 다리를 놓고 유럽으로 건너와 먼저 트라키아인을 정복하고, 계속해서 이 대륙도 모두 지배하려고 지금 이스트로스강에 다리를 놓고 있다고 알려 주었다. 그리고는 다음과 같이 말했다.

"그러므로 여러분은 우리 스키타이인이 멸망하는 것을 지켜만 보지 말고 우리와 손을 잡고 침략자에 대항해야 합니다. 그렇게 하지 않으면 우리는 화친을 하거나 국토를 떠날 수밖에 없습니다. 우리가 어느 쪽을 선택하든 여러분에게도 결코 좋은 일은 생기지 않을 것입니다. 그들은 우리를 정복하는 데 성공하면 그에 만족하지 않고 여러분의 나라도 그냥 내버려 두지 않을 것이기 때문입니다. 페르시아 왕이 전에 우리 스키타이인에게 복속 당했던 한을 풀기 위해 군대를 진격시켰다면, 그는 다른 민족은 건드리지 않고 곧장 우리나라로 쳐들어왔을 것입니다. 하지만 그는 이 대륙으로 건너오자마자 앞에 놓여 있는 나라들을 모두 정복하고 있습니다. 지금 그는 트라키아인을 굴복시키고 있는데, 그중에서도 특히 우리의 이웃인 게타이인이 이미 그의 수중에 들어가 있습니다."

스키타이 사절단의 이 말을 듣고 다른 여러 민족의 왕들이 다시 회의를 열었는데, 결국 의견이 둘로 갈라졌다. 사우로마타이인, 부디노이인, 겔로노스인의 왕들은 의견 일치를 보고 스키타이를 원조하기로 맹세했지만, 아가티르소이인, 네우로이인, 안드로파고이인, 멜란클라이노이인, 타우로이인의 왕들은 다음과 같이 회답했다.

"그대들이 먼저 페르시아인에게 죄를 범해서 전쟁을 시작하지 않았으면, 우리도 정당한 것으로 보고 원조 요청을 수락하고 운명을 같이했을 것이오. 그러나 실제로 그대들은 우리와 상관없이 멋대로 그들 나라에 침입해 페르시아를 지배하지 않았소? 이번에는 페르시아인이 신의 격려를 받으며 같은 행위로 보복하려 하고 있소. 우리는 전에 그들에게 나쁜 짓을 저지르지 않았고, 그것은 지금도 마찬가지요. 물론 페르시아 왕이 우리를 침입해 먼저 죄를 짓는다면 우리도 최선을 다해 싸울 것이오. 하지만 그때까지는 아무런 행동도 취하지 않고 지켜만 볼 것이오. 페르시아군이 목표로 하고 있는 것은 우리가 아니라 먼저 죄를 지은 그대들이라고 생각하기 때문이오."

스키타이인은 이런 회답을 받자 정면으로 맞서 싸우는 것은 피하기로 했다. 그들은 처자식이 살고 있는 포장마차들과 식량으로 쓸 것을 제외한 모든 가축을 먼저 보내며 북풍이 부는 방향으로 계속 가게 했다. 이어서 페르시아군이 공격해 올 진로상의 우물과 샘을 모두 메워 버리고 풀을 짓밟아 버렸다. 그들의 작전은 페르시아군보다 하루 거리만큼만 앞서 가며 끝까지 원조를 거부한 나라들을 골라 그 나라들을 전쟁에 끌어들이려는 것이었다. 그렇게 하면 그들도 어쩔 수 없이 페르시아군과 싸우게 될 것이고, 결국은 함께 힘을 합쳐 페르시아군을 공격할 수 있게 되리라 예측했던 것이다.

스키타이의 정예 기병대로 구성된 전위대는 이스트로스강에서 약

사흘 걸리는 지점에서 페르시아군을 발견했다. 그들은 작전대로 하루 걸리는 거리만큼만 앞선 곳에서 야영하면서 그 지역을 황폐화시켰다. 페르시아군은 스키타이 기병대를 발견하자 퇴각하는 그들의 흔적을 좇으며 계속 진군했다. 스키타이군이 끝없이 퇴각하며 동쪽의 타나이스강을 건너자, 페르시아군도 그 뒤를 좇아 마침내 사우로마타아국을 지나 부다노이국에 이르렀다. 그러나 이미 모두 황폐화되어 페르시아군이 약탈할 만한 것이 아무것도 없었다. 그러나 부다노이국에 침입했을 때 그들은 나무 성채를 발견하고 거의 아무것도 남아 있지 않고 텅 빈 그곳을 불살라 버렸다.

그 후 페르시아군은 스키타이군의 흔적을 더듬으며 계속 추격하다가 마침내 사람이 살지 않는 황야에까지 이르렀다. 다레이오스는 무인 지대에 접어들게 되자 일단 진군을 중단시키고 8개의 대성채를 약 60스타디온(1스타디온은 191.27미터로, 전설에 따르면 제우스 신의 600 행보에 해당된다고 한다) 간격으로 건조했는데, 그 폐허가 우리 시대까지도 남아 있다. 한편 스키타이인은 다레이오스가 이 일에 마음을 빼앗기고 있는 동안 북쪽 지역을 우회해 스키타이 본국으로 돌아와 있었다.

다레이오스는 스키타이인의 모습이 전혀 보이지 않자 성채 건조를 중단하고 진로를 서쪽으로 잡고 전속력으로 진군했다. 그리고 그곳에서 한곳에 모여 있는 스키타이군을 발견하자 다시 이들을 추격했다. 스키타이군은 페르시아군이 추격해 오자 전처럼 하루 걸리는 거리를 사이에 두고 계속 도망쳤다. 다레이오스가 계속 급속히 추격해 오자, 스키타이인은 미리 계획해 놓은 대로 전에 동맹을 거절했던 나라들로 도망쳐 들어갔다. 처음에는 멜란클라이노이국, 그 다음에는 안드로파고이인의 영토로 페르시아군을 유도해 이들 나라를 혼란에 빠뜨리고, 이번에는 네우로이국으로 달아나 이 나라를 교란시킨 뒤 다시 아가티르소이국으로 도망치기 시작했다.

이것을 알게 된 아가티르소이인은 스키타이인에게 사자를 보내 자국 내에 발을 들여놓지 말라고 말하고 만일 침입하면 일전을 불사하겠다고 경고했다. 그러자 스키타이인은 아가티르소이국으로 들어가지 않고 페르시아군을 그곳에서 자국으로 유도했다. 한편 멜란클라노이인과 안드로파고이인, 네우로이인 등은 페르시아군이 스키타이군과 함께 잇따라 침입해 오자 방어도 하지 않고 전에 했던 위협적인 말도 잊어버린 채 갈팡질팡하며 사람이 살지 않는 북쪽의 황무지 쪽으로 달아났다.

이런 식으로 추격과 퇴각이 끝없이 계속되며 멈추지 않았기 때문에, 다레이오스는 스키타이의 이단티르소스에게 기병 한 명을 보내 다음과 같이 전했다.

"그대는 참으로 이상한 사람이오. 결국 두 가지 중 한 가지를 선택하게 될 텐데, 대체 언제까지 도망치기만 할 거요? 내 군대에 맞서 싸울 자신이 있으면 더 이상 달아나지 말고 한곳에서 싸우도록 하시오. 하지만 역부족이라고 느껴지면 더 이상 도망치지 말고 그대의 주군에게 와서 항복하고 그 증거로 흙과 물을 바치시오."

이에 대해 스키타이의 왕이 다음과 같이 대답했다.

"페르시아왕이여, 나는 누군가가 두려워 달아난 적이 없소. 이제까지 그래 왔듯이 지금도 페르시아군이 두려워 달아나고 있는 것이 아니오. 지금 내가 하고 있는 것은 새롭거나 낯선 행동이 아니오. 나는 평상시의 일반적인 생활 방식을 따르고 있는 것뿐이오. 우리나라에는 점령당하거나 황폐화되는 것을 막기 위해 그대들과 서둘러 싸워야 하는 도시나 경작지가 없소. 따라서 우리는 페르시아군과 싸울 생각이 없지만, 그대들이 우리와 한시바삐 일전을 벌여야 한다면 우리가 중요하게 여기는 조상들의 묘지를 찾아내 훼손해 보시오. 그러면 우리가 묘지를 위해 페르시아군과 기꺼이 싸우는지 아닌지 곧 알게 될 것이오. 우리에게는 선조이신 제우스 신과 스키타이의 여왕 헤스티아(화덕의 여신) 외에는 주군이 없기 때문에 그대에게 흙과 물 대신 합당한 다른 것을 보내 주겠소. 마지막으로 내 주군을 운운한 데 대한 답례로 '그대에게 재난이 있으라.'라고 말해 주겠소."

스키타이인은 다레이오스가 자신들에게 흙과 물을 바치고 예속되라고 한 데에 크게 분노했다. 그래서 그들은 한 부대는 이스트로스강의 다리를 지키고 있는 이오니아인에게 보내 그들과 교섭하게 하고,

나머지 부대는 페르시아군 쪽으로 보내 그들이 식사할 때마다 공격하게 했다. 그리하여 스키타이 기병대가 페르시아 기병대를 패주시키면 페르시아군은 도망쳐 보병 부대 사이로 뛰어들고, 스키타이 기병대는 페르시아의 보병이 두려워 후퇴하는 일이 반복되었다.

이때 페르시아군에게는 유리하게 작용하고, 스키타이군에게는 불리하게 작용한 실로 기묘한 일이 한 가지 있었다. 앞에서 언급했듯이 스키타이 지방은 춥기 때문에 당나귀나 노새가 살지 않는다. 그래서 스키타이 기병대의 말들이, 페르시아군 진지에서 당나귀가 울어대면 동요하여 뒤로 물러나고 귀를 쫑긋 세우며 크게 놀라는 일이 자주 일어났다. 스키타이의 말들은 당나귀를 본 적도, 그 울음소리를 들어 본 적도 없었기 때문이다.

또한 스키타이군은 페르시아군을 이 땅에 되도록 오래 묶어 두어 물자 부족에 시달리게 하려는 작전도 세웠다. 그들이 자신들의 가축을 일부러 여기저기에 조금씩 남겨 두고 다른 곳으로 후퇴하면, 페르시아군이 공격해 그것들을 손에 넣고 의기양양해할 터였다.

이런 일이 되풀이되자 마침내 다레이오스도 궁지에 몰리기 시작했다. 이것을 알게 된 스키타이의 여러 왕이 사자를 통해 약속했던 선물이라며 그에게 새와 쥐, 개구리, 5개의 화살을 보냈다. 페르시아인들이 선물의 의미를 물어 보았지만, 사자는 전하고 돌아오라는 명령만 받았다고 대답하고 지혜가 있으면 스스로 생각해 보라고 말했다.

그래서 페르시아인들은 회의를 열고 이 문제를 논의했다.

다레이오스는 스키타이가 항복을 하고 흙과 물을 바친 것이라고 생각했다. 쥐는 땅속에 살면서 사람과 똑같은 곡물을 먹고, 개구리는 물속에 살며, 새는 발이 빠른 말과 비슷하고, 화살은 그들의 무기를 넘겨주겠다는 것을 의미하기 때문이라는 것이었다. 그러나 다레이오스와 함께 마고스를 타도했던 7인 중 한 사람인 고브리아스의 의견은 달랐다.

"이것은 '페르시아 놈들아, 새가 되어 날아가든지, 쥐가 되어 땅속으로 숨든지, 아니면 개구리가 되어 물속으로 뛰어들지 않으면 이 화살에 꿰뚫려 무사히 귀국하지 못할 것이다.'라는 스키타이인의 협박일 것입니다."

페르시아인들이 이런저런 추측을 하는 동안, 이스트로스강으로 가서 이오니아인과 교섭하라는 명을 받은 스키타이의 부대가 다리가 있는 지점에 이르자 이오니아인들에게 이렇게 말했다.

"이오니아인 여러분, 우리는 다레이오스가 여러분에게 60일간만 다리를 지키고 이 기간 내에 돌아오지 않으면 귀국해도 좋다고 말했다는 것을 잘 알고 있소. 이제 약속된 기일만큼 기다렸으니 돌아가도록 하시오. 그러면 다레이오스로부터 책임 추궁도 당하지 않을 것이고, 또 우리도 그대들을 공격하지 않을 것이오."

이오니아인이 그렇게 하겠다고 약속했기 때문에 스키타이인들은 급히 다시 돌아갔다. 한편 선물을 보낸 후 뒤에 남았던 스키타이 부대는 일전을 불사할 각오를 하고 보병과 기병을 불문하고 모두 전투 태세를 갖추었다. 이때 토끼 한 마리가 진중을 누비다가 양군 사이로 뛰어나왔다. 이것을 본 스키타이인들이 큰소리를 지르며 쫓기 시작했다. 이 광경을 본 다레이오스가 그 연유를 묻고 스키타이인들이 토끼를 쫓고 있다는 것을 알게 되자 측근들에게 이렇게 말했다.

"저놈들이 우리를 아주 얕보고 있군. 이제야 스키타이 놈들이 보낸 선물에 대한 고브리아스의 말이 맞다는 것을 알겠소. 지금은 어떻게 하면 무사히 귀환할 수 있을지 좋은 계책을 생각해 내야 할 때요."

그러자 고브리아스가 이렇게 말했다.

"전하, 저는 스키타이인을 다루기 어렵다는 것을 전부터 소문을 들어 잘 알고 있었습니다만, 이 땅에 와서 특히 저자들이 우리를 우롱하는 광경을 보고 그것을 확신하게 되었습니다. 제 생각에는 날이 저물면 평소처럼 불을 피우고 당나귀를 모두 묶어 둔 다음, 이런저런 구실을 내세워 병사 중에서 고난을 견뎌낼 수 없는 허약한 자들을 일부 남겨 두고, 스키타이인들이 다리를 파괴하기 위해 이스트로스강으로 가기 전에, 또 이오니아인들이 우리를 파멸로 이끄는 조치를 취하기 전에 스키타이에서 철수하는 것이 좋을 것 같습니다."

다레이오스는 이 의견을 받아들이고는 정예군을 이끌고 스키타이군을 공격한다는 구실하에 부하들 중 지친 자나 살해되어도 애석할 것이 없는 자들을 진지에 남겨 두기로 결정하고, 밤이 되자 불을 피워 놓고 당나귀들도 묶어 놓게 한 뒤 진지를 출발했다.

그들은 전속력으로 이스트로스강을 향해 출발했는데, 날이 밝자 남아 있던 사람들이 다레이오스에게 배신당했음을 알고 스키타이군에 항복했다. 그러자 스키타이군이 다레이오스가 퇴각한 것을 알고 서둘러 페르시아군을 추격했다.

그런데 페르시아군은 대부분 보병인데다가 지리를 잘 몰랐지만, 스키타이인은 기병이고 또 지름길이 어디 있는지 잘 알고 있었기 때문에 나중에 출발한 스키타이군이 페르시아군보다 훨씬 먼저 다리가 있는 곳에 도착했다. 그들은 페르시아 군이 아직 도착하지 못한 것을 알게 되자, 이오니아인들에게 이렇게 말했다.

"이오니아인 여러분, 약속된 날짜가 지났는데도 여전히 여기에 머무르고 있는 것은 부당한 행동이오. 틀림없이 전에는 두려워서 이곳에 머물러 있었을 것이지만, 이제는 되도록 빨리 다리를 파괴하고 신들과 스키타이인에게 감사하며 해를 입지 않은 채 자유로운 몸으로 떠나시오. 여러분의 주군이었던 자는 우리가 굴복시켜 두 번 다시 어떤 나라도 공격하지 못하게 해 놓겠소."

이오니아인들은 이 말을 듣고 회의를 열었다. 헬레스폰토스 케르소네소스의 참주인 밀티아데스는 스키타이인들의 말대로 다리를 파괴하고 고국으로 돌아가 이오니아를 해방시키자는 의견을 제시했지만, 밀레토스인 히스티아이오스가 이에 반대했다. 그는 지금 자신들이 참주로서 이오니아에 군림하고 있는 것은 모두 다레이오스 덕분이기 때문에 그의 세력이 무너지면 이오니아의 각 도시는 필시 독재정치의 폐지와 민주 정치의 부활을 요구할 것이고, 그렇게 되면 자신들은 참주로서 그 지위를 보전할 수 없을 것이라고 주장했다.

다른 참주들도 히스티아이오스의 의견에 동조했기 때문에, 이오니아인들은 스키타이인들이 바라는 대로 하는 것처럼 보이도록 스키타이 영토로 연결된 다리 부분을 파괴하는 동시에 히스티아이오스를 대표로 내세워 그들에게 다음과 같이 회답했다.

"스키타이인 여러분, 여러분은 적절한 시기에 좋은 소식을 갖고 오셨소. 여러분이 우리에게 유익한 방침을 제시해 주었기 때문에, 우리도 여러분을 위해 최선을 다할 생각이오. 보시다시피 지금 다리를 파괴하고 있는 중으로, 우리도 자유를 되찾기 위해 노력을 아끼지 않을 생각이오. 그러니 우리가 이렇게 다리를 파괴하는 동안, 여러분도 페르시아군을 찾도록 하시오. 그리고 발견하면 여러분뿐만 아니라 우리를 위해서도 보복을 해 주시오."

이리하여 이오니아인들은 화살이 닿지 않는 곳까지 다리를 무너뜨려 스키타이인들이 건널 수도, 공격할 수도 없게 해 놓고 다레이오스군이 오길 기다렸다.

한편 스키타이군은 그들의 말을 믿고 페르시아군을 수색했지만 찾지 못했다. 이미 목초지를 황폐화시키고 샘을 묻어 버렸던 까닭에 그들은 말의 먹이와 물이 있는 지대만 골라 지나가며 페르시아군을 찾았기 때문이다. 그들이 최선의 방책이라고 생각했던 것이 이제는 그들의 기회를 가로막는 장해 요인이 되었던 것이다.

페르시아군은 전에 지나왔던 흔적을 더듬으며 진군하다가 천신만고 끝에 이스트로스강의 도하 지점을 발견했다. 그들이 도착했을 때에는 벌써 날이 저문 후였고, 다리도 파괴되어 있었다. 그래서 그들은 이오니아인이 떠나 버린 것이 아닐까 생각하고 심한 공포감에 사로잡혔다. 그런데 다레이오스의 측근에 아주 목소리가 큰 이집트인이 있었다. 다레이오스가 그를 이스트로스강변에 세워 놓고 히스티아이오스의 이름을 부르게 했다. 그러자 히스티아이오스가 이 소리를 듣고는 원정군을 도하시키려고 전 함선을 동원해 다시 다리를 놓았다.

이리하여 페르시아군은 스키타이를 벗어났다. 한편 스키타이군은 페르시아군을 찾아다녔지만 발견할 수 없었다. 이 일이 있은 후 스키타이인은 이오니아인을 가리켜, 자유인으로서는 세계에서 유례를 찾아볼 수 없는 비겁하고 비열한 민족이지만 노예로서는 이들만큼 주인에게 충직하고 도망칠 염려가 없는 민족도 없을 것이라고 말하곤 했다. 다레이오스는 트라키아를 지나자 자신은 헬레스폰토스해협의

세스토스에서 아시아로 건너가고, 유럽에는 페르시아인 메가바조스를 사령관으로 삼아 그에게 8만 명의 병사를 주어 남겨 두었다.

〈제4권〉

2. 밀레토스의 반란

다레이오스에 의해 유럽 정벌군 사령관으로 임명된 메가바조스는 먼저 헬레스폰토스 부근의 도시 가운데서 다레이오스에게 복종하지 않는 페린토스인을 정복했다. 그들은 자유를 위해 용감하게 싸웠지만, 메가바조스가 지휘하는 페르시아군의 압도적인 숫자에 밀려 패하고 말았다. 그 후 메가바조스는 트라키아 지방으로 병력을 진격시켜 그 땅의 모든 도시와 종족을 페르시아 왕에게 귀속시켰다.

트라키아인은 전 세계에서 인도인 다음으로 인구가 많은 대민족이다. 이것은 어디까지나 내 생각이지만, 만약 그들이 한 개인에 의해 다스려지거나 혹은 단결해 대연합을 결성한다면, 아마도 틀림없이 세계에서 가장 강대한 민족이 되어 어느 누구도 감히 맞서지 못할 것이다. 하지만 사실상 이것은 실현 가능성이 없기 때문에 이 민족은 약할 수밖에 없다. 그들은 지방에 따라 각기 다른 이름을 지니고 있지만, 습속은 모든 면에서 비슷하다. 다만 게타이, 트라우소이, 그리고 크레스토나이오이 북쪽에 사는 부족만은 예외다.

게타이족은 자신들은 죽어 없어지지 않으며, 죽은 자는 살목시스 신이 있는 곳으로 간다는 영혼불멸의 신앙을 갖고 있다.

트라우소이족은 특이하게 자식이 태어나면 가족이 주위에 둘러앉아 저마다 인간이 살아가면서 경험하지 않으면 안 되는 고통이나 고뇌를 이야기하고, 새로 태어난 생명이 앞으로 겪어야 할 여러 가지 고난을 생각하며 슬퍼하고 탄식한다. 그러나 누군가가 죽었을 경우에는 이와 정반대로 그가 이 세상의 여러 가지 고난에서 벗어나 이제는 완전히 안락한 상태에 놓여 있다는 이유로 모두 기뻐하며 축하하고 웃고 떠들면서 땅에 묻는다.

크레스토나이오이 북쪽에 사는 부족의 남자는 모두 많은 아내를 거느리고 있다. 그런데 남편이 죽으면 아내들이 서로 누가 가장 남편으로부터 사랑을 받았느냐 하는 문제를 둘러싸고 격렬한 논쟁을 벌인다. 게다가 죽은 남편의 친구들까지 이편저편으로 나뉘어 심한 논쟁을 벌인다. 그 결과 명예롭게 선정된 여자는 사람들로부터 칭송을 받지만, 그 후 남편의 묘소 위에서 살해되어 남편과 합장된다. 다른 아내들은 그리 되지 못한 것을 큰 불운으로 여기며 한탄한다. 이보다 더 큰 치욕은 없기 때문이다.

그 밖의 트라키아인의 공통적인 풍습으로 그들은 자식들을 외국에 팔아넘기고, 미혼인 딸은 마음대로 남자와 교합하도록 내버려 두지만 기혼녀는 엄중히 감시한다. 그리고 남자가 결혼하려 할 때에는 많은 돈을 여자의 양친에게 주어야 한다. 또 트라키아인에게 문신은 고귀함의 표시고, 문신이 없는 것은 비천함의 증거다. 노동하지 않는 사람을 가장 존귀한 사람으로 여기고, 노동하는 사람, 그중에서도 특히 농사를 짓는 사람을 가장 비천하게 여긴다.

그런데 트라키아에 있는 메가바조스에게 다레이오스로부터 서한이 도착했다. 부지런히 일하는 파이오니아족을 모두 처자식과 함께 유럽에서 페르시아로 강제 이주시키라는 것이었다.

메가바조스는 즉시 트라키아에서 길 안내인을 구한 다음 파이오니아를 향해 군대를 진격시켰다. 파이오니아족은 이 소식을 듣자 페르시아군이 해안으로 침입해 오리라 생각하고 그 방면에 집결해 진을 쳤다. 하지만 페르시아군이 재빨리 그것을 알아채고는 안내인을 활용해 내륙 쪽으로 우회한 다음, 파이오니아인의 허를 찌르며 남자들이 없는 그들의 도시를 공격했다. 물론 무방비 상태였기 때문에 페르시아군은 손쉽게 그곳을 점령했다. 결국 파이오니아인은 사방으로 흩어져 각기 페르시아군에 항복해 버렸다. 이리하여 파이오니아족 가운데 정복된 부족들이 아시아로 이주하게 되었다.

파이오니아족을 정복한 메가바조스는 휘하 장병 중에서 자신 다음으로 명망이 높은 7인의 페르시아인을 선발해 사절단으로 마케도니아에 보냈다.

이 사절단의 목적은 마케도니아왕 아민타스에게 다레이오스왕에 대한 복종의 표시로 물과 땅을 요구하려는 데 있었다.

그런데 파이오니아의 프라시아스호에서 마케도니아까지는 그리 멀지 않았다. 호수에 인접한 은 광산을 지난 뒤 다시 디소론이라 불리는 산을 넘으면 바로 마케도니아 왕국이었다. 그래서 사절단은 곧 그 땅에 도착해 아민타스왕을 알현하고 다레이오스왕에게 흙과 물을 바칠 것을 요구했다.

아민타스왕은 그 요구에 따르겠다고 대답하고 사절들을 환대하며 성대한 연회를 베풀었다. 그런데 식사가 끝나고 아직 술잔이 돌고 있을 때 한 페르시아인이 이렇게 말했다.

"아민타스 전하, 저희 페르시아에서는 이처럼 성대한 연회를 베풀 때에는 아내나 첩들도 불러들여 시중들게 하는 것이 관습인데, 전하께서 다레이오스 대왕께 흙과 물을 헌납하겠다고 말씀하셨사오니 이왕이면 저희 관습대로 해 주시는 게 어떻겠습니까?"

아민타스는 이에 대해 다음과 같이 대답했다.

"아, 그것을 미처 생각하지 못했구려. 공교롭게도 우리나라에는 그런 풍습이 없고 남녀가 동석하지 않게 되어 있다오. 하지만 여러분은 앞으로 우리가 주인으로 모실 분들이니 원하는 대로 해 드리겠소."

그리하여 아민타스가 여자들을 불러오게 하고, 여자들이 들어와 페르시아인들 맞은편에 나란히 앉았다. 그러자 페르시아인들이 아름다운 여자들을 보고 아민타스에게 불만을 터뜨렸다.

"이러시면 정말 곤란합니다. 모처럼 여자들이 왔는데 옆에 앉히지 않고 테이블을 사이에 두고 마주 보고만 있게 하시니 말입니다. 차라리 처음부터 부르지 않는 편이 나았을 것입니다. 그냥 바라만 보고 있으면 뭐 합니까? 마음만 상하지요."

그래서 아민타스는 하는 수 없이 여자들에게 명해 손님들 옆에 앉게 했다. 여자들이 명령대로 하자, 몹시 취해 있던 페르시아인들이 곧 여자들의 가슴을 더듬기 시작하고, 개중에는 입까지 맞추려는 자도 있었다.

이 광경을 본 아민타스는 화가 치밀어 올랐지만 페르시아인들을 몹시 두려워하고 있었기 때문에 못 본 체했다. 그렇지만 곁에서 지켜보던 아민타스의 아들 알렉산드로스가 나이가 어려 아직 험난한 세상 물정을 몰랐기 때문에 더 이상 참지 못하고 분에 못 이겨 아민타스에게 이렇게 말했다.

"아바마마께서는 연로하니 과음하시면 안 됩니다. 이제 돌아가 쉬도록 하십시오. 제가 여기에 남아 손님들을 접대하겠습니다."

그러나 아민타스는 알렉산드로스가 뭔가 경솔한 짓을 하려는 것을 알아챘다.

"애야, 너는 나를 돌려보내 놓고 뭔가 난폭한 짓을 저지르려는 것 아니냐? 하지만 내가 부탁하는데, 저 사람들에게 절대로 손을 대서는 안 된다. 만약 네가 그런 짓을 한다면, 우리 가문은 끝장나고 말 것이다. 험한 꼴을 보더라도 부디 참도록 해라. 모처럼 네가 권하니, 나는 이 자리를 떠나도록 하겠다."

아민타스가 이렇게 당부하고 그 자리를 떠나자, 알렉산드로스는 페르시아인들에게 다음과 같이 말했다.

"손님 여러분, 이 여자들을 전적으로 여러분에게 맡기겠습니다. 마음에 들면 어떤 여자든 말씀만 하십시오. 아니 그 전부와 잠자리를 같이하셔도 좋습니다. 하지만 이제 슬슬 주무실 시간이고, 여러분도 기분 좋게들 취하신 것 같으니, 이의가 없으시면 이 여자들을 잠시 내보내 목욕을 시키고 나서 다시 여러분을 모시게 하겠습니다."

페르시아인들이 동의하자, 알렉산드로스는 여자들을 자기 처소로 돌려보내고는 아직 수염이 나지 않은 청년들을 여자 숫자만큼 선발해 여장을 시키고 단검을 휴대시킨 다음 연회석으로 데리고 들어왔다. 여장한 청년들은 페르시아인들이 자신들을 여자로 생각하고 더듬기 시작하자 단검으로 그들을 살해해 버렸다. 그들의 시종들도 또한 남김없이 모두 살해되었다.

그 후 곧 페르시아 측이 사절들을 찾기 위해 대대적인 수색 활동을 펼쳤다. 그러나 알렉산드로스가 막대한 금액과 자신의 누이동생 기가이아를 수색대장에게 주고 매수해 수색 활동을 막는 데 성공했다. 이리하여 7인의 페르시아 사절단 암살 사건은 흐지부지되고 끝내 발각되지 않았다.

알렉산드로스는 올림피아 경기에 출장해 일등과 우열을 가리기 힘든 성적을 거두었다. 처음에 그의 경쟁자들이 이방인은 참여할 수 없다는 이유를 들어 그를 배제하려 했지만, 그는 스스로 아르고스인의 혈통임을 입증해 보이고 그리스인으로서 판정을 받았다.

한편 메가바조스는 직접 파이오니아인을 이끌고 헬레스폰토스로 가서 배를 타고 바다를 건넌 뒤 사르디스로 향했다. 그런데 도중에 그는 밀레토스인 히스티아이오스가 스트리몬 강변에 있는 미르키노스에 성벽을 쌓고 새 도시 건설에 착수했다는 것을 알게 되었다.

이야기가 좀 거슬러 올라가는데, 스키타이에서 사르디스로 철수한 다레이오스는 정말로 살얼음을 밟는 듯했던 이번 원정을 되돌아볼 때마다 두 사람의 보기 드문 공적이 진심으로 고맙게 느껴졌다. 한 사람은 이스트로스강의 다리를 그대로 남겨 두어야 한다고 건의했던 미틸레네인 코에스이고, 다른 한 사람은 그 다리를 지키며 다레이오스가 돌아오기만을 기다렸던 이오니아의 해군 히스티아이오스였다.

다레이오스는 이 두 사람을 불러들여 그들이 원하는 것을 상으로 주었다. 그리하여 평민이었던 코에스는 미틸레네의 참주가 되고, 이미 밀레토스의 참주였던 히스티아이오스는 에도네스인의 땅인 미르키노스에 새로 식민시를 건설하는 것을 허락받았다. 두 사람은 오랫

마케도니아의 알렉산드로스 동전
동전 안에 그려져 있는 알렉산드로스 대왕(기원
전 336년~기원전 323년 재위)은 마케도니아의 왕으
로 '2. 밀레토스의 반란'에 나오는 왕자 알렉산
드로스와는 다른 인물이다. 페르시아를 정복
하고 그리스·페르시아·인도에 이르는 대제
국을 건설해서 그리스 문화와 오리엔트 문화
를 융합시킨 헬레니즘 문화를 이룩했다.

동안 마음속에 품고 있었던 소망이 이루어지자 곧 각자 원하는 곳으로 갔다.

그리하여 히스티아이오스가 자신이 선택한 스트리몬 강변의 미르키노스에 이미 와서 성벽을 쌓고 도시 건설에 나서고 있었는데, 때마침 메가바조스가 다레이오스의 명에 따라 정벌한 파이오니아인을 이끌고 사르디스로 향하던 도중에 이것을 알게 되었던 것이다.

사르디스에 도착한 메가바조스는 다레이오스에게 다음과 같이 진언했다.

"전하, 히스티아이오스와 같은 약아빠진 그리스인에게 트라키아의 땅을 하사하고 성벽을 쌓게 하시다니, 정말 경솔한 행동을 하셨습니다. 그 땅은 선박과 노를 만드는 데 필요한 수목이 울창하게 들어차 있고, 또 은 광산도 많이 있습니다. 게다가 그리스인도 많이 살고 있기 때문에, 같은 그리스인인 그자가 지도자가 되면 그들이 기꺼이 그의 명령을 들을 것입니다. 그러하오니 전하의 영지 내에서 전란이 일어나길 바라지 않으신다면, 그자가 하고 있는 일을 중지시키십시오. 제 생각에는 계책을 써서 그자를 이리로 불러들여 그 일에 더 이상 손을 대지 못하게 하는 것이 좋을 듯합니다. 그리고 일단 그자가 오면 다시는 그리스로 돌아가지 못하게 하십시오."

메가바조스는 쉽사리 다레이오스를 설득할 수 있었다. 그리하여 다레이오스는 미르키노스에 사자를 보내 히스티아이오스에게 다음과 같이 전하게 했다.

"왕 다레이오스가 히스티아이오스에게 전하오. 지금 나는 한 가지 중대한 일을 벌이려 하고 있는데, 곰곰 생각해 보니 그대만큼 충성을 다하며 나의 번영을 위해 힘을 쏟는 사람이 내 주위에는 없는 것 같소. 게다가 그대는 그것을 말이 아니라 행동으로 보여 주었소. 그대에게 꼭 전하고 싶은 것이 있으니, 부디 만사를 제쳐 놓고 달려와 주기 바라오."

히스티아이오스는 왕의 말을 믿고 왕의 고문이 되는 데 매력을 느껴 사르디스의 다레이오스에게로 달려갔다. 그가 도착하자, 다레이오스가 이렇게 말했다.

"히스티아이오스여, 내가 그대를 왜 불렀는가 하면 재주와 슬기 그리고 충성심을 겸비한 친구가 어떤 재물보다 더 귀중하다는 것을 깨달았기 때문이오. 나는 저 이스트로스강을 건널 때 그대가 보여 준 지혜와 충성심을 한시도 잊은 적이 없소. 그대가 미르키노스로 떠난 지 얼마 되지 않지만, 그동안 나는 그대를 다시 만나 이야기를 나누게 될 날을 손꼽아 기다려 왔소. 어떻소, 밀레토스와 트라키아에 새로 건설한 식민시는 잊어버리고 나와 함께 수사로 가지 않겠소? 그곳에 가서 손님 대우를 받으며 자문을 해 주시오. 이제 수사에 있는 내 재산은 모두 그대의 것이오."

이리하여 히스티아이오스는 다레이오스 왕과 함께 수사로 떠났는데, 왕은 그에 앞서 자신의 이복동생인 아르타프레네스를 사르디스의 총독으로 임명하고, 해변 지역의 지휘권도 오타네스라는 자에게 위임했다.

그 후 얼마 동안 아무 일 없이 지나갔지만, 이윽고 새로운 환난이 이오니아의 낙소스와 밀레토스에서 일어났다.

당시 낙소스는 에게해의 여러 섬 중에서 가장 부강함을 자랑하고, 밀레토스도 사상 최대의 번영기에 접어들어 있었는데, 호사다마(好事多魔, 좋은 일에는 흔히 방해되는 일이 많다는 뜻)라고나 할까, 때마침 낙소스의 부유 계급에 속하는 사람 몇 명이 민중파에 의해 추방되어 밀레토스로 망명해 온 것이 반란의 계기가 되었다. 낙소스에서 온 이 망명자들이 당시 임시로 밀레토스를 통치하고 있던 아리스타고라스에게 자신들이 낙소스로 돌아갈 수 있도록 군대를 동원해 도와달라고 부탁했기 때문이다. 이때 아리스타고라스는 히스티아이오스의 사위이자 조카였기 때문에 다레이오스왕과 함께 수사로 떠나 밀레토스를 비우고 있던 참주 히스티아이오스를 대신해 밀레토스를 지배하고 있었다.

아리스타고라스는 그들이 귀국할 수 있도록 도와주면 낙소스의 지배권을 손에 넣을 수 있으리라 생각하고 다음과 같이 제안했다.

"나로서는 그대들을 귀국시킬 수 있을 만큼 강력한 군대를 제공하겠다고 약속할 수가 없소. 낙소스에는 8천 명의 중무장병과 많은 함선이 있다고 듣고 있기 때문이오. 그렇다고 전혀 방법이 없는 것도 아니오. 다행히 사르디스의 총독인 아르타프레네스와 나는 절친한 친구 사이요. 아시다시피 그는 다레이오스왕과 형제간이고, 대군과 수많은 함선을 휘하에 두고 있소. 그에게 부탁하면 틀림없이 우리를 도와 줄 것이오."

그러자 낙소스인들은 그에게 잘 조처해 달라고 부탁하고, 또 꼭 사례하고 군대 동원에 따른 경비도 지불하겠다는 말을 아르타프레네스에게 전해 달라고 말했다.

그래서 아리스타고라스는 사르디스로 가서 아르타프레네스를 만나자, 낙소스는 이오니아해안 가까이에 있는 아름답고 비옥한 섬이고 재물과 보물, 노예도 많다고 설명하고는 다음과 같이 덧붙여 말했다.

"그러니 부디 낙소스에 출병해 망명자들이 돌아갈 수 있게 해 주십시오. 만약 각하께서 결심을 하신다면 원정 비용은 당연히 계획을 세운 저희가 댈 것이고, 그 외에 거액의 돈도 사례로 드릴 것입니다. 그리고 이 원정으로 낙소스는 물론 파로스섬이나 안드로스섬 등도 다레이오스 전하의 영지로 편입시키실 수 있을 것입니다. 또 이들 섬을 기지로 삼게 되면 에우보이아섬도 쉽게 공략하실 수 있을 것입니다. 에우보이아가 키프로스에 못지않은 부유하고 큰 섬이라는 것은 이미 들어 알고 계실 것입니다. 함선 100척만 동원하면 이들 섬을 모두 정복하실 수 있을 것입니다."

이에 대해 아르타프레네스는 이렇게 대답했다.

"그대가 우리 페르시아 왕가를 위해 정말로 훌륭한 제안을 해 주었다고 생각하오. 어느 모로 보나 지극히 합당한 건의지만, 단 한 가지 함선의 수만큼은 마음에 들지 않는구려. 봄이 되면 100척이 아니라 200척의 함선을 그대를 위해 준비해 놓겠소. 하지만 이 계획은 먼저 대왕의 허락을 받아야 하오."

아리스타고라스는 이 대답을 듣고 크게 기뻐하며 밀레토스로 돌아갔다. 또한 아르타프레네스도 곧 사자를 수사에 보내 아리스타고라스의 제안을 보고하고 다레이오스왕의 승낙을 얻었다.

그리하여 200척의 함선과 페르시아군 및 동맹군으로 편성된 낙소스 원정군이 다레이오스의 사촌 동생인 메가바테스를 총사령관으로 삼아 밀레토스의 아리스타고라스에게로 파견되었다. 그리고 밀레토스에서 아리스타고라스를 비롯한 이오니아군과 낙소스의 망명자들을 태우고, 함대가 마침내 낙소스를 향해 출발했다.

그런데 항해 중에 다음과 같은 돌발 사건이 일어났다. 총사령관인 메가바테스가 함대의 경비 상태를 알아보기 위해 순찰하고 있을 때, 마침 민도스인의 배에 경비병이 한 명도 없었다. 화가 난 메가바테스가 그 배의 함장인 스킬락스라는 자를 직무 태만죄로 포박한 뒤 머리는 배 밖으로, 몸은 배 안으로 향하도록 노를 집어넣는 구멍 속에 밀어 넣게 했다. 그런데 실은 이 함장이 아리스타고라스의 친구였기 때문에, 아리스타고라스가 곧 달려와 메가바테스에게 그를 풀어 달라고 부탁했다. 하지만 메가바테스가 들어주지 않자, 아리스타고라스는 어쩔 수 없이 자신이 직접 나서서 함장을 풀어 주었다. 이것을 알게 된 메가바테스가 아리스타고라스에게 몹시 화를 내자, 아리스타고라스가 이렇게 말했다.

"이러니저러니 하지 마시오. 본래 아르타프레네스 각하께서 그대를 파견할 때 내 말을 듣고 내가 명하는 대로 함대를 움직이라고 명하지 않으셨소?"

이에 분개한 메가바테스는 해가 지길 기다렸다가 작은 배에 사람을 태워 낙소스로 보내 앞으로 닥칠 사태를 귀띔해 주게 했다.

낙소스인은 그때까지 자신들이 공격을 받으리라고는 꿈에도 생각지 못하고 있었다. 하지만 이것을 알게 되자 곧 물자를 성안으로 옮기고 성벽의 방비를 강화했다. 결국 원정군은 방비 태세를 완전히 갖춘 낙소스를 공격하게 되었고, 포위 공격전이 4개월 동안 계속되었다. 이윽고 페르시아군이 갖고 온 군자금이 다 떨어지고, 게다가 아리스타고라스 개인이 부담한 돈도 거액에 이르렀다. 포위 공격전을 계속하려면 다시 많은 액수의 돈을 염출해야 할 판이었기 때문에, 원정군은 어쩔 수 없이 참담한 상태로 대륙으로 철수하게 되었다.

그리하여 아리스타고라스가 무척 난처한 입장에 놓이게 되었다. 첫째로 그는 사르디스의 총독 아르타프레네스와의 약속을 지킬 수 없게 되었고, 둘째로 출정 비용을 지불하라는 독촉을 받았지만 그것을 갚을 길이 막막했다. 게다가 원정 실패와 메가바테스와의 불화 때문에 밀레토스의 지배권을 잃게 되지 않을까 걱정되기 시작했다.

그는 고민 끝에 이제는 반란을 일으키는 수밖에 없다고 생각했다. 게다가 마침 그때 수사에 있던 히스티아이오스가 페르시아왕에 대한 모반을 지시하기 위해 그에게 노예를 보냈다. 히스티아이오스는 다레이오스의 식객으로 계속 수사에 억류된 채 페르시아인들 사이에서 세월을 보내야 하는 자신의 처지가 못 견디게 답답하고 싫었다. 그래서 밀레토스에 반란만 일어나면 필시 그 문제를 해결하기 위해 자신을 파견하리라 생각했던 것이다.

그는 안전하게 자신의 지령을 전할 길이 없어 가장 신뢰할 수 있는 노예를 부르고는 그 머리칼을 깎고 머리에 그 내용을 먹물로 새겨 넣고, 머리털이 자랄 때까지 기다린 뒤에 밀레토스로 파견했다. 이 노예는 밀레토스에 도착하자 다시 머리칼을 자르고 아리스타고라스에게 머리에 새겨진 것을 보여 주었다.

이렇게 되자 아리스타고라스는 마침내 반란을 결심했다. 그는 먼저 계략을 써서 미오스로 귀환한 낙소스 원정군의 참주들을 사로잡고, 뒤이어 스스로 밀레토스의 참주 지위를 버렸다. 본심은 어찌 되었든 그는 명목상으로는 만민 평등의 민주제를 시행함으로써 밀레토스인이 자진해서 자신의 모반에 가담한 것처럼 꾸몄던 것이다. 그는 계속해서 다른 이오니아 지역에서도 같은 정치체제가 시행되도록 몇몇 독재자를 추방했다. 그리고 또 각 도시 주민들의 지지를 얻기 위해 포로로 잡은 참주들을 넘겨주었다. 다레이오스왕이 스키타이를 원정할 때 따라갔다가 이스트로스강의 다리를 파괴하는 데 반대해 그 후 미틸레네를 상으로 받았던 코에스도 그중 한 명이었는데, 미틸레네인은 그가 인도되자 교외로 끌고 나가 돌로 쳐 죽였다. 키메에서는 지난날의 참주를 풀어 주었다. 다른 도시들도 대부분 키메의 예를 따랐다.

이리하여 이오니아의 각 도시에서 참주제가 폐지된 뒤, 아리스타고라스는 도시마다 사령관을 선출해 각기 방어에 나서게 하고, 그 자신은 이것으로 불충분하다고 생각하고 강력한 동맹군을 얻기 위해 스파르타로 향했다. 〈제5권〉

3. 스파르타와 아테네

당시 스파르타에서는 레온의 아들 아낙산드리데스가 이미 죽고, 그의 아들 클레오메네스가 출생의 권리로 왕위를 계승하고 있었다. 아낙산드리데스는 누이의 딸을 아내로 맞아들이고 무척 사랑했지만 두 사람 사이에 자식이 없었다. 그래서 왕정의 감독권을 지닌 5명의 감독관(에포로이, 국민 가운데서 선출되고 임기는 1년. 장로회와 함께 행정·사법의 실권을 쥐고 있었다)이 왕을 불러 이렇게 말했다.

"저희는 에우리스테네스가(왕가)의 혈통이 끊기는 것을 그냥 가만히 바라만 보고 있을 수 없습니다. 그러니 왕자님을 낳지 못하는 지금의 왕비 마마와 헤어지시고 다른 왕비를 맞이하시기 바랍니다."

그렇지만 왕은 아무 허물도 없는 지금의 아내와 헤어지고 다른 여자를 아내로 맞이하라는 것이 정말 부당한 권고이기 때문에 그런 요구에는 응할 수 없다고 대답했다. 그러자 감독관들은 어쩔 수 없이 장로들과 협의하고 다시 왕에게 다음과 같이 말했다.

"전하께서 왕비 마마를 얼마나 사랑하고 계신지 잘 알았습니다. 따라서 앞으로는 그분과 헤어지시라는 요구는 하지 않겠습니다. 그분께서 현재와 같은 신분과 특권을 계속 누리게 하셔도 좋습니다. 다만 다른 분을 왕비로 맞아들여 왕자님을 낳아 주십시오."

아낙산드리데스도 이에 동의해, 그 후부터는 스파르타의 습속에 반해 왕이 두 명의 아내를 거느린 채 두 가정을 꾸미고 살게 되었다. 그 후 둘째 왕비가 곧 후계자인 클레오메네스를 낳았다. 하지만 운명의 장난인지 때를 같이해서 이때까지 자식을 낳지 못했던 첫째 왕비도 임신을 했다. 게다가 그녀는 먼저 도리에우스를 낳은 뒤 잇따라 레오니다스와 클레옴브로토스도 낳았다.

그런데 둘째 왕비가 낳은 장자 클레오메네스는 두뇌가 정상이 아니고 광기까지 있다는 소문이 있었지만, 첫째 왕비가 낳은 도리에우스는 동년배들 사이에서 단연 덕망이 높았다. 그래서 도리에우스는 자질이 있는 자신이 왕위를 계승하게 되리라 굳게 믿고 있었다. 그러나 아낙산드리데스가 죽은 뒤에 스파르타인이 관습법에 따라 장자인 클레오메네스를 왕으로 세우자, 이에 격분한 도리에우스는 그의 치하에서는 살 수 없다고 생각하고 국민에게 청원해 식민지 개척단의 지휘자로 출국하게 되었다. 하지만 그는 델포이의 신탁도 구하지 않고, 또 예로부터의 관행도 지키지 않은 채 격분한 상태 그대로 테라인을 해상 안내인으로 고용한 뒤 리비아로 떠났다. 그는 키닙스 강 부근에 도시를 건설했지만, 3년째 되는 해에 리비아의 마카이인

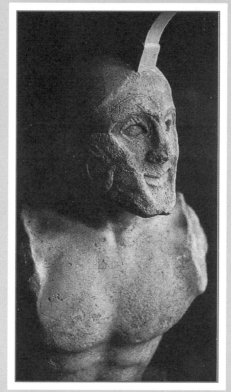

스파르타의 중무병장
고대 그리스의 유력한 도시국가 스파르타에서는 남자들
이 생산적 노동에 종사하지 않고 집단 생활을 하면서 군
사 훈련과 육체 단련에만 열중했다.

과 카르타고인에 의해 추방되어 펠로폰네소스로 돌아왔다. 그 후 또 안티카레스라는 엘레온인의 권유를 받고 이탈리아 해안을 따라 시켈리아(시칠리아)로 갔지만 결국 불운하게 페니키아인(카르타고인)과 에게스타인과의 싸움에서 패하고 죽임을 당했다. 운명은 얄궂은 것으로, 만약 그가 감수하고 클레오메네스를 왕으로 받들었다면 스파르타의 왕이 되었을 것이다. 클레오메네스의 치세는 오래 계속되지 않았고, 후계자 없이 고르고라는 딸 하나만 남겨 두고 세상을 떠났기 때문이다.

클레오메네스 치하의 스파르타에 도착한 밀레토스의 아리스타고라스는 왕을 만나자 지참하고 온, 전 세계의 지형과 함께 해양과 하천 등이 모두 새겨져 있는 동판을 가리키면서 이렇게 말했다.

"클레오메네스 전하, 이오니아의 동포가 자유를 빼앗기고 노예 상태로 지내고 있는 것에 대해 단지 저희 이오니아인 자신들뿐만 아니라 다른 그리스인, 그중에서도 특히 그리스 세계의 영도자이신 전하를 비롯한 스파르타인들도 더없는 모욕과 슬픔을 느끼고 계시리라 믿습니다. 그러하오니 부디 동포인 이오니아인을 노예의 질곡(桎梏, 차꼬와 수갑)에서 구원해 주십시오. 실제로 페르시아인은 활과 단창을 사용하며 바지를 입고 터번을 두른 상태로 싸우기 때문에 아주 쉽게 이길 수 있습니다. 따라서 언제나 아르카디아인이나 아르고스인을 상대로 싸우듯이 분전하기만 하면 승리는 따 놓은 당상입니다.

그리고 아르카디아인이나 아르고스인을 공격해 봤자 얼마나 이득
이 되겠습니까? 금이나 은이 별로 없을 것입니다. 땅도 좁고 비옥하
지도 않지 않습니까? 하지만 대륙은, 자, 여기가 이오니아고 그 다음
이 리디아, 그 동쪽이 프리기아며, 그 이웃에는 카파도키아, 킬리키
아가 있습니다. 그 대륙의 주민들은 금이나 은, 구리, 그 밖의 모든
자원이 다 풍부하고, 게다가 드넓은 땅은 더할 나위 없이 비옥합니
다. 킬리키아 이웃에는 아르메니아, 그 다음에는 마티에노이라는 민
족이 살고 있습니다. 그 이웃이 키시아 땅으로, 여기에 대왕이 살고
있는 수사가 있습니다. 대왕의 재물과 보물을 보관하는 창고도 여기
에 있습니다. 스파르타가 이 도시를 점령한다면 정말로 제우스 신과
도 그 부(富)를 다툴 수 있을 것입니다."

이에 대해 클레오메네스는 이틀간 여유를 주면 3일째 되는 날 회답
을 주겠다고 말했다. 그런데 약속한 날이 되어 두 사람이 정해진 장
소에서 만나자, 클레오메네스가 이오니아의 해안에서 출발해 다레이
오스가 사는 수사까지 가는 데 며칠이 걸리느냐고 물었다. 이때까지
빈틈이 없었던 아리스타고라스가 그만 여기에서 깜박하고,

"해안에서 수사까지 3개월이 걸립니다."

하고 사실대로 말해 버렸다.

"밀레토스에서 오신 손님이여, 해가 지기 전에 스파르타를 떠나도
록 하시오. 그대는 스파르타인을 해안에서 3개월이나 걸리는 곳으로

끌고 가려고 하는 것 같은데, 그런 제안을 우리 스파르타인이 달갑게 받아들이리라 생각하는 것이오?"

클레오메네스는 이렇게 말하고 궁으로 돌아가 버렸다.

아리스타고라스는 그래도 단념하지 않고 탄원자의 표시인 올리브 가지를 손에 들고 클레오메네스의 궁을 찾아갔다. 그런데 이때 마침 클레오메네스가 여덟 살이나 아홉 살쯤 된 외동딸과 놀고 있어서 아리스타고라스가 그 여자아이를 내보낸 다음 이야기를 들어 달라고 했지만, 클레오메네스는 아이에게는 신경 쓰지 말고 용건만 말해 보라고 했다.

그래서 아리스타고라스가 자신이 부탁하는 것을 들어주면 사례를 하겠다며 먼저 10탈란톤으로 흥정했다. 그래도 클레오메네스가 고개를 젓자 아리스타고라스가 금액을 자꾸 올려 마침내 50탈란톤에까지 이르렀다. 그러자 갑자기 아이가 큰소리로 이렇게 말했다.

"아바마마, 이젠 자리를 뜨시는 게 좋겠어요. 그렇게 하지 않으면 아바마마께서 매수당하고 마실 거예요."

클레오메네스는 딸아이의 말을 기꺼이 받아들이고는 안으로 들어가 버렸다.

그리하여 스파르타에서 추방된 아리스타고라스는 다음으로 아테네를 찾아갔는데, 당시 아테네는 독재자의 지배에서 가까스로 해방되어 있었다. 그간의 사정을 설명하면 다음과 같다.

페이시스트라토스의 아들로 독재자 히피아스의 형제였던 히파르코스가 자신에게 닥칠 위험을 예고하는 생생한 꿈을 꾸고 난 뒤 게피라이오이인의 혈통을 이어받은 아리스토게이톤과 하르모디오스에게 살해되었다. 그는 위풍당당하고 잘생긴 남자가 침대 앞에 나타나는 꿈을 꾸었는데, 그 남자가,

사자(獅子)여, 견디기 힘든 고난을 용기를 갖고 이겨 내라.
죄를 짓고 벌을 받지 않는 사람은 없느니.

라는 수수께끼 같은 말을 남겼다. 날이 밝자마자 곧 그는 해몽가들에게 이 꿈에 대해 이야기하고 액땜을 하기 위해 산 제물을 바치고 나서 때마침 열리고 있던 파나테나이아 축제에 참여했다가 축제 행렬 속에서 그만 살해되고 말았던 것이다.

히파르코스를 살해한 두 인물이 속한 게피라이오이인은 오늘날 보이오티아라 불리는 지방으로 이주해 온 페니키아인의 후예로 나중에 그곳에서 추방되어 아테네로 피신했는데, 이때 시민권에 다소의 제한을 둔다는 조건하에 아테네의 시민으로 받아들여졌다.

그런데 게피라이오이인도 그 일부이지만, 그리스로 건너온 페니키아인은 그리스인에게 여러 가지 지식을 전해 주었다. 그중에서도 특히 문자의 전래가 가장 중요한데, 내 생각에는 그리스인은 그때까지

문자를 모르고 있었던 것 같다. 그리스인은 처음에는 페니키아 문자를 그대로 사용했지만, 그 후 세월이 흘러감에 따라 점차 그리스어와 함께 문자도 변해 갔던 것이다. 당시 페니키아인과 인접해서 살았던 그리스인은 대부분 이오니아인이었다. 그들이 이것을 '페니키아 문자'라 부르며 약간 변용해 사용했다. 페니키아인이 그리스로 갖고 들어온 것이므로 이 호칭은 올바르다고 해야 할 것이다. 또한 이오니아인은 예로부터 '종이'를 '가죽'이라고 부르고 있다. 이것은 이오니아에서는 옛날에 종이를 구하기 어려워 산양이나 양의 가죽을 종이 대신 사용했기 때문인데, 오늘날에도 종이 대신 가죽을 사용하는 이민족이 적지 않다.

그런데 히파르코스가 죽은 뒤에도 4년간이나 아테네에서 참주 정치가 계속되고 그 압제가 점점 더 심해져 가고 있었다. 히피아스가 형제의 암살에 격분해 아테네에서 폭정을 행했기 때문이다. 이 무렵의 일인데, 페이시스트라토스 일족에 의해 추방되어 망명 생활을 하고 있던 알크메온 일족이 망명 중인 다른 아테네인들과 손을 잡고 무력으로 밀고 들어오려 하다가 실패하고 말았다. 그러자 알크메온 일족은 페이시스트라토스 일족을 공격하기 위해 온갖 계략을 다 짜냈다. 그들이 델포이의 인보 동맹(隣保同盟, 인접 국가들 간의 안보 동맹)과 계약을 맺고 신전 건설을 맡길 때 무녀를 매수해 스파르타인에게 거짓 신탁을 내리게 한 것도 이 때문이었다. 즉 스파르타인이 개인적인 용무나 혹은 공적인 용무로 신탁을 구하러 올 경우에는 아테네를 해방시키는 것이 그들의 의무라는 신탁을 내리게 했다. 아니나다를까 스파르타인들은 항상 같은 신탁을 받았기 때문에 마침내 안키몰리오스가 지휘하는 군대를 파견해 매우 친밀한 사이였던 페이시스트라토스 일족을 몰아내려 했다. 스파르타인들은 신의 명령이 인간 관계보다 더 중요하다고 생각했다.

해로로 출발한 안키몰리오스 휘하의 스파르타군은 아테네의 외항인 팔레론에 군대를 상륙시켰다. 하지만 동맹을 맺은 테살리아로부터 기병 1천 명을 지원받은 아테네군에 의해 지휘관 안키몰리오스를 비롯해 다수의 스파르타인이 죽게 되고, 생존자들도 육지에서 쫓겨나 배로 돌아가고 말았다.

이리하여 스파르타의 제1차 원정은 실패로 끝났지만, 그 후 스파르타는 다시 강력한 원정군을 아테네로 보냈다. 클레오메네스왕을 총사령관에 임명하고 이번에는 해로가 아닌 육로로 파병했다. 아티카(아테네의 지배를 받은 그 주변 지방)로 침입해 들어온 스파르타군은 먼저 테살리아의 기병대를 궤멸시키고, 아테네 시내로 들어오자 자유를 바라는 시민들과 힘을 합쳐 페라르기콘 성으로 도망친 독재자 일당을 포위했다.

그러나 스파르타 측은 본래 성을 공략하려는 의도가 없었고, 또 페이시스트라토스 일족도 충분한 식량과 물을 준비해 두고 있었기 때문에, 예기치 않은 사건이 일어나지 않았으면 당연히 스파르타군은 페이시스트라토스 일족을 타도하지 못하고 며칠간 포위하다가 철수하고 말았을 것이다. 그런데 스파르타 측에게는 행운을 안겨 주고, 페이시스트라토스 일족에게는 불운을 가져다주는 사건이 일어났다. 즉 페이시스트라토스 일족의 자녀들이 난을 피하기 위해 국외로 몰래 탈출하다가 체포당하고 말았다. 페이시스트라토스 일족은 어쩔 수 없이 자녀들을 돌려받기 위해 아테네 시민들의 제안을 받아들여 5일 이내에 아티카를 떠나겠다고 약속했다.

이리하여 36년간 군림했던 페이시스트라토스 일족이 아테네를 떠나 스카만드로스 강변에 있는 시게리온으로 이주하고, 아테네는 참주의 속박에서 해방되었다. 그리고 전부터 이미 대국이었지만 이제 독재자로부터 해방되자 더욱더 강대해졌다.

그런데 자유로워진 아테네에서 세력을 떨친 것은 알크메온 가의 일원으로 델포이의 무녀를 매수했다고 소문이 난 클레이스테네스와, 역시 명문 출신인 이사고라스였다. 이 두 사람이 서로 정권을 둘러싸고 암투를 벌였는데, 클레이스테네스가 열세에 놓이게 되자 민중을 자기편으로 끌어들이려 했다. 그는 그때까지 4부족이었던 아테네인을 10부족으로 개편하고, 전체를 10개의 구(區, 데모스)로 나눈 다음 각각의 부족에게 배분했다. 이리하여 민중을 자기편으로 삼은 클레이스테네스가 이사고라스보다 훨씬 우위에 서게 되었다.

열세에 처하게 된 이사고라스는 페이시스트라토스 일족을 포위 공격할 때 자신의 집에 머물렀던 스파르타의 클레오메네스왕에게 원조를 요청했다. 클레오메네스왕은 이사고라스의 아내와 몰래 정을 통했다는 소문도 있었던 만큼 즉시 아테네로 사자를 보내 클레이스테네스와 그 일파인 다수의 아테네인을 추방할 것을 요구했다.

어쩔 수 없이 클레이스테네스가 아테네를 떠났지만, 클레오메네스왕은 이에 만족하지 않고 직접 거느리는 수하 병사들을 이끌고 아테네로 와서 이사고라스가 지적한 700명을 추방했다.

이런 조치를 취한 뒤 그는 이번에는 평의회를 폐지하고 이사고라스를 지지하는 300명에게 정권을 맡기려 했다. 그러나 평의회가 이 명령에 따르려 하지 않고 저항하자, 클레오메네스와 이사고라스는 아크로폴리스를 점령했다. 그러자 아테네인들이 단결해 그들을 이틀 동안 포위 공격했다. 사흘째 되는 날 휴전이 성립되어 스파르타인이 국외로 철수했다.

그 후 아테네인은 클레이스테네스와 스파르타 왕에 의해 추방되었던 700명을 다시 불러들이고, 사자를 사르디스에 보내 페르시아왕과 동맹을 맺으려 했다. 아테네의 사절단이 사르디스에 도착해 명받은 대로 전하자, 총독인 아르타프레네스가,

"페르시아에 동맹을 요청하다니, 그대들 아테네인은 대체 어떤 민족이며 어디에 살고 있는가?"

하고 물은 뒤에 한마디로 간단히 페르시아의 입장을 밝혔다. 즉 만약 아테네가 다레이오스왕에게 흙과 물을 바친다면 동맹을 맺기로 하겠지만, 그렇지 않다면 즉시 귀국하는 것이 좋으리라는 것이었다. 그러자 사절단은 동맹을 성립시키려는 일념에서 독단적으로 페르시아의 조건을 받아들였다. 이 때문에 그들은 귀국한 뒤에 아테네인들로부터 격렬한 비난을 받게 되었다.

한편 스파르타왕 클레오메네스는 아테네인이 말뿐만 아니라 행동으로도 자신을 크게 모욕했다고 생각하고 펠로폰네소스 전역에서 병력을 소집했다. 그의 의도는 명백히 표명되지는 않았지만 아테네 국민에게 보복하고 아크로폴리스에서 철수할 때 행동을 같이했던 이사고라스를 참주 자리에 앉히려는 데 있었다.

준비가 완료되자 클레오메네스는 대군을 이끌고 엘레우시스에 침입하고, 보이오티아인도 그와의 협정에 따라 아티카 국경의 2개 구를 점령했다. 또한 칼키스인도 아티카의 다른 방향으로 침입했다. 이에 아테네인은 보이오티아인과 칼키스인의 문제는 나중에 처리하기로 하고, 먼저 엘레우시스에 있는 펠로폰네소스군에 대항하기로 결의했다.

그러나 전투가 벌어지기 전에 코린토스군이 먼저 자신들의 행동을 옳지 않다고 반성하고 마음을 바꾼 뒤 철수해 버렸다. 이어서 클레오메네스와 함께 원정군을 지휘하던 또 한 사람의 스파르타왕 테마라토스도 역시 철수해 버렸다. 이런 분열 소동이 벌어진 뒤에 스파르타에서는 군대가 원정을 떠날 때 두 명의 왕이 모두 출정해서는 안 된다는 새로운 법률을 제정하기에 이른다.

아무튼 스파르타 왕들의 의견이 일치되지 않고 또 코린토스군도 전선에서 이탈하자, 나머지 원정군도 모두 철수하고 말았다. 이리하여 결국 도리스족의 네 번째 아티카 원정은 불명예스럽게 실패로 끝났는데, 이번에는 아테네인이 복수를 결심하고 보이오티아인과 칼키스인을 공격해 대승을 거두었다.

이리하여 아테네는 점점 강대해졌고, 자유와 평등이라는 것이 단지 한 가지 면에서만이 아니라 모든 면에서 얼마나 중요한지 실증해 보였다. 아테네인이 참주의 지배를 받을 때에는 전력(戰力) 면에서 어떤 나라도 능가하지 못했지만 일단 그로부터 해방되고 나서는 다른 모든 나라를 누르고 최강국으로 발돋움했기 때문이다. 그들은 압제 하에서는 마치 주인을 위해 일하는 노예처럼 독재자를 위해 일하길 꺼렸지만 자유의 몸이 되고 나서는 자신의 이해에 관심을 갖고 의욕을 불태웠던 것이다.

그 후 보이오티아의 테베인이 아테네에 보복을 하려고 델포이에 사자를 보내 신탁을 받게 했다. 그러자 무녀는 테베인만으로는 복수를 할 수 없으니 가장 가까운 자의 원조를 구하라고 대답했다. 그래서 테베인은 민회를 소집하고 논의한 끝에 조상이 같은 아이기나에 사자를 보내 도움을 청했다. 아이기나인이 영웅 아이아코스(그리스 신화에 나오는 정의와 심판의 신) 일족의 신령을 보내 테베를 돕기로 해, 테베인은 이 신령의 가호를 받으며 아테네인과 싸웠지만 여지없이 궤멸당하고 말았다. 그래서 다시 아이기나로 사자를 보내 신령을 반환하고 이번에는 군대를 파견해 달라고 요청했다. 당시 아이기나는 대단히 번영하고 있었고 또 옛부터 아테네에 원한을 품고 있었기 때문에, 테베의 요구에 응해 정식으로 선전 포고도 하지 않고 함대를 동원해 아티카에 침입한 뒤 팔레론 항을 비롯한 연안의 여러 지구를 유린해 아테네에 막대한 손해를 입혔다.

아이기나인이 아테네에 원한을 품고 있었던 것은, 아테네인이 아이기나에 밀어닥쳐 그들이 모시고 있는 다미아와 아욱세시아 두 여신의 신상을 약탈하려 했기 때문이다.

이야기가 거슬러 올라가는데, 아이기나섬과 서로 마주 보고 있는 펠로폰네소스에 에피다우로스라는 도시가 있다. 오래 전에 이곳이 흉작에 시달린 적이 있었다. 그러자 이곳 사람들이 델포이에서 신탁을 받았다. 그때 무녀가 올리브 나무로 만든 다미아와 아욱세시아 상을 봉안하면 사태가 호전될 것이라고 했다. 그런데 당시에는 올리브 나무는 아테네에서밖에 자라지 않았다고 한다. 그래서 에피다우로스인이 아테네인에게 올리브 나무를 몇 그루 벌채하게 해 달라고 부탁했다. 이에 아테네 측은 에피다우로스가 이후 해마다 아테네의 수호신에게 제물을 바친다면 이를 허가하겠다고 대답했다. 에피다우로스인은 이 조건을 수락하고 올리브 나무로 신상을 만들어 두 여신에게 봉안했다. 이리하여 에피다우로스에 다시 풍년이 들게 되었고, 에피다우로스인은 아테네 쪽에 해마다 제물을 보내 협정을 지켰다.

하지만 그때까지 에피다우로스에 종속되어 무엇이든 그곳에 의존하고 있던 아이기나인이 점차 자력으로 배를 건조하며 힘을 지니게 됨에 따라 마침내 에피다우로스에 반란을 일으키고 독립하기에 이르렀다. 그뿐만 아니라 다미아와 아욱세시아의 신상까지 약탈해 가 자신들의 신으로 모셨다.

신상을 탈취당하고 나서부터는 에피다우로스인은 더 이상 아테네와의 협정을 지키지 않았다. 아테네인이 이에 분노해 그 뜻을 전하자, 에피다우로스인은 아이기나인이 무슨 짓을 저질렀는지 이야기하고 제물은 아이기나인이 바쳐야 한다고 주장했다. 그래서 아테네인이 아이기나에 사자를 보내 신상의 반환을 요구했지만, 아이기나는 아테네와는 아무 관계도 없는 일이라며 한마디로 일축해 버렸다.

그래서 아테네인이 배 한 척을 보내 아이기나에서 신상을 탈취하려고 하자 갑자기 천둥이 울리고 지진이 일어났다. 그리고 배의 선원들이 이 천재지변에 놀라 갑자기 미쳐 날뛰며 서로 죽이기 시작해 결국 단 한 명만이 살아남아 팔레론 항으로 귀환했다고 한다. 하지만 이것은 아테네인의 이야기이고, 아이기나인의 말에 따르면 아테네인이 대함대를 동원해 아이기나로 밀어닥쳐 와서 자기네들은 대항하지도 못하고 섬을 비운 채 후퇴했다고 한다. 아이기나인은 아테네인이 오고 있다는 것을 사전에 알고 아르고스에 구원을 요청해 놓고 있었던 것 같다. 그래서 아테네군이 아이기나인의 영토에 상륙하자 아이기나인은, 이미 구원하러 달려와 있던 아르고스군과 함께 은밀히 에피다우로스에서 아이기나섬으로 건너가 퇴로를 차단한 다음 아테네군을 급습했는데, 이때 천둥이 울리고 동시에 지진이 일어났다고 한다.

어쨌든 단 한 사람만 살아남아 아티카로 귀환해 비보를 전하자, 아이기나에 파견되었던 남자들의 아내들이 이 남자 혼자만 살아 돌아온 데 격분해 그 남자를 둘러싸고 각기 옷깃을 여미는 데 사용하는 브로치로 그를 찌르면서 내 남편은 어디에 있느냐고 사방에서 다그쳐 물었다고 한다. 그리하여 이 남자는 결국 비참하게 최후를 마쳤고, 아테네인들은 아이기나에서 패전한 것보다 이 여자들의 행동이 훨씬 더 두렵게 느껴져서 그 후에는 여자들이 브로치를 사용하지 못하도록 여자들의 의상을 코린토스풍에 가까운 도리스식 의상에서 이오니아식으로 바꾸어 버렸다. 이와 반대로 아이기나와 아르고스에서는 아테네의 이런 조치에 대항해 전보다 한 배 반 더 큰 브로치를 사용하고, 다미아와 아욱세시아 두 여신의 상에 무엇보다도 브로치를 봉납하도록 법으로 정했다고 한다. 그 후 오늘에 이르기까지 아르고 스와 아이기나의 여성은 아테네에 대한 이런 적대감에서 전보다 더 큰 브로치를 사용하고 있다.

아이기나가 아테네에 적의를 품게 된 경위는 이상과 같은데, 테베로부터 구원 요청을 받은 아이기나인은 신상 사건을 새삼 떠올리고는 기꺼이 보이오티아군을 원조하기 위해 떠났다. 그리고 아이기나군은 아티카의 해안 지방을 유린하기 시작했다. 물론 아테네인도 가만있을 수 없어 아이기나로 진격하려 했지만, 델포이의 신탁이 내려 30년간 참고 31년째 되는 해에 대아이기나전을 시작하라고 했다. 그러나 도저히 30년간이나 기다릴 수는 없었다.

아테네가 보복을 하기 위해 한창 준비를 하고 있을 때, 스파르타 측에서 새로운 사건을 일으켜 아테네의 대아이기나 작전에 지장을 주게 되었다. 이 사건은 알크메온 일족이 델포이의 무녀를 매수하고, 그 결과 무녀가 스파르타와 페이시스트라토스 일족을 속인 것을 스파르타가 발견한 데서 발단되었다. 스파르타인은 이것을 두 가지 면에서 불행한 사건으로 생각했다. 그들은 이 거짓 신탁을 믿고 매우 가까웠던 사람들을 아테네에서 추방했고, 또 그렇게까지 해서 해방시켜 준 아테네인이 조금도 고맙게 생각하지 않았기 때문이다. 더군다나 스파르타가 아테네로 인해 갖가지 재난을 겪게 되리라고 예언한 몇 가지 신탁도 발견되었다. 이들 신탁은 전에 페이시스트라토스 일족이 갖고 있다가 추방될 때 아크로폴리스의 신전에 남겨 두었던 것인데, 클레오메네스가 이것을 발견하고 스파르타로 갖고 돌아왔던 것이다. 이것도 또한 마침내 스파르타인이 새로운 행동에 나서게 하는 원인이 되었다.

스파르타인은 아테네가 나날이 강대해져 이제 더 이상 자기들 마음대로 할 수 없게 된 것은 자신들이 참주제를 폐지했기 때문이라고 생각했다. 그래서 그들은 헬레스폰토스의 시게리온에서 망명 생활을 하고 있는 페이시스트라토스의 아들 히피아스를 아테네의 참주로 복귀시키기 위해 불러들였다. 히피아스가 초청에 응해 스파르타로 오자, 스파르타인은 다른 동맹국의 사절들도 부른 다음 이렇게 말했다.

"동맹국 여러분, 우리 스파르타가 거짓 신탁에 놀아나 우리의 친구들을 그 조국에서 추방하는 큰 잘못을 저질렀음을 솔직히 인정하겠소. 그런데 그 결과 어떻게 되었소? 은혜를 모르는 아테네 민중은 우리의 힘에 의해 해방되어, 억눌려 있던 머리를 겨우 쳐들게 되자마자 괘씸하게도 곧 우리와 우리의 왕을 추방하더니, 그 후 점차 세력이 강대해지고 그 명성 또한 높아져 가고 있소. 보이오티아와 칼키스는 이 사실을 다른 어떤 나라보다 뼈저리게 느꼈겠지만, 그들에게 주의를 기울이지 않으면 결국 다른 나라들도 같은 처지에 놓이게 될 것이오. 우리는 이제부터 여러분과 힘을 합쳐 지난날의 과오를 씻으려 애쓸 생각이오. 여기에 계신 히피아스 님과 여러분을 오시게 한 것은 바로 이 때문이오. 우리 모두 공동 작전을 세우고 연합군을 편성해 아테네를 공격하고 히피아스 님께 그 땅을 되돌려 드립시다."

그러나 스파르타의 이 제안에 찬성하는 사람이 거의 없었다. 코린토스의 소클레스가 자리에서 일어나 일대 열변을 토했다.

"정말로 천지가 뒤바뀌어 하늘이 땅 밑으로 숨고 땅이 하늘에 걸리며, 사람이 바다 속에서 살고 물고기가 땅 위를 걷게 될지도 모르겠소. 만약 그대들 스파르타인이 공화 정치를 무너뜨리고 그리스 여러 나라에 참주 정치를 부활시키려 한다면 말이오. 이 세상에 이것보다 더 부당하고 잔인한 행위는 없을 것이오. 그렇게 참주제를 좋게 생각한다면, 귀국이 먼저 모범을 보이며 참주를 두어야 할 것 아니오? 귀국은 참주 정치를 전혀 경험해 보지 않았을 뿐만 아니라, 이왕제(二王制, 두 명의 왕을 두어 서로 견제하도록 한 제도)나 5명의 감독관, 장로회 등 그런 사태가 벌어지지 않도록 실로 엄중한 경계 조치를 취해 놓고 있으면서 부당하게 동맹국들에게는 그것을 강요하려 하고 있소. 귀국이 우리처럼 참주제를 경험했다면 결코 이런 제안을 하지 않았을 것이오.

우리 코린토스는 한때 과두 정치 아래 바키스 일족이 지배를 하고 있었소. 이 일족은 자기들끼리만 혼인을 했는데, 그중 한 사람인 암피온이라는 자에게서 라브다라는 절름발이 딸이 태어났소. 그리하여 바키스 일문에서는 아무도 이 여자와 결혼하려 들지 않아, 그녀는 라피타이족의 후예인 에에티온과 결혼했소. 그런데 에에티온에게 자식이 태어나지 않아 그 문제로 신탁을 받아 보기 위해 델포이로 갔더니, 무녀가 그의 모습을 보고 이렇게 말했다 하오.

> 에에티온이여, 실로 존경받아야 할 몸이면서
> 누구에게도 존경받지 못하고 있구나.
> 라브다는 아이를 잉태하고 있어 이윽고 바위를 낳으리니
> 그것이 왕족의 머리 위에 떨어져 코린토스를 징계하게 되리라.

이 신탁이 우연치 않게 바키스 일족의 귀에 들어갔기 때문에, 그들은 에에티온의 자식이 태어나면 죽이려고 예의 주시하고 있다가 마침내 라브다가 출산하자 곧 가문 사람 10명을 에에티온의 저택으로 보내 아이를 죽이려 했소. 그들이 와서 아이를 보여 달라고 하자, 라브다는 아무것도 모른 채 자기 아버지와의 친분을 생각해 아이를 보고 싶어 하는 줄로만 여기고 아이를 안고 와서 그중 한 명에게 건넸소. 그들은 오는 도중에 누구든 아기를 처음 건네받은 사람이 아기를 땅에 던져 죽이기로 계획을 세워 놓고 있었는데, 맨 처음 건네받은 사람이 아기가 자신을 보고 방긋 웃어 차마 죽이지 못하고 다른 남자

에게 아기를 건네고 말았소. 그리고 그 남자도 다시 옆에 있는 사람에게 아기를 건네, 마침내 10명 모두 차례로 아기를 안아 보게 되었지만, 아무도 아기를 죽일 수 없었소. 그래서 결국 그들은 아기를 다시 어머니에게 돌려주고 밖으로 나갔소. 그리고 자신들의 사명을 떠올리고는 문 앞에 멈추어 서서 서로 책임을 전가하다가 이번에는 들어가 공동으로 아기를 죽이기로 했소. 하지만 그들의 이야기를 엿들은 라브다가 사람 눈에 띄지 않는 곳을 찾아 아기를 상자 속에 숨겨 놓았기 때문에, 그들은 끝내 아기를 찾아낼 수 없었소. 그래서 그들은 명령대로 해치웠다고 말하기로 하고 되돌아갔소.

아이는 그 후 무럭무럭 자랐고, 상자 덕분에 화를 면했다 하여 킵셀로스라는 이름이 붙여졌소. 그리고 어른이 되자 델포이의 신탁대로 코린토스의 참주가 되었소. 그런데 그가 어떻게 권력을 사용했는가 하면, 그는 다수의 코린토스인을 추방하거나 재산을 몰수하고 많은 사람의 생명을 빼앗았소.

킵셀로스는 30년간 코린토스를 통치하다가 한창 번성할 때 일생을 마쳤소. 그 뒤를 그의 아들 페리안드로스가 계승했소. 페리안드로스는 처음에는 아버지보다 오히려 나라를 온건하게 다스렸지만, 그 후 얼마 안 있어 밀레토스의 참주 트라시불로스와 사절을 통해 교제하게 되고 나서부터는 킵셀로스를 훨씬 능가하는 잔인한 인간이 되고 말았소. 그 이유는 이러하오. 그가 트라시불로스에게 사자를 보내 어떻게 하면 가장 안전하고 훌륭하게 나라를 다스릴 수 있느냐고 묻게했소. 그러자 트라시불로스는 사자를 도시 바깥으로 데리고 나가 보리밭으로 들어갔소. 그리고 다른 이삭보다 눈에 띄게 자란 이삭을 볼때마다 그것을 잘라내 버렸소. 사자가 코린토스로 돌아와 트라시불로스 곁에서 본 것을 죄다 이야기하자, 페리안드로스는 곧 트라시불로스의 행동을 이해하고 그가 도시의 걸출한 자들을 죽이라고 조언한 것을 알아차렸소. 그래서 그는 그때부터 온갖 만행을 저지르기 시작했소.

그는 킵셀로스가 남겨 놓은, 죽이고 추방하는 일을 마무리 짓고, 또 죽은 아내 멜리사를 위해 하루 동안 코린토스 여성이 모두 옷을 벗고 나체로 지내게 한 일도 있소. 이 일을 설명하면 이렇소. 그가 맡아 두고 있던 어느 이방인의 물건이 분실되어 그것이 어디 있는지 알아내기 위해 사자를 보내 죽은 아내의 영혼으로부터 신탁을 받게 했소. 그러자 멜리사의 유령이 나타나 벌거벗은 채로 춥게 지내고 있기 때문에 어디 있는지 알려 주고 싶지 않다고 말했소. 멜리사의 유해와 함께 묻은 의복을 태우지 않아 아무 소용이 없다는 것이었소. 그리고 멜리사의 유령은 거짓이라고 생각하면 페리안드로스가 불 꺼진 화덕에 빵 덩어리를 밀어 넣었던 것을 말하면 된다고 덧붙여 말했소.

사자가 돌아와 이렇게 전하자, 페리안드로스는 멜리사의 유해와 교합했던 일을 기억해 내고 아내의 영혼이 한 말이 사실임을 확신했소. 그래서 이 보고를 듣자마자 곧 코린토스의 모든 여성을 헤라 신전에 집결시키고는 귀천을 불문하고 모두 옷을 벗게 한 뒤 그것을 모아 구덩이에 집어넣고는 멜리사의 영혼에게 기도하면서 불태워 버렸다오. 페리안드로스가 이렇게 한 다음 다시 사자를 보내자, 멜리사의 유령은 맡아 두고 있던 이방인의 물건이 어디 있는지 가르쳐 주었소.

스파르타인 여러분! 참주 정치란 바로 이런 것이오. 우리는 귀국이 히피아스를 불렀다는 소식을 듣고 크게 놀랐소. 하지만 지금 그대들의 말을 듣고는 더욱 놀랐소. 그리스의 신들께 맹세코 말하지만 그리스 여러 나라에 참주제를 수립하려는 생각은 버리시오. 그러지 않고 정의에 반하며 계속 히피아스를 복귀시키려 한다면, 최소한 코린토스만은 귀국의 행동에 동조하지 않을 것임을 알아 두시오."

코린토스의 대표인 소클레스가 이와 같은 연설을 끝내자, 히피아스가 그에 답변하며 코린토스가 아테네에 의해 고배를 마시는 숙명의 날이 다가올 때에는 페이시스트라토스 일족의 실각을 아쉬워하게 될 것이라고 말했다.

한편 이때까지 꺼리며 침묵을 지키고 있던 다른 동맹국 대표들도 모두 말문을 열며 소클레스의 의견을 지지하고 스파르타 측에 그리스의 다른 도시들에 간섭하지 말 것을 촉구했다.

결국 스파르타의 제안은 부결되고, 히피아스는 스파르타를 떠났다. 그가 떠나기 전에 마케도니아왕 아민타스는 안테무스라는 도시를, 테살리아인은 이올코스시를 주겠다고 약속했지만, 그는 모두 거절하고 시게이온으로 돌아갔다. 하지만 스파르타에서 아시아로 돌아온 히피아스는 그 후 사방팔방으로 손을 써 가며 아르타프레네스에게 아테네를 중상 비방하고, 아테네를 자신과 다레이오스왕의 지배하에 두려고 온갖 모략을 다 꾸몄다.

이것을 알게 된 아테네인이 페르시아 측이 히피아스의 말에 놀아나지 않도록 사자를 사르디스에 보냈지만, 아르타프레네스는 아테네가 안전하기를 바란다면 히피아스를 복귀시키라고 말했다. 아테네인은 이 요구를 거부하고 그 결과를 감수하기로 결의했다. 즉 공공연히 페르시아에 적대할 결심을 굳혔다.

밀레토스의 아리스타고라스가 아테네를 방문한 것은, 아테네가 이렇게 페르시아를 상대로 적대적인 감정을 불태우고 있을 때였다. 그는 아테네 민중 앞에서 스파르타의 클레오메네스에게 말했던 것과 똑같이 아시아의 부와 페르시아인의 전법 등을 설명했다. 그리고 밀레토스는 아테네인이 건설한 식민시이므로 아테네인은 당연히 그들을 보호해야 한다고 지적하고, 아테네의 도움이 절실한 만큼 어떤 요구를 하든지 다 들어주겠다고 약속해, 마침내 아테네인을 설득하는 데 성공했다.

스파르타의 클레오메네스 한 사람조차 속이지 못했던 아리스타고라스가 3만 명의 아테네인을 상대로 성공을 거둔 것을 보면, 한 사람보다 많은 사람을 속이는 것이 더 쉬운 일임을 알 수 있다.

아테네인은 그에게 설복되어 이오니아를 구원하기 위해 20척의 함선을 파견하기로 결의했는데, 이 함대 파견이 그리스와 페르시아 사이에 벌어진 불행한 사건의 발단이었다. 〈제5권〉

4. 마라톤 전투

아리스타고라스는 아테네의 함대에 앞서 밀레토스로 돌아오자 프리기아에 사자를 보내 그 땅으로 이주한 파이오니아인에게 자신이 구출해 줄 테니 고국으로 돌아오라고 전했다. 그는 이 계획을 세울 때 단지 다레이오스왕의 기분을 상하게 하는 데만 목적을 두고 이오니아에 이익이 될지 어떨지는 고려하지 않고 있었다. 하물며 파이오니아인을 생각해 줄 리는 만무했다. 따라서 다레이오스왕이 메가바조스에게 명해 이주시켰다는 이유만으로 파이오니아인을 고국으로 복귀시키고 싶었던 것이다. 다만 파이오니아인의 입장에서는 고향으로 돌아가는 것이 최대의 소망이었기 때문에 마침가락이라는 듯이 그 제안을 기꺼이 받아들이고는 모두 처자식을 이끌고 도망쳐 해안에 도착하자 그곳에서 키오스섬으로 건너갔다. 이 무렵에 도착한 페르시아의 대기병대가 키오스로 사자를 보내 파이오니아인에게 귀환할 것을 명했지만, 파이오니아인은 이 명령을 거부했다. 키오스인은 그들을 레스보스섬으로 데려다 주고, 레스보스인은 그들을 다시 도리스코스로 보내 주었다. 그들은 이곳에서 육로를 통해 파이오니아로 돌아갔다.

그 사이에 아테네의 원군도 도착했기 때문에, 아리스타고라스는 곧 사르디스를 향해 진격을 개시했다. 하지만 그는 자신의 형제인 카로피노스와 헤르모판토스라는 이름의 밀레토스인을 지휘관으로 임명하고 그 자신은 밀레토스에 남았다.

이오니아군은 에페소스 지구의 코레소스에 함선을 남겨 두고 대거 상륙한 뒤 에페소스인을 길잡이로 삼고 카이스트로스강을 따라 진격했다. 곧 뒤이어 트몰로스산을 넘어 사르디스에 도착하자 아무 저항도 받지 않은 채 그곳을 점령하고 아크로폴리스 이외의 전 도시를 제압했다. 아크로폴리스는 아르타프레네스 자신이 적지 않은 병력을 거느리고 방어하고 있었기 때문이다.

사르디스의 인가는 대부분 갈대로 지어져 어느 한 병사가 집에 불을 지르자 이것이 옮겨 붙어 삽시간에 도시 전체가 화염에 휩싸이게 되었다. 사방이 불로 에워싸이고 도시 외곽도 모두 불길에 휩싸여 도시 바깥으로 나갈 수 없게 되자, 리디아인과 도시에 있던 페르시아인은 아고라와 파크톨로스 강변에 모여 저항할 수밖에 없었다. 이오니아군은 적이 반격 태세를 갖춘 것을 보았고 또 별도로 강력한 부대가 진격해 오고 있다는 소식을 듣게 되자, 두려움을 못 이겨 트몰로스산 쪽으로 퇴각한 뒤 야음을 틈타 배가 있는 곳으로 후퇴했다.

이리하여 사르디스시는 화재로 불타 없어지고 말았는데, 이때 시내에 있던 그 땅의 씨족 신 키베의 신전도 동시에 불타 버리고 말았다. 그 후 페르시아군이 그리스의 신전을 불태워 버릴 때 항상 구실로 내세운 것은 바로 이 사건이었다.

한편 할리스강 서쪽에 거주하고 있던 페르시아인들이 이 침공 소식을 듣고 집결한 뒤 리디아인을 구원하러 급히 달려왔다. 그러나 사르디스에서는 이미 이오니아군을 발견할 수 없어 그 뒤를 추격해 그들을 따라잡았다. 이오니아군은 페르시아군을 맞아 분투했지만 대패하고 많은 병사가 살해되었다. 그 후 아테네는 이오니아를 완전히 포기하고, 아리스타고라스가 여러 번 사자를 보내 도와 달라고 애걸했지만 더 이상 구원하려 하지 않았다. 그럼에도 불구하고 이오니아인은 이제 와서 새삼 물러설 수도 없어 전쟁 준비를 게을리하지 않았다. 헬레스폰토스로 함대를 파견해 비잔티온을 비롯한 이 지방의 도시를 모두 그 지배하에 두고, 카리아의 대다수 지역도 동맹국으로 삼는 데 성공했다. 카우노스조차 밀레토스 측에 가담했다. 키프로스도 아마투스시를 제외하고는 모두 이쪽에 가담했다.

사르디스가 아테네와 이오니아 연합군에 의해 점령되어 불타 버리고 말았다는 것과, 반란의 주모자는 밀레토스의 아리스타고라스라는 것 등이 곧 수사에 있는 다레이오스왕에게 보고되었다. 왕은 이오니아인에 대해서는 머잖아 그들의 반란이 평정되리라는 것을 알고 있었기 때문에 별로 개의치 않았지만, 아테네인에 대해서는 잘 몰라 그들이 어떤 자들인지 물어 본 뒤에 활을 집어 들고 화살을 메긴 다음 하늘을 향해 쏘며 이렇게 외쳤다고 한다.

"제우스 신이여, 아테네인에게 복수하는 것을 허락해 주소서."

그런 다음 다레이오스는 이번에는 시종 중 한 명에게 명해 하루에 세 번 식사 시중을 들 때마다 "전하, 아테네인을 잊지 마시옵소서." 하고 말하게 했다고 한다.

그 후 다레이오스는 자신이 오랫동안 억류해 둔 히스티아이오스를 불러오게 한 뒤, 그의 대리 통치자인 아리스타고라스가 자신에 대항해 모반을 일으키고 이오니아인을 설득해 사르디스를 빼앗아 갔다고 말하고, 애당초 그의 사주 없이 어떻게 이러한 일이 일어날 수 있었겠느냐고 의심의 눈길을 던지면서 그 허물이 자신의 몸에 떨어지지 않도록 조심하라고 경고했다.

하지만 히스티아이오스도 여간내기가 아니었다. 그는 수사에서 왕과 똑같이 아무 부족함 없이 살게 해 주고 있는데 무엇이 부족해서 반란을 기도했겠느냐며 반문하고, 반란이 일어난 것이 사실이라면 애당초 자신을 해안 지방에서 떼어 놓은 것이 잘못이므로 곧 자신을 이오니아로 보내 주면 그 땅의 질서를 원상태로 회복시키고 이런 소요를 일으킨 자신의 대리 통치자를 왕에게 인도하겠으며, 이 일을 완수한 뒤에 세계 최대의 섬인 사르데냐마저 조공을 바치게 될때까지 이오니아에 가면서 입은 옷을 절대로 벗지 않겠다고 말했다. 그러자 다레이오스왕은 그의 말을 믿고 약속한 것을 완수하면 다시 수사로 돌아오라며 그를 보내 주었다. 그래서 히스티아이오스는 기뻐하며 해안 지방을 향해 떠났다.

이 무렵에 키프로스 지방에서 반란군인 살라미스의 참주 오네실로스가 아마투스를 포위하고 있었는데, 킬리키아에서 아르티비오스가 페르시아의 대군을 이끌고 해로로 침공해 올 것이라는 소식을 듣자 이오니아의 각 도시에 사자를 보내 원조를 청했다. 그렇게 해서 이오니아에서도 대함대가 파견되었고 페르시아군과 격전을 벌이게 되었는데, 결국 키프로스군에서 자기편을 배신하고 페르시아군 쪽으로 넘어가는 자가 많은데다가 오네실로스도 분전 끝에 전사했기 때문에, 이오니아의 해군은 귀향하고 키프로스 전역을 페르시아군이 평정하게 되었다. 이리하여 키프로스인은 자유의 몸이 된 지 겨우 1년 만에 다시 페르시아인의 노예가 되었다.

한편 다레이오스의 딸을 아내로 맞아들인 다우리세스와, 마찬가지로 다레이오스의 딸과 결혼한 히마이에스와 오타네스 등 페르시아의 여러 지휘관들이 사르디스 원정에 참가했던 이오니아인을 추격해 마침내 해상에서 막다른 궁지에 몰아넣고 격파한 뒤 서로 분담해서 각 도시를 돌아다니며 점령하고 약탈했다.

다우리세스는 헬레스폰토스 일대에 있는 도시들로 진격해 다르다노스를 비롯해 아비도스, 페르코테, 람프사코스 등의 도시를 차례로 공략했다. 그는 이 도시들을 하루에 한 도시꼴로 점령하고 있었는데, 파이소스에서 파리온으로 향하던 중 카리아인이 이오니아인과 손을 잡고 페르시아에 등을 돌렸다는 보고를 듣자 군대의 진격 방향을 카리아 쪽으로 돌렸다. 그리고 마침내 마이안드로스 강변에서 카리아인을 공격해 대승을 거두었다. 다우리세스가 카리아에 도착하기 전에 이 소식이 전해지자 카리아인들은 마르시아스 강변에 있는 '흰 기둥'이라는 이름의 땅에서 집회를 열었다. 그런데 여기에서 마이안드로스강을 건넌 뒤에 배수진을 치고 페르시아군과 싸워야 한다고 주장하는 픽소다로스의 의견을 받아들이지 않고, 그와 반대로 페르시아군으로 하여금 배수진을 치게 해 그들이 패해 퇴각할 경우 강으로 떨어져 살아 돌아갈 수 없을 것이라는 의견을 채택했기 때문이다.

히마이에스는 프로폰티스를 향해 진격해 미시아에 있는 키오스를 점령하고, 그 후 일리온 지방의 아이올리스족과 고대 트로이인의 잔당인 게르기테스족을 정복하다가 트로아스 지방에서 병사했다. 한편 사르디스의 총독 아르타프레네스와 오타네스는 이오니아 및 이에 인접한 아이올리스로 출정하라는 명을 받고 이오니아에서는 클라조메나이를, 아이올리스에서는 키메를 점령했다.

이 사이에 밀레토스의 아리스타고라스가 결국 의연한 기개를 지니지 못한 인물임이 밝혀졌다. 전쟁 상황이 이렇게 이오니아 측에 불리하게 전개되고 있는 것을 보고 분쟁의 씨앗을 뿌린 장본인이면서 도망칠 계획을 짜고 있었기 때문이다. 그는 자신의 일당을 불러 모아 놓고 자신들이 밀레토스에서 추방될 경우 어디로 피난하는 것이 좋을지 상의하고는 결국 히스티아이오스가 다레이오스왕에게서 받아 성벽을 쌓아 놓은 미르키노스로 가기로 했다. 그는 시민들 사이에서 명망이 높은 피타고라스에게 밀레토스의 통치를 위임한 뒤 동행하기를 바라는 사람들을 모두 이끌고 배를 타고 트라키아로 향했다. 그는 그곳에서 목표로 삼았던 곳을 손안에 넣었지만 이곳을 기지로 삼고 출격했다가 부하들과 함께 트라키아인들에 의해 살해되고 말았다.

한편 밀레토스의 참주 히스티아이오스는 다레이오스에 의해 풀려나자 먼저 사르디스로 가서 총독 아르타프레네스를 만났다. 아르타프레네스는 여러 사람이 모인 자리에서 이오니아인이 반란을 일으킨 원인은 무엇이라고 생각하느냐고 물었다. 그러자 히스티아이오스는 이번 사태와 아무 관계도 없는 체하며 모르겠다고 대답했다. 그러나 반란의 진상에 대해 잘 알고 있던 아르타프레네스는 이렇게 말했다.

"히스티아이오스여, 일의 진상은 이렇소. 그대가 가죽 신발을 만들고, 아리스타고라스는 그것을 신기만 했을 뿐이오."

히스티아이오스는 아르타프레네스가 일의 진상을 잘 알고 있는 데 놀라 해가 질 때까지 기다렸다가 해안으로 달아난 뒤 키오스섬으로 건너갔다. 키오스인이 그가 다레이오스왕의 배후 조종자로 음모를 기도하러 건너왔다고 생각하고 체포했지만, 그의 이야기를 자세히 듣고 페르시아왕에 대한 그의 적대감을 확인하고는 그를 곧 석방했다. 실은 그는 다레이오스왕에게 사르데냐를 정복해 보이겠다고 약속한 것 등은 싹 잊어버리고 반(反)다레이오스군의 지휘권을 장악하려고 키오스로 건너왔던 것이다.

이때 이오니아인들이 히스티아이오스에게, 어째서 아리스타고라스를 설득해 이오니아에 이런 엄청난 재난을 초래하게 했느냐고 물었지만, 그는 교묘하게 진짜 이유는 숨기고 다레이오스왕이 페니키아인을 이오니아로 이주시키고 이오니아인을 페니키아로 보내려는 계획을 세우고 있었기 때문에 그렇게 했다고 둘러댔다. 이것은 전혀 사실이 아니었지만 이오니아인들이 깜짝 놀라며 왕에게 반감을 느끼게 하기에는 충분했다.

이윽고 히스티아이오스는 아타르네우스 출신의 헤르미포스라는 자를 사자로 보내 사르디스에 있는 몇몇 페르시아인에게 편지를 전달하게 했다. 그들은 전에 다레이오스왕에 대한 반란 모의에 가담했던 자들이었다. 그렇지만 헤르미포스가 이 편지들을 엉뚱하게 아르타프레네스에게 넘겨 버리는 바람에 전후 사정이 밝혀져 수많은 페르시아인이 처형되었다. 실망한 히스티아이오스가 이번에는 밀레토스로 귀국하려 했지만, 아리스타고라스의 전제에서 해방되어 자유의 맛을 알게 된 밀레토스인이 또 다른 독재자를 맞아들이고 싶어 하지 않았다. 그래서 히스티아이오스가 야음을 틈타 귀국을 강행하려 하자, 밀레토스인들이 그의 허벅지에 부상을 입혔다. 조국에서 쫓겨난 그는 키오스로 돌아와 배를 얻으려 했지만 실패하자 그곳을 떠나 레스보스섬의 미틸레네로 건너가 그곳 사람들을 설득해 배를 얻는 데 성공했다. 미틸레네인은 8척의 삼단노선을 준비하고 히스티아이오스와 함께 헬레스폰토스의 비잔티온으로 항해한 다음 그곳을 근거지로 정하고, 흑해에서 나오는 배를 습격하고 명령에 복종하는 자들만 석방해 주었다.

그 사이에 페르시아의 대군이 바다와 육지 양쪽에서 밀레토스를 향해 몰려오고 있었다. 그래서 이오니아인들이 판이오니온(이오니아 회의)에 각기 대표단을 파견하고 이 대표단들이 모여 협의한 결과, 밀레토스의 방어는 그 자신들에게 맡기고 육군은 편성하지 않으며 밀레토스를 방어하기 위한 해전에 대비해 전 함대를 라데(밀레토스시 앞에 떠 있는 작은 섬)로 집결시킬 것을 결의했다. 아이올리스인 중 레스보스섬의 주민들도 이오니아 측에 가담했기 때문에 밀레토스시의 앞바다에 집결한 이오니아군 함선의 총수는 353척이었다. 그 진형(陣形)은 다음과 같았다. 밀레토스의 80척이 동쪽 날개를 맡고, 그 옆에 프

리에네의 12척, 미우스의 3척, 테오스의 17척, 키오스의 100척이 포
진되었으며, 그 다음으로 에리트라이의 8척, 포카이아의 3척, 레스
보스의 70척이 배치되고, 마지막으로 사모스의 60척이 서쪽 날개를
맡았다.

이에 비해 페르시아 함선의 숫자는 무려 600척이었지만, 페르시아
의 장군들은 이오니아의 함대 규모가 예상외로 엄청난 것을 알게 되
자 몹시 걱정되었다. 해상을 장악하지 못하면 밀레토스를 공략하지
못하게 될 것이고, 그러면 다레이오스왕의 진노를 사게 될 터였기 때
문이다. 그래서 궁리 끝에 이오니아의 참주들을 소집하기로 했다. 이
들은 전에 아리스타고라스에 의해 이오니아 여러 도시의 권좌에서
추방되어 페르시아로 망명했던 자들로 이때 밀레토스의 공격에 참여
하고 있었다. 페르시아의 장군들은 그들을 불러 모아 놓고 다음과 같
이 말했다.

"이오니아인 여러분, 지금이야말로 여러분이 페르시아 왕가에 대
한 충성심을 보여 줄 때요. 최선을 다해 여러분의 도시를 연합군에서
이탈시켜 주시오. 페르시아군에 맞서지 않고 물러가면 확실히 약속
하건대 결코 반란죄를 물어 처벌하지 않을 것이고, 이에 따르지 않고
끝까지 싸우려 한다면, 패할 경우에는 국토를 잃고 노예가 될 뿐만
아니라 사내아이는 거세되고 계집아이는 멀리 박트리아로 이송될 것
이라고 알리시오."

참주들이 제각기 밤중에 자국민이 있는 곳으로 사자를 보내 이러한 뜻을 전하게 했지만, 이오니아인들은 배신하려 하지 않고 저마다 페르시아 측이 자기 나라에만 이러한 전언을 보내왔다고 생각했다.

이윽고 라데에서 이오니아군의 회의가 열렸다. 이 자리에서 포카이아의 장군 디오니시오스가 다음과 같은 주목할 만한 발언을 했다.

"이오니아인 여러분, 우리는 그대로 자유인으로 머무느냐 아니면 노예가 되느냐 하는 기로에 서 있습니다. 여러분에게 기꺼이 엄격한 규율을 감내할 만한 의지가 있으면 당분간은 고통스럽더라도 반드시 적을 격파하고 자유를 지켜 낼 수 있을 것입니다. 하지만 이대로 무기력하고 무절제한 나날을 보낸다면, 여러분은 반란죄로 페르시아왕에게 처벌을 받게 될 것입니다. 그러므로 내 의견을 받아들여 여러분의 몸을 내게 맡겨 주십시오. 그렇게 하면 약속하거니와 적은 싸움을 걸어오지 않을 것이고, 도전해 오더라도 크게 패할 것입니다."

그렇지만 디오니시오스가 이오니아군을 온종일 혹독하게 훈련시켰기 때문에, 본래 이런 힘든 일에 익숙지 않은데다가 뜨거운 땡볕 아래에서 시달리게 되자 이오니아인들이 8일째 되는 날부터 그의 명령에 따르지 않았다. 단 3척의 함선밖에 내지 않은 포카이아 출신의 사기꾼에게 우리를 맡기다니 머리가 어떻게 된 모양이라는 둥, 이런 고생을 하느니 차라리 노예가 되는 것이 더 낫겠다는 둥 이런저런 불만을 늘어놓으면서 섬 안에 천막을 치고 그늘 속에서 지내며 연습에 참가하지 않았다.

이것을 보고 사모스군의 지휘관들은 참주였던 실로손의 아들 아이아케스가 전에 페르시아 측의 요구에 따라 전해 주었던 제안, 즉 이오니아군과의 동맹을 파기하라는 제안을 받아들이기로 결정했다. 그들이 보기에 문란한 기강도 문제려니와 무엇보다 페르시아왕의 전력을 능가할 수 없는 것이 분명했기 때문이다. 그리하여 그 후 페니키아 함대(페르시아 함대)의 공격으로 전투가 벌어지자, 사모스군은 아이아케스와 미리 짜 놓은 대로 돛을 올리고 전선을 이탈해 고국으로 귀항했다. 그 옆에 배치되어 있던 레스보스인이 곧 그 행동을 본받고 이오니아인 대부분도 비슷한 행동으로 나왔기 때문에, 키오스군을 비롯한 이오니아의 해군은 고립된 상태에서 끝까지 자리를 지키며 수많은 적선을 파괴했지만 결국 대부분의 함선을 잃고 달아날 수밖에 없었다. 이 해전에서 승리한 페르시아군은 바다와 육지 양쪽에서 밀레토스를 포위하고 마침내 아리스타고라스가 반란을 일으킨 지 6년째 되는 해(기원전 494년 가을)에 그곳을 함락시켰다.

비잔티온에 있는 히스티아이오스에게 밀레토스가 함락되었다는 소식이 전해지자, 그는 이곳을 비살테스에게 맡기고 레스보스인을 이끌고 키오스로 가서 밀레토스 해전으로 큰 타격을 입은 이 도시를 손쉽게 정복했다. 국가든 민족이든 큰 재난이 닥쳐오려 할 때에는 뭔가 전조가 있게 마련인데, 키오스도 그 예외가 아니었다. 그들이 전에 100명의 젊은이로 편성된 합창단을 델포이에 보냈을 때, 그들 중 2명만 무사히 귀국하고 나머지 98명은 모두 전염병에 걸려 사망하고 말았다. 또 하나, 밀레토스 해전이 일어나기 바로 직전에 읽고 쓰는 법을 배우고 있는 아이들의 머리 위로 천장이 무너져 내려 120명의 아이 중 겨우 1명만이 화를 면하는 대참사가 벌어졌다.

히스티아이오스는 키오스를 손에 넣은 뒤에 타소스섬도 공격했지만, 페니키아군이 밀레토스를 출항해 이오니아의 여러 도시를 공격하기 위해 항해 중이라는 소식이 들려오자 타소스를 내버려 두고 전군을 이끌고 레스보스로 향했다. 그러나 군대가 식량난으로 어려움을 겪어 레스보스의 건너편 언덕인 아타르네우스에 들러 그곳에서 식량을 보급하려 했다. 그런데 이 지방에는 페르시아군의 장군 하르파고스가 대군을 거느리고 주둔해 있었다. 하르파고스는 히스티아이오스가 상륙하자 그 군대를 습격해 거의 전멸시키다시피 하고 그를 생포했다. 패주하는 그리스군 속에 끼여 도망치던 히스티아이오스가 페르시아군의 한 병사가 자신을 창으로 찌르려 하자 페르시아어로 자신이 밀레토스의 히스타이오스임을 밝혔던 것이다.

만약 히스티아이오스가 다레이오스왕에게 호송되었으면 아마도 왕은 그에게 아무 벌도 내리지 않고 그의 죄를 용서했을 것이다. 바로 이런 점에서 사르디스의 총독 아르타프레네스와, 히스티아이오스를 데리고 사르디스로 간 하르파고스의 의견이 일치했다. 그들은 히스티아이오스가 처벌을 면하고 다시 왕의 옆에서 위세를 부리는 것을 막기 위해 그를 책형(기둥에 묶어 세워 놓고 창으로 찔러 죽이던 형벌)에 처하고 자른 머리를 소금에 절여 수사에 있는 다레이오스왕에게 보냈다. 아니나 다를까, 왕은 산 채로 데려오지 않았다고 화를 내며 이런 조치를 취한 자들을 나무라고, 자신과 페르시아 국민에게 큰 공을 세운 자와 똑같이 정중한 예우를 갖추어 히스티아이오스의 머리를 매장하라고 명했다.

이리하여 반란의 수괴들이 모두 제거되자 페르시아군은 대륙에 있는 이오니아의 각 도시를 다시 점령하고, 해군은 키오스와 레스보스, 테네도스 등 대륙에 인접한 섬들을 차례로 점령했으며 그때마다 그 주민들을 그물로 물고기를 훑듯이 사냥했다. 즉 병사들이 서로 손을 잡고 북쪽 해안에서 남쪽 해안까지 일렬로 늘어선 다음 섬의 끝에서 끝까지 가로지르면서 주민들을 내몰았다. 그러고는 페르시아의 지휘관들은 전에 자신들이 이오니아인들에게 가했던 위협이 빈말이 아니었다는 것을 보여 주었다. 즉 그들은 이오니아의 여러 도시를 점령하자 특히 잘생긴 소년들을 뽑아 환관으로 만들고 가장 용모가 아름다운 소녀들을 부모에게서 빼앗아 페르시아 왕의 궁전으로 보냈을 뿐만 아니라, 성역도 포함해 도시까지 불태워 버렸다. 이렇게 되어 이오니아인은 세 번째로 노예 신세가 되었는데, 첫 번째는 리디아인에 의한 것이었고, 나머지 두 번은 모두 페르시아인에 의한 것이었다.

그러나 페르시아인은 그 후 얼마 동안은 이오니아인에 대해 더 이상 적대적인 행위를 하지 않고 오히려 다음과 같은 유리한 조치를 취했다. 즉 사르디스의 총독 아르타프레네스가 각 도시의 사절을 불러들인 뒤 앞으로 상호간의 분쟁은 약탈 행위 대신 중재로 해결한다는 협정을 각 도시 사이에 맺게 하고, 또 각 도시의 영토를 30스타디온에 해당하는 파라산게스 단위로 측량하게 하고 이에 따라 합리적으로 각 도시에 조세를 부과했다. 이와 같은 조치는 이오니아에 평화를 가져왔다.

이듬해 봄이 되자 다레이오스왕은 다른 지휘관들은 모두 해임하고, 아직 젊고 다레이오스의 딸 아르토조스트라와 갓 결혼한, 고브리아스의 아들 마르도니오스만 대규모의 육해군을 거느리고 해안 지방으로 내려가게 했다. 그는 군대를 이끌고 킬리키아에 도착하자 자신은 배에 올라 함대와 함께 떠나고, 육상 부대는 다른 지휘관이 이끌고 헬레스폰토스로 향하게 했다. 그는 아시아의 연안을 따라 항해해 이오니아 땅에 도착하자 그리스인에게 참으로 이상하게 생각되는 행동을 했다. 즉 그는 이오니아의 참주들을 모두 추방하고 각 도시에 민주정을 수립했다. 그는 이렇게 해 놓고 헬레스폰토스로 서둘러 떠났다. 그곳에 육해군이 모두 집결하자, 페르시아군은 해로로 헬레스폰토스를 건너 유럽으로 진격해 들어갔다. 주요 목적지는 에레트리아와 아테네였다.

물론 이 두 도시는 그리스 원정의 구실에 지나지 않았고, 그들은 가능한 한 그리스 도시를 많이 정복할 생각이었다. 그리하여 해군을 동원해 아무 저항도 하지 않는 타소스섬을 정복하고, 육상 부대로 하여금 마케도니아인을 정벌하게 해서 다레이오스의 세력권에 편입시켰다. 마케도니아 앞쪽에 거주하는 민족은 모두 이미 페르시아에 복속되어 있었다.

원정군은 대륙 연안을 따라 진격해 아칸토스에 이른 다음, 여기에서 다시 아토스반도를 돌아가려 했다. 그런데 이 부근을 항해하던 중 맹렬한 북풍이 불어닥쳐 많은 함선이 아토스곶에서 침몰했다. 300척에 이르는 함선이 파괴되고 인명 손실은 2만 명이 넘었다고 한다. 그 연해에 특히 해수(海獸)가 많아 그 먹이가 된 자도 있고, 암초에 부딪혀 죽은 자도 있는가 하면, 수영을 할 줄 몰라 죽거나 얼어죽은 자도 있었다.

해군이 이런 재난을 겪고 있을 무렵, 마케도니아에 진을 치고 있던 마르도니오스와 그 휘하 육군은 밤중에 갑자기 트라키아의 부족인 브리고이인의 습격을 받았다. 이때 많은 페르시아군이 살해되고, 마르도니오스 자신도 부상을 입었다. 그러나 브리고이족도 페르시아인의 지배를 면하지 못했다. 마르도니오스가 브리고이족을 굴복시키고 나서야 이 지역을 떠났기 때문이다. 하지만 그는 이들을 평정한 뒤 육상과 해상에서 막대한 손실을 입어 아시아로 귀환하고 말았다.

그 후 다레이오스는 그리스인이 과연 자신에게 저항할지, 아니면 굴복할지 시험해 보기 위해 그리스 각지에 사자를 보내 페르시아의 대왕에게 흙과 물을 바치라고 요구했다. 그리고 이와 동시에 자신에게 조공을 바치고 있는 이오니아의 각 도시에 명해 군선과 말을 운반하는 수송선을 건조하게 했다. 각 도시가 그것들을 조달하기 위해 준비를 하고 있을 때, 그리스에 파견된 사자들에게 본토에 있는 많은 도시가 페르시아왕의 요구에 따라 흙과 물을 바치겠다고 대답했다. 도서 지방에서는 사자가 방문하는 섬마다 모두 그 요구를 받아들였는데, 그중에 아이기나도 포함되어 있었다. 아이기나의 이런 행동은 아테네의 즉각적인 반응을 불러일으켰다. 아테네인은 아이기나가 자신들에 대한 적개심에서 페르시아 왕에게 굴복하고 결국 페르시아와 합세해 자신들을 공격하려 하고 있다고 생각했기 때문이다. 그래서 아테네인은 좋은 구실이 생겼다고 판단하고는 스파르타와 연락을 취하고 아이기나가 그리스를 배반하려 하고 있다며 비난했다.

스파르타의 왕인 클레오메네스는 이런 아테네의 호소를 듣자 아이기나로 건너가 주모자들을 체포하려 했다. 그러자 많은 아이기나인이 이에 격렬히 저항했다. 그중에서도 특히 크리오스가 가장 강경한 자세를 취했다. 그는 클레오메네스가 이렇게 나오는 것은 아테네인에게 매수되었기 때문이며 스파르타 국민의 뜻이 아니다, 그렇지 않다면 당연히 또 한 명의 왕인 데마라토스도 함께 왔을 것이라고 주장했다. 크리오스가 이런 발언을 한 것은 데마라토스의 사주에 의한 것이었다. 결국 클레오메네스는 그냥 아이기나를 떠날 수밖에 없었다. 이 무렵 스파르타에서는 데마라토스가 아이기나에서의 클레오메네스의 행동을 비난하고 있었다. 그 역시 스파르타의 왕이고 조상도 같았지만 클레오메네스의 가문이 장자 집안이기 때문에 좀 더 존경을 받는 것이 마음에 들지 않았던 것이다.

그리하여 클레오메네스왕은 복수하기 위해 데마라토스와 같은 가문에 속하는 레오티키데스와 손을 잡았다. 클레오메네스가 데마라토스를 내쫓고 그를 왕위에 앉히면 아이기나에 동행한다는 것이 두 사람 사이의 조건이었다. 예전에 데마라토스가 레오티키데스의 약혼자인 페르칼론을 강제로 빼앗아 아내로 삼은 일이 있어, 레오티키데스는 그에게 큰 원한을 품고 있었다. 그래서 레오티키데스는 클레오메네스의 부추김을 받자 데마라토스를 탄핵하기로 맹세하고, 데마라토스가 태어났을 때 그의 아버지인 선왕 아리스톤이 손가락으로 달수를 헤아리며 자기 자식이 아니라고 단언했기 때문에 그는 아리스톤의 자식도 아니고 왕위에 오를 권리도 없다고 주장했다. 이로 인해 격렬한 논쟁이 계속되자, 결국 데마라토스가 과연 아리스톤의 자식인지 아닌지 델포이의 신탁을 물어 결론짓기로 했다. 그렇지만 클레오메네스가 미리 손을 써 두었기 때문에 무녀는 그가 바라는 대로 데마라토스가 아리스톤의 자식이 아니라는 신탁을 내렸다.

이렇게 되어 왕위에서 물러나게 된 데마라토스는 그 후 몰래 스파르타를 빠져나와 아시아로 건너가 다레이오스왕에게 몸을 의탁했다. 다레이오스는 그를 크게 우대하고 토지와 몇 개의 도시를 그에게 하사했다. 그는 실천력과 정확한 판단력으로 수많은 업적을 세워 스파르타의 국위를 선양한 인물이었는데, 특히 올림피아의 사두마 전차 경주에서 스파르타에 우승의 영예를 안겨 주었다. 스파르타의 역대 왕 중 이런 위업을 달성한 것은 그 한 사람뿐이었다.

데마라토스를 추방하는 데 성공한 클레오메네스는 새로 스파르타의 왕이 된 레온티키데스를 동반하고 아이기나로 건너가자, 아이기나 측이 2명의 왕이 함께 온 이상 반항하지 않는 것이 좋겠다고 생각하고 부유하고 가문도 훌륭한 자 10명을 뽑아 스파르타 측에 인도했다. 클레오메네스 일행은 이들을 아티카 영내로 연행한 뒤 아이기나인에게는 불구대천의 원수인 아테네인에게 인질로 넘겨주었다.

그 후 클레오메네스는 자신이 데마라토스를 상대로 꾸몄던 음모가 널리 알려지게 되자 겁을 집어먹고는 테살리아로 도망치고, 그곳에서 다시 아르카디아로 들어간 뒤 스파르타를 공격하기 위해 그곳 사람들을 규합하려 했다. 이 소식을 들은 스파르타인은 두려움을 느끼고 전과 같이 왕으로 대우하겠다는 조건으로 그를 맞아들였다. 하지만 그는 귀국하자마자 곧 미쳐 버렸다. 전부터 머리가 약간 이상했는데 이때에 이르러서는 아주 심해져 사람을 만나면 누구든지 지팡이로 얼굴을 때렸다. 어쩔 수 없이 가까운 친척들이 그에게 차꼬를 채운 뒤 감금해 버렸다. 그런데 클레오메네스가 감시인을 위협해 단검을 입수하고는 살을 세로로 베어 내면서 정강이에서 허벅지, 허벅지에서 엉덩이와 옆구리, 이윽고 배에 이르자 마침내 최후를 맞이하고 말았다.

대부분의 그리스인은 그의 이런 비참한 최후는 델포이의 무녀를 매수한 죄값이라고 믿고 있지만, 아테네인은 일찍이 그가 엘레우시스에 침입해 신성한 땅의 수목을 베어 버린 데 따른 벌이라고 말하고 있고, 아르고스인은 그가 국조(國祖)인 아르고스의 신전으로 달아난 자국의 패잔병들을 꾀어내 죽이고 신전의 삼림까지 불태워 버렸기 때문에 그런 벌을 받았다고 주장하고 있다. 그러나 스파르타인에 따르면 그가 발광한 것은 스키타이인과 교제하며 그들에게서 배워 물을 타지 않고 술을 마시게 되었기 때문이라고 한다(그리스에서는 보통 술을 마실 때 물에 타서 마셨다).

이 사이에도 페르시아왕은 자신의 계획을 착착 실행에 옮기고 있었다. 왕의 시종이 식사할 때마다 아테네인을 잊지 말라고 말하고, 또 페이시스트라토스 일족이 곁에서 항상 아테네를 비방했기 때문이다. 게다가 흙과 물을 바치게 하기 위해 그리스에 파견한 사자가 아테네와 스파르타에서는 돌아오지 않았다.

그는 원정에 실패한 마르도니오스를 해임한 뒤 메디아인 다티스와 이복동생인 아르타프레네스의 아들 아르타프레네스 두 명을 장군에 임명하고는 에레트리아(에우보이아섬 근처에 있는 고대 그리스 도시)와 아테네를 정벌하고 그들을 노예로 삼아 자기 앞으로 끌고 오라고 명했다.

두 장군은 충분히 장비를 갖춘 대규모 지상군을 거느리고 킬리키아의 알레이온평야에 도착했다. 그곳으로 사전에 여러 민족에게 할당해 놓은 해군과 지난해에 준비해 놓게 한 마필 수송선도 도착했다. 그리하여 말을 수송선에 싣고 또 지상군도 함선에 승선시킨 다음, 페르시아군은 600척의 삼단노선을 거느리고 이오니아를 향해 출항했다. 하지만 그들은 이오니아에서 헬레스폰토스나 트라키아로 향하지 않았다. 지난해에 마르도니오스의 해군이 아토스곶에서 막대한 손실을 입은 것을 잊지 않았기 때문이다. 그래서 이번에는 사모스섬을 지나고 이카로스섬을 따라 전진한 뒤 섬들 사이를 누비며 항해하고, 낙소스 해안에 이르러 그 섬을 점령하자 생포한 사람들만 노예로 삼고 성역과 시가지를 불태워 버렸다. 다음으로 델로스 섬에서는 테노스섬으로 피신한 주민들에게 다티스가 아폴론과 아르테미스 두 신이 태어난 이 성스러운 도시에는 아무런 위해도 가해서는 안 된다는 것을 알 정도의 분별이 자신에게도 있으며 그런 명령을 왕으로부터도 받았다고 알리게 하고, 300탈란톤의 향나무를 제단에 쌓아 올리고 이것을 불태웠다. 다티스는 그 후 각 섬에서 병력을 차출하고 주민들의 자식을 인질로 삼으면서 에레트리아로 향했다.

에레트리아인은 페르시아 원정군이 오고 있다는 소식을 듣게 되자 곧 아테네에 구원을 요청했다. 그래서 아테네인이 4천 명을 원군으로 보냈지만, 에레트리아의 실력자 아이스키네스가 자기 나라는 이미 병들어 국민들이 일치 단결해서 싸우려 하지 않고 페르시아 측에 붙으려 하는 자들과 도시를 버리고 에우보이아 산지로 피신하려는 자들로 나누어져 있는 것을 알고, 아테네인들에게 모국으로 철수하기를 요청했다. 아테네인들은 그의 충고에 따랐다.

페르시아군은 에레트리아에 도착하자 곧 말을 배에서 내리고 공격 준비를 갖추었다. 에레트리아 측은 출격해 싸우려 하지는 않았지만 도시를 포기하지 말자는 의견이 우세해져 가능한 한 성벽을 지키며 저항하려고 했다. 이윽고 포위 공격전이 치열하게 전개되어 6일 동안 쌍방 모두 많은 전사자를 냈다. 그러나 7일째 되는 날 도시의 유력자인 에우포르보스와 필라그로스 등 2명이 배신하는 바람에, 페르시아군이 도시로 침입해 들어와 사르디스의 성역이 불타 버린 데 대한 복수로 성소를 약탈하고 불태워 버린 다음, 다레이오스가 명한 대로 시민들을 모두 노예로 만들어 버렸다.

페르시아군은 에레트리아를 함락시킨 뒤 며칠 있다가 곧 아티카를 향해 함대를 출격시켰다. 아테네의 참주였던 히피아스가 페르시아군을 에레트리아에서 가장 가까운 마라톤 지역으로 안내했다. 그곳이 기병이 활동하기에 가장 적합했기 때문이다. 그는 전날 밤에 어머니와 동침하는 꿈을 꾸고는 자신이 다시 아테네의 참주가 된 뒤 고국에서 장수하다 편안히 죽을 수 있으리라 생각했다. 하지만 그가 마라톤에 함대를 정박시키고 상륙한 페르시아 병사들을 한창 배치시키고 있을 때 갑자기 심한 기침과 함께 이빨 하나가 입 밖으로 빠져나왔다. 모래 속에 빠진 그 이빨을 도저히 찾을 수 없자, 히피아스는 깊은 한숨을 내쉬며 곁에 있는 사람들에게 이렇게 말했다.

"이 땅은 우리의 것이 아니다. 또한 우리는 이 땅을 정복하지도 못할 것이다. 내 몫은 내 이빨이 차지하고 있는 땅 정도에 불과하다."

한편 아테네인은 페르시아군이 쳐들어오고 있다는 것을 알게 되자 곧 10인의 장군이 지휘하는 부대를 마라톤으로 출동시키기로 하는 한편, 필리피데스를 전령으로 삼아 스파르타에 보냈다. 직업적인 장거리 주자였던 이 남자는 하루에 70마일씩 달려 다음날 스파르타에 도착하자 곧 장관들(감독관들)을 찾아가 다음과 같이 말했다.

"스파르타인 여러분, 아테네인이 귀국에 구원을 요청하고 있습니다. 또한 그리스에서 가장 오래된 도시로 손꼽히고 있는 아테네가 이국인에 의해 산산조각이 나서 그들의 노예가 되는 것을 그대로 방관

하지 않길 바라고 있습니다."

　스파르타 측은 아테네를 구원하기로 결정했지만 달이 찰 때(보름달이 뜰 때)까지는 출발할 수 없다는 규정이 있어 곧 출정할 수 없었다.

　그런데 아테네의 10인의 장군 중 열 번째인 밀티아데스는 일찍이 다레이오스왕이 스키타이를 원정할 때 스키타이인 측의 제안을 받아들여 이스트로스강의 다리를 파괴할 것을 주장했던 케르소네소스의 참주 밀키아데스의 생질이고, 올림피아의 사두마 전차 경주에서 여러 차례 우승했지만 페이시스트라토스의 자식들에 의해 살해된 키몬의 아들이었다. 그는 아테네의 장군들이 두 패로 나뉘어 한쪽은 이쪽의 병력이 부족하다는 이유로 교전해서는 안 된다고 주장하고, 자신이 속한 다른 한쪽은 싸워야 한다고 목소리를 높이는 가운데 바야흐로 나약한 태도를 보이는 쪽의 주장이 채택될 조짐을 보이자, 10명의 장군 외에 또 하나의 투표권을 갖고 있는 아테네의 군사 장관(폴레마르코스) 칼리마코스를 다음과 같이 설득했다.

　"칼리마코스여, 바야흐로 아테네인이 노예로 전락할 것이냐 아니면 그 자유를 지키며 찬란한 업적을 세워 후세에 전할 것이냐 하는 것은 오로지 그대에게 달려 있소. 아테네는 지금 건국 이래 최대의 위기에 직면해 있소. 싸우지 않고 페르시아에 굴복한다면 틀림없이 히피아스가 참주로 다시 군림할 것이고, 그 결과 어떠한 재난을 겪게 될지는 불을 보듯 뻔하오. 하지만 싸워 그들을 이긴다면 우리나라는

밀티아데스
기원전 6세기 중엽에 활약한 아테네의 정치가.

밀티아데스가 마라톤 전투가 끝난 뒤 제우스 신에게 바
친 투구

그리스에서 으뜸가는 국가가 될 수 있을 것이오. 실은 우리 장군들의 의견이 지금 둘로 나뉘어 있는데, 만약 그대가 내 말에 수긍해서 우리 쪽으로 투표권을 행사한다면 우리 조국은 독립을 보전할 뿐만 아니라 그리스의 일등 국가가 될 것이오. 그러나 당신이 교전에 반대하는 자들의 주장을 지지한다면 정반대의 결과를 얻게 될 것이오."

칼리마코스가 밀티아데스의 설득을 받아들여 교전하기로 결정됐다. 그 후 교전을 주장했던 장군들이 자신들의 지휘 담당일이 돌아올 때마다 그 권한을 밀티아데스에게 양도했지만(관습적으로 10인의 장군들이 하루씩 교대로 지휘하게 되어 있었다), 밀티아데스는 자신의 지휘 담당일이 돌아올 때까지 전투에 돌입하지 않았다.

마침내 밀티아데스에게 지휘권이 할당된 날이 오자 아테네군은 다음과 같이 전투 대형을 갖추었다. 오른쪽 날개는 아테네의 관습에 따라 군사 장관이 지휘를 맡고, 그 다음으로는 각 부족이 순번에 따라 배치되었다. 마지막으로 왼쪽 날개에는 응원하러 달려온 플라타이아군이 포진했다. 그런데 아테네군은 페르시아군에 맞추어 전선을 펼쳤기 때문에 그 중앙부는 겨우 몇 열만 배치되어 세력이 약하고, 그 대신 양 날개는 충분한 병력을 갖추어 강력했다. 그러나 진형을 완전히 갖추고 희생 제물에 나타난 점괘도 길조였기 때문에, 아테네군은 공격 신호와 함께 구보로 페르시아군을 향해 돌진했다. 숫자도 적은 데다가 기병이나 궁병의 원조도 받지 않으면서 달려오는 아테네군을 보고, 페르시아 병사들은 멸망을 자초하는 미친 짓이라고 생각했다. 그러나 전 전선에서 아테네군은 눈부신 활약상을 보였다. 실제로 그리스인 가운데서 구보로 공격을 시도한 것은 아테네인이 처음이었고, 페르시아풍의 복장과 그 복장을 한 사람을 보고 조금도 두려워하지 않은 것도 그들이 최초였다. 이때까지 그리스인은 페르시아라는 말만 들어도 공포에 사로잡혔기 때문이었다.

마라톤 전투는 장시간에 걸쳐 계속되었다. 전선의 중앙부에서는 페르시아군이 승기를 잡고 아테네군을 격파하며 내륙 쪽으로 추격해 들어갔지만, 양 날개 쪽에서는 아테네군과 플라타이아군이 승리를 거두었다. 그러나 패주하는 적을 쫓지 않고 양 날개를 합쳐 중앙을 돌파한 적을 공격했다. 여기에서 다시 승리한 아테네군은 패주하는 페르시아군을 격파하면서 추격을 계속해 마침내 해안에 이르렀다. 그리고 여기에서 적선에 던질 불을 구하고 적의 함선을 나포하려고 시도해 일곱 척을 포획했다.

이 전투에서 군사 장관인 칼리마코스가 용감하게 싸우다가 전사하고, 장군 중 한 명인 스테실라오스도 죽었다. 키네게이로스도 도망치려는 적선의 선미를 잡고 되돌리려 하다가 도끼에 한쪽 팔이 잘려 목숨을 잃고 말았다. 그래도 페르시아군의 전사자는 6,400명인 데 반해 아테네 쪽은 겨우 192명뿐이었기 때문에, 아테네군이 얼마나 큰 승리를 거두었는지 알 수 있다.

한편 배로 퇴각한 페르시아군은 바다로 도망친 다음 아이길리아섬에 내려놓았던 에레트리아의 포로들을 다시 배에 태우고 아테네군보다 먼저 도착할 속셈으로 수니온곶을 돌아 아테네로 향했다. 그래서 아테네군은 도시를 구하기 위해 전속력으로 마라톤에서 아테네로 달려가 페르시아군보다 먼저 도착할 수 있었다. 페르시아 함대는 팔레론 앞바다에 모습을 나타낸 뒤 여기에 닻을 내리고 얼마 동안 머무르다가 아시아로 돌아갔다. 페르시아군이 이렇게 아테네를 직접 공격하려 한 것은 아테네인 중에 알크메온 일족의 모략에 의한 것으로 그들이 배 위의 페르시아군에게 방패를 들어 신호를 보냈다고 비난하는 사람들이 있었는데, 나로서는 믿기지 않는 이야기며 도저히 사실로 인정할 수 없다. 이 일족은 참주 반대자들로 페이시스트라토스 일가가 독재권을 상실한 것도 바로 그들의 책략에 의한 것이었기 때문이다.

　스파르타군 2천 명이 보름날 이후에 아테네에 도착했다. 전투에 늦지 않으려고 필사적으로 강행군을 계속했기 때문에 스파르타를 떠난 지 사흘째 되는 날 아티카 땅을 밟을 수 있었다. 그들은 물론 전투에 가담할 수 없었지만 페르시아인을 보고 싶어 마라톤으로 가서 그들을 보았다. 그들은 아테네인의 용기와 위업을 찬양한 다음 귀국했다. 〈제6권〉

5. 크세르크세스의 꿈

　마라톤 전투에서 페르시아군이 아테네인에게 패했다는 소식이 전해지자, 다레이오스왕은 한층 더 격분해 그리스로 진격해 들어가려는 결의를 더욱 확고히 다지게 되었다. 그래서 그는 곧 자신의 지배하에 있는 여러 도시에 사자를 보내 원정 준비를 명했는데, 각 도시가 군선이나 말, 식량, 수송선 등에 걸쳐 할당받은 조달량이 전보다 훨씬 더 많았다. 그 바람에 아시아 전역이 그리스 진격을 목표로 최정예 병사들을 선발하거나 물자를 공출하는 등 원정 준비로 3년 동안 요동쳤다.

　그러나 4년째 되는 해에 캄비세스에 의해 정복된 이집트가 반란을 일으켰다. 그래서 다레이오스는 그리스뿐만 아니라 이집트까지 정벌하려는 결심을 굳히게 되었지만, 페르시아의 관습상 왕이 원정하려면 반드시 후계자를 지명해야 했기 때문에 왕위 계승권을 둘러싸고 그의 자식들 사이에서 격렬한 싸움이 벌어졌다. 다레이오스는 왕위에 오르기 전에 고브리아스의 딸인 전처와의 사이에 이미 3명의 자식을 두고 있었고, 또 왕이 되고 나서 키루스의 딸 아토사로부터 4명의 자식이 태어났다. 전처의 자식들 중에서는 아르토바자네스가 최연장자이고, 후처의 자식들 중에서는 크세르크세스가 장자였다. 그리해서 생모를 달리하는 이 두 아들 사이에 싸움이 벌어졌다. 아르토바자네스는 다레이오스의 자식들 가운데서 가장 나이가 많은 자신이 일반적인 관습에 따라 왕권을 계승해야 한다는 이유를 내세운 반면에, 크세르크세스는 자신은 페르시아에 자유를 가져온 키루스 왕의 혈통을 잇고 있다고 주장했다.

그런데 항간에 전해지는 바에 따르면 이때 왕권을 빼앗기고 스파르타에서 달아나 수사에 와 있던 데마라토스가 크세르크세스에게 이렇게 조언했다고 한다. 즉 아르타바자네스는 다레이오스가 아직 왕위에 오르지 않았을 때 태어났지만 크세르크세스는 그가 즉위한 뒤에 태어난 첫 왕자라는 점을 내세우라는 것이었다. 결국 다레이오스가 이 권고를 받아들인 크세르크세스의 주장이 정당함을 인정하고 그를 왕위 계승자로 삼았지만, 내가 볼 때에는 키루스의 딸 아토사가 압도적인 권력을 지니고 있었기 때문에 이런 조언이 없었더라도 크세르크세스가 왕위에 올랐을 것이다.

그런데 다레이오스가 크세르크세스를 후계자로 지명한 후 즉시 원정에 나서려고 준비를 하다가 그만 세상을 떠나고 말았다. 하지만 그 뒤를 이은 크세르크세스는 처음에는 그리스 원정에는 조금도 관심이

크세르크세스
다레이오스 1세의 아들로 기원전 480년 그리스에 대규모로 침공하는 전쟁을 일으켰다. 이 전쟁에서 패배한 결과 아케메네스 왕조의 몰락이 시작됐다.

크세르크세스가 배다리를 설치했던 헬레스폰토스의 전경.

없었다. 그래서 페르시아 궁정의 세력가인 마르도니오스가 늘 왕에게 이렇게 진언하곤 했다.

"전하, 페르시아에게 수많은 악행을 저지른 아테네를 반드시 벌하셔야 합니다. 먼저 이집트를 응징하신 다음에 아테네를 정벌하도록 하십시오. 그러면 전하의 이름이 천하를 뒤덮게 될 것이고, 또 앞으로 어느 누구도 감히 우리나라에 침입할 생각을 하지 못하게 될 것입니다."

마르도니오스는 이런 말로 왕의 마음을 흔들어 놓은 다음, 유럽은 매우 아름다운 곳이고 땅도 비옥하기 때문에 페르시아의 대왕만이 소유할 자격이 있다고 덧붙여 말하곤 했다. 그가 이렇게 말한 것은 그 자신이 그리스의 총독이 되길 바랐기 때문이다.

한편 그리스의 테살리아의 왕가인 알레우아스 가로부터도 사절이 도착해 크세르크세스의 그리스 공략을 촉구하고, 아테네에서 쫓겨난 페이시스트라토스 일문 사람들도 수사에서 같은 주장을 되풀이했다. 마침내 크세르크세스는 이런 설득에 넘어가 그리스 원정을 승낙했다. 그는 다레이오스가 죽은 다음 해에 이집트에 군대를 파견해 반란을 평정하고 이집트 전역을 전보다 더 가혹한 조건으로 예속시킨 다음 아테네 원정에 착수했다. 그는 우선 페르시아의 중신 회의를 소집해 그들의 의견을 모으고 자신의 소신을 표명하기로 했다. 회의석상에서 그는 다음과 같이 말했다.

"여러분, 내가 원로들로부터 전해들은 바에 따르면 키루스왕께서 메디아로부터 현재의 패권을 빼앗으신 이래 우리나라는 무위도식하며 안일을 일삼지 않았다고 하오. 이것은 신의 뜻에 따라 그렇게 된 것이 틀림없고, 그에 따라 현재 우리가 하려는 일은 모두 성공을 거두고 있소. 그대들도 잘 알고 있는 일이므로 새삼스럽게 언급할 필요도 없겠지만, 키루스, 캄비세스, 나의 부왕이신 다레이오스왕께서 얼마나 큰 업적을 세우고 영토를 확장시키셨소. 나는 왕위를 계승한 이래 어떻게 하면 선왕들보다 우리 페르시아의 국위를 선양하는 데 더 많은 기여를 할 수 있을까 항상 고심해 왔소.

그래서 나는 헬레스폰토스에 다리를 놓고 그리스를 정벌할 생각이오. 그래서 아테네 놈들이 우리나라와 나의 부왕께 저지른 수많은 악행에 대한 대가를 톡톡히 치러 주고자 하오. 다레이오스왕께서도 그자들을 정벌하길 염원하셨지만 이 세상 분이 아니라 이제는 복수할 수 없게 되셨소. 그래서 나는 부왕을 비롯한 페르시아 국민을 대신해 아테네를 점령하고 그곳을 불태워 버릴 때까지는 결코 돌아오지 않을 것이오. 아테네 놈들은 우리의 노복이었던 밀레토스인 아리스타고라스와 짜고 사르디스에 침입해 성스러운 숲과 신전에 불을 질렀고, 또 다티스와 아르타프레네스 두 장군이 그 땅에 진격했을 때 그놈들이 우리에게 어떻게 했는지 그대들도 잘 알고 있을 것이오.

나는 이상과 같은 이유에서 그들을 정벌하고자 하오. 그런데 곰곰이 생각해 보건대 이 원정에는 다음과 같은 이점이 있는 것 같소. 우리가 그리스 일대를 정복할 때에는 우리나라의 영토를 제우스 신께서 살고 계시는 하늘 끝까지 넓힐 수 있을 것이오. 햇빛이 비치는 곳에서 우리나라와 국경을 접하는 나라가 없게 될 것이오.

그러니 그대들에게 권하건대 얼마 후에 소집 지시가 하달되면 한 사람도 빠짐없이 기꺼이 모이도록 하시오. 가장 훌륭하게 장비를 갖춘 군대를 이끌고 온 사람에게는 최고의 영예가 수여될 것이오.

이상이 내가 그대들에게 바라는 것이오. 그러나 내가 독단적으로 계획을 세우고 있다는 인상을 주고 싶지 않기 때문에 이 문제를 공론에 부치기로 하겠소. 의견이 있는 사람은 누구든 말해 보시오."

왕의 말이 끝나자 마르도니오스가 다음과 같이 발언했다.

"실로 지난날의 어느 페르시아인도 전하를 능가하지 못할 뿐만 아니라 앞으로도 영원히 그럴 것입니다. 지금 하신 말씀은 하나하나가 모두 훌륭하고 정곡을 찌르는 것뿐입니다. 특히 유럽에 사는 이오니아인들이 분수를 모르고 우리를 경멸하는 것을 용납하지 않겠다는 방침은 더없이 훌륭하신 생각입니다. 사카이인이나 인도인, 에티오피아인, 아시리아인을 비롯한 많은 민족이 우리에게 아무 해악도 끼치지 않았지만, 우리는 영토를 확장하기 위해 그들을 공격해 예속시켰습니다. 그런 우리가 우리나라에 먼저 위해를 가해 온 그리스인을 정벌하지 않고 그대로 둔다는 것은 정말 가당치 않은 일이라고 생각됩니다.

그들의 무엇이 두렵습니까? 그들의 병력이 많기라도 합니까? 우리는 그들의 전법을 잘 알고 있고, 또 그 국력이 빈약한 것도 잘 알고 있습니다. 우리는 이미 그들의 동족을 우리의 지배하에 두고 있습니다. 우리 영토 내에 있는 이오니아인과 아이올리스인, 도리스인이 바로 그들입니다. 저 또한 일찍이 선왕의 명을 받들어 마케도니아까지, 거의 아테네까지 군대를 진격시켰지만 누구 하나 칼을 들고 반격하는 자가 없었습니다.

하긴 제가 들은 바에 따르면 그리스인은 매우 호전적이어서 사리에 맞지 않게 즉흥적으로 전투를 벌이는 습관이 있다고 합니다. 그들은 서로 선전 포고를 하면 가능한 한 싸우기 쉬운 평탄한 곳을 골라 싸우기 때문에 패한 쪽은 물론 승리한 쪽도 적지 않은 손실을 입게 됩니다. 그들은 언어가 같기 때문에 싸우기 전에 전령이나 외교 사절을 이용해 전쟁을 피하고 전쟁 이외의 다른 수단을 통해 분쟁을 해결해야 마땅할 것입니다. 그리고 결국 싸울 수밖에 없을 때에는 적이 공격하기 가장 어려운 곳을 택해 자웅을 겨루어야 할 것입니다. 아무튼 어리석은 전투 방식밖에 모르는 그리스인들은 마케도니아까지 진격한 제게 대항할 엄두를 내지 못했습니다.

그러하오니 대왕이시여, 전하께서 아시아의 방대한 육군과 전 함대를 이끌고 출정하신다면 누가 감히 저항하겠습니까? 제가 생각하기에 그리스가 그들의 국력으로는 어림도 없는 일을 시도하지는 않을 것 같습니다. 설사 제 생각이 틀려 그들이 무분별하게 싸움을 걸어온다면, 그들은 우리가 세상에서 가장 막강한 군사력을 보유하고 있다는 사실을 똑똑히 알게 될 것입니다. 그러나 무슨 일이든 시도하지 않고 저절로 이루어지는 일은 없습니다."

왕과 마르도니오스의 원정론에 반대하는 사람이 아무도 없었지만 단 한 사람, 히스타스페스의 아들 아르타바노스만이 크세르크세스의 숙부라는 자신의 신분에 용기를 얻어 이렇게 반대 의견을 제시했다.

"전하, 여러 가지 다른 의견이 제시되어야 그중에서 훌륭한 의견을 골라 실행에 옮길 수 있습니다. 황금을 감정할 때 겉모습만으로 순금인지 아닌지 판정할 수 없는 것과 마찬가지입니다. 시금석으로 문질러 보아야 비로소 판정할 수 있습니다.

저는 전에 제게는 형님이 되시고 전하께는 부왕이 되시는 다레이오스 왕께도 스키타이 등을 정벌하는 것을 중지하도록 진언 드린 바 있습니다. 그러나 다레이오스왕께서는 제 말을 듣지 않으시고 출정해 많은 군대를 잃고 돌아오셨습니다. 그런데 전하, 지금 전하께서 원정하려 하고 계시는 그리스는 스키타이보다 훨씬 더 우수하고 바다와 육지에서 최강의 전력을 자랑하고 있는 민족입니다. 그러므로 저로서는 그들과 싸울 경우 어떤 위험이 있을 수 있는지 말씀드려야 할 것 같습니다.

전하께서는 헬레스폰토스에 다리를 놓고 유럽으로 건너가 그들을 공격하겠다고 말씀하셨는데, 우리가 바다나 육지 어느 한쪽이나 양쪽 모두에서 패했다고 가정해 보십시오. 타티스와 아르타프레네스가 지휘하는 대군을 아테네 혼자서 격파한 것을 보아도 이런 사태를 충분히 예상할 수 있습니다. 그리고 설사 그들이 해륙 양면에서 성공을 거두지 못한다 하더라도 우리의 함대를 습격해 승리를 거두고 헬레스폰토스로 진입해 배다리를 파괴한다면, 이것이야말로 위험천만한 일이 될 것입니다. 전에 선왕께서 이스트로스강에 다리를 놓고 스키타이로 공격해 들어가셨을 때, 스키타이인들이 그 다리를 수비하고 있던 이오니아인들에게 다리를 파괴해 달라고 온갖 수단을 다 써 가며 간청했습니다. 그때 밀레토스의 참주 히스티아이오스가 이의를 제기하지 않았으면 페르시아의 국운은 그것으로 끝났을 것입니다. 실로 국왕의 운명이 단 한 사람의 손에 달려 있었다는 것은 이야기만 들어도 두려운 일입니다.

그러므로 전하, 부디 제 진언을 받아들이시고 이 계획을 포기하십시오. 피치 못할 사정이 있는 것도 아닌데 굳이 위험을 자초할 필요가 있겠습니까? 우선 이 회의를 이대로 끝내시고 스스로 잘 생각하신 다음 적당하다고 생각되실 때 최선이라고 결론내린 것을 들려주시기 바랍니다. 이런 말씀을 드리는 것은 신중하게 고려하고 결론을 내리는 것보다 가치 있는 것은 없다고 생각하기 때문입니다. 조심스럽게 생각해서 계획을 잘 세운 사람은 생각대로 일이 잘 진행되지 않고 불운 탓으로 계획이 좌절되더라도 그것이 자신의 잘못이 아니라는 것을 알기 때문에 만족해할 것입니다. 그러나 조잡한 계획만 세워놓고 실행에 들어간 자는 운 좋게 그 일이 성사되더라도 그것은 주운 것이나 다름없기 때문에 준비가 충실하지 못했던 것을 부끄러워할 것입니다.

잘 알고 계시다시피 동물 중에서 신의 번개에 맞아 죽는 것은 오로지 눈에 띄게 큰 것들뿐입니다. 신께서는 그렇게 해서 그들이 지나치게 우쭐대지 않게 하십니다. 집이나 나무들도 마찬가지입니다. 뛰어난 것을 깎아내리는 것이 신의 뜻이기 때문입니다. 대군이 소수의 군대에 패하는 것도 같은 이치입니다. 신께서 병사들의 마음에 공포심을 불어넣거나 천둥을 울려 위협하시면 아무리 대군이라도 여지없이 궤멸되고 맙니다. 신께서는 그분 자신을 제외하고는 아무도 교만한 마음을 갖지 못하게 하십니다. 게다가 무슨 일이든 성급히 처리하면 실패하게 마련입니다. 참고 견디는 데 복이 있습니다.

이상은 전하께 드리는 충고의 말씀입니다. 그리고 고브리아스의 아들 마르도니오스여, 자네에게 경고하는데 그리스인을 얕보지 말게. 그들은 그렇게 가벼이 볼 수 있는 민족이 아니라네. 자네는 또 그리스인에 대해 나쁘게 말해 전하의 마음을 원정 쪽으로 몰고 가려 하고 있는데, 이 세상에 비방이나 중상만큼 나쁜 것은 없다네. 비방할 때에는 반드시 그것을 말하는 자와 듣는 자, 그 대상이 되는 자 세 사람이 있게 마련이네. 비방을 하는 자는 그 자리에 없는 사람을 헐뜯는 죄를 범하고, 그것을 듣는 사람은 사실을 확인하지 않고 믿는 죄를 범하네. 한편 비방의 대상이 되는 사람은 한쪽으로부터는 중상을 당하고, 다른 한쪽에 의해서는 악인으로 간주되어 양쪽에서 피해를 입게 된다네.

그래도 어떻게든 그리스를 정벌해야 한다면, 전하께서는 그대로 페르시아 국내에 머물러 계시게 하고 우리 두 사람이 각자 자식들의 목숨을 걸도록 하세. 그리고 자네는 원하는 만큼 군대를 이끌고 원정을 떠나도록 하게. 그래서 만약 자네가 말한 대로 전하께서 영광을 누리시게 된다면 내 자식들을 죽여도 좋네. 아니, 내 목숨까지 빼앗아도 좋네. 그러나 내가 예언한 대로 되면 그때에는 자네 자식들이 같은 운명에 처하게 되는 거네. 그리고 자네가 무사히 귀국한다면 자네 자식도 그렇게 될 것이네. 하지만 만약 자네가 내가 제안한 내기에 응하지 않고 여전히 고집을 꺾지 않은 채 군대를 그리스로 진격시킨다면, 단언하지만 고국에 남아 있는 사람들 귀에 이윽고 마르도니오스가 페르시아에 커다란 재난을 불러들인 끝에 아테네나 스파르타 어디쯤에서 들개나 새들의 먹이가 되었다는 소식이 들려오게 될 걸세. 자네는 그때가 되어서야 비로소 지금 자네가 전하를 부추기며 원정을 권하고 있는 상대 민족의 진정한 힘을 깨닫게 될 걸세."

아르타바노스의 말을 듣고는 크세르크세스가 크게 화를 냈다.

"아르타바노스여, 그대는 허튼소리를 늘어놓았으므로 당연히 큰 벌을 받아야 하지만 부왕의 형제이므로 그것만은 면해 주겠소. 하지만 그 대신 다음과 같은 치욕을 안겨 주겠소. 그대와 같은 겁쟁이에게는 그리스 원정에 동행하는 것을 허락지 않겠소. 그대는 여자들과 함께 고국에 남아 있도록 하시오. 나는 그대의 힘 따위는 빌리지 않고 내가 말한 것을 반드시 실현해 보이겠소. 아테네인을 응징하지 못한다면, 나는 멀리 아케메네스 님에게서 다레이오스왕께로 이어지는 우리 왕가의 자손이 아닐지도 모르기 때문이오.

우리가 움직이지 않아도 그들 쪽에서 가만있지 않을 것이오. 아니, 반드시 우리나라로 침입해 올 것이오. 우리보다 먼저 선수를 쳐서 아시아로 침입해 들어와 사르디스에 불을 지른 그들의 수법을 보아도 충분히 알 수 있는 일이오. 양쪽 모두 더 이상 뒤로 물러설 수 없는 입장이오. 문제는 먼저 도전하느냐, 아니면 도전을 받느냐 하는 것이오. 우리 국토가 모두 그리스인의 지배하에 들어가느냐, 아니면 그들의 영토가 모두 페르시아의 판도가 되느냐 하는 것이 그에 따라 결정될 것이오. 우리와 그들의 적대 관계는 어중간한 방법으로는 해결될 수 없기 때문이오. 그러므로 이제 먼저 해를 입은 우리가 당연히 복수의 칼을 들어야 하오. 또한 그렇게 되면 이 민족을 정벌하기 위해 출정해서 내가 겪게 되리라는 '위험천만한 일'의 정체도 알게 될 것이오."

크세르크세스는 이렇게 말하고 회의를 끝냈다. 그런데 이윽고 밤이 깊어짐에 따라 아르타바노스의 의견이 마음에 걸리기 시작했다. 그리고 밤새도록 곰곰 생각한 끝에 그리스 원정이 아무래도 좋은 계책이 못된다는 것을 깨닫게 되었다. 이렇게 결론을 내린 다음 잠에 빠져 들었는데, 페르시아인이 전하는 바에 따르면 꿈속에서 외모가 준수하고 풍채가 당당한 남자가 나타나 침대 앞에서 이렇게 말했다고 한다.

"페르시아의 왕이여, 그대는 낮에 페르시아 국민에게 공언을 했으면서 마음을 바꾸어 그리스 원정을 중지할 셈이오? 그대를 위해서도 그처럼 마음을 바꾸어서는 안 되오. 나도 그것을 허락하지 않겠소. 어제 낮에 계획한 대로 계속 밀고 나가시오."

그러나 크세르크세스는 이 꿈은 전혀 염두에 두지 않고 날이 새자 전날과 똑같이 페르시아의 요인들을 불러 모은 뒤에 이렇게 말했다.

"여러분, 내가 갑자기 방침을 바꾸는 것을 용서해 주기 바라오. 그것은 내가 아직 사려가 깊지 못한데다가 그 계획을 권유하는 자들이 한시도 내 곁을 떠나지 않았기 때문이오. 나는 어제 아르타바노스의 의견을 들을 때에는 순간적으로 피가 끓어올라 연장자에게 해서는 안 되는 폭언을 내뱉고 말았소. 하지만 지금은 그가 말한 것이 옳다고 생각되기 때문에 그의 주장을 채택하기로 하겠소. 나는 생각을 바꾸어 그리스 원정을 중지하기로 결정했으니, 그대들도 이에 따라 행동해 주기 바라오."

그 자리에 참석했던 페르시아인들이 이 말을 듣고 몹시 기뻐하며 왕 앞에 고개를 숙이고 엎드렸다.

그런데 그날 밤 다시 크세르크세스의 꿈속에 전날 밤의 남자가 침대 곁에 나타나 이렇게 말했다.

"다레이오스의 아들이여, 그대는 페르시아인 앞에서 공공연히 원정 중지를 선언하고 내가 말한 것을 무시해 버렸소. 그러나 알아 두시오. 즉시 원정에 착수하지 않으면 그대는 짧은 시간 내에 권좌에 오른 만큼 빨리 몰락하게 될 것이오."

크세르크세스는 이 꿈에 몹시 놀라 침상에서 벌떡 일어난 뒤 곧 사자를 보내 아르타바노스를 불러오게 했다. 그리고 문안 인사를 올리는 그에게 자세한 사정을 이야기한 뒤에,

"만약 이 꿈이 신의 뜻이고 그리스 원정이 신께서 원하시는 것이라면, 그대에게도 같은 환영이 나타나 같은 명령을 하리라 생각되오. 그래서 하는 말인데, 그대가 내 옷을 입고 옥좌에 앉아 있다가 내 침소에 들어 잠을 자 보는 것이 어떻겠소?"

하고 말했다. 아르타바노스는 자신이 옥좌에 앉는 것은 부당한 일이라고 생각하고 처음에는 거절했지만 왕의 완강한 권유에 의해 어쩔 수 없이 명에 따르게 되자 이렇게 말했다.

"전하, 그 꿈은 신과는 관련이 없습니다. 요컨대 꿈이라는 것은 낮에 생각했던 것이 잠잘 때 환영이 되어 나타나는 것에 지나지 않습니다. 그러나 만약 전하께서 꾸신 꿈이 제가 생각하고 있는 그런 단순한 것이 아니고 신의 뜻에 의한 것이라면, 저도 같은 꿈을 꿀지 모릅니다. 하지만 그렇더라도 제가 전하의 옷을 입고 있든 제 옷을 입고 있든, 제가 전하의 침소에 누워 있든 제 침소에 누워 있든 상관없을 것입니다. 그 환영의 정체가 무엇이든 제가 전하의 옷을 입고 있다 하더라도 저를 전하로 착각할 만큼 어리석은 존재는 아닐 것이라고 생각되기 때문입니다. 하지만 전하께서 이미 결심을 굳히셨다면, 그래서 제가 전하의 침소에서 자야 한다면 분부대로 하겠습니다."

아르타바노스는 크세르크세스의 옷을 입고 옥좌에 앉아 있다가 침소에 들었다. 이윽고 그가 잠들자 크세르크세스를 찾아왔던 바로 그 환영이 나타나 침상 곁에 서서,

"크세르크세스를 걱정하는 체하며 그리스 원정을 중지시키려는 자가 그대인가? 장래의 일이든 현재의 일이든 운명의 흐름을 바꾸려 한다면 천벌을 면치 못할 것이다."

라고 말하고는 빨갛게 달아오른 쇠로 아르타바노스의 눈을 찌르려

했다. 아르타바노스는 큰소리를 지르며 벌떡 일어난 뒤 크세르크세스에게 달려가 자신이 꿈속에서 본 것에 대해 상세히 이야기하고 나서 다음과 같이 덧붙여 말했다.

"전하, 저는 여러 가지 선례를 생각하고 제 자신의 경험에 비추어 지나치게 큰 야망을 품는 것이 어떻게 재난의 원인이 될 수 있는지 깨달았기 때문에 전하께서 젊은 혈기대로 성급히 행동하지 않으시도록 간해 왔습니다. 그러나 지금 불가사의한 힘이 원정에 나서라고 우리를 재촉하고 있고, 또 그리스인이 신의 뜻에 의해 파멸당하도록 정해져 있는 것을 알게 되었기 때문에, 저도 생각을 바꾸었습니다. 그러하오니 전하, 신의 계시를 국민에게 널리 알리시고 그들로 하여금 처음에 명하신 대로 원정을 준비하게 하십시오. 그리고 신께서 맡기신 일이므로 소홀함이 없도록 최선을 다하시기 바랍니다."

두 사람은 이렇게 서로 이야기를 나눈 뒤에 용기를 얻고 확신을 갖게 되었다. 그래서 크세르크세스는 날이 밝자마자 곧 일의 전말을 페르시아인들에게 알렸고, 그때까지 혼자 그리스 원정에 공공연히 반대했던 아르타바노스가 이번에는 공공연히 원정을 지지했다. 모였던 페르시아의 요인들은 이 말을 듣자 곧 각자의 영지로 돌아갔다. 그리고 약속된 은상을 받기 위해 왕이 명한 임무를 완수하려 애썼다.

크세르크세스는 이집트를 정벌한 뒤 4년간 군대를 징집하고 필요한 군수품을 조달하고 나서 5년째 되는 해에 마침내 대군을 이끌고 원정길에 나섰다. 실제로 우리가 아는 한 유사 이래 이보다 더 큰 규모의 원정군은 없었고, 아시아에 거주하는 사람 중에 이 원정에 참여하지 않은 사람도 없었다. 또 대하천을 제외하고는 이 대군의 식수로 충당된 결과 고갈되지 않은 하천이 거의 없을 정도였다.

그런데 크세르크세스는 원정에 앞서 미리 몇 가지 조치를 취해 놓고 있었다. 그것은 아토스반도에 운하를 파는 일과 원정군용 식료품을 운반하고 저장하는 일, 페니키아인과 이집트인에게 명해 헬레스폰토스에 다리를 놓을 때 사용할 밧줄을 준비하게 하는 일이었다. 전에 마르도니오스의 해군이 아토스반도를 돌아가다가 막대한 손해를 입었던 일이 떠올라, 크세르크세스는 3년간에 걸쳐 페르시아군에 속한 다양한 국적의 병사들로 하여금 교대로 신속히 운하를 파게 했다. 그리하여 2척의 삼단노선이 노를 저으면서 나란히 통과할 수 있게 되었지만, 내가 추측하기에 이것은 일종의 과시욕에 의한 것으로 크세르크세스는 이것을 통해 자신의 힘을 과시하는 동시에 후세에 기념비적인 업적을 남기려 했던 것 같다. 선박들을 끌며 지상을 통해 지협을 손쉽게 건널 수 있었기 때문이다.

이런 작업이 계속되는 동안, 크세르크세스의 전 육상 부대가 할리스강 동쪽의 크리탈라를 떠나 사르디스로 향했다. 그와 함께 육로로 진격할 부대는 모두 이곳에 집결하라는 명령을 받았던 것이다. 전군은 할리스강을 건너 프리기아로 들어온 뒤 이 지방을 지나 켈라이나이에 도착했다. 이 도시에서 리디아인 피디오스가 크세르크세스를 기다리고 있다가 그와 그의 군대를 환대하고 군자금을 제공하겠다고 제안했다. 피디오스는 전에 다레이오스에게 황금 플라타너스와 포도나무를 선물로 준 적이 있는 인물로 페르시아 왕을 제외하고는 세계에서 가장 부유한 재산가였는데, 크세르크세스는 그가 헌납하겠다는 재산보다는 오히려 그의 후의에 기뻐했다. 400만 다레이코스 금화에서 7천이 모자라는 그의 헌납금을 받지 않고 도리어 금화 7천을 주어 재산이 400만 다레이코스 금화에 이르게 해 주었기 때문이다.

크세르크세스는 사르디스에 도착하자 먼저 그리스에 사절을 보내 흙과 물을 요구하고 페르시아왕을 위해 식사 접대 준비도 해 놓으라고 명했다. 그런데 다른 나라에는 모두 사절을 파견했지만 아테네와 스파르타에는 사절을 보내지 않았다. 그가 그리스에 다시 흙과 물을 요구하는 사절을 보낸 것은 전에 다레이오스의 요구에 따르지 않았던 나라들도 이번에는 두려움에 못 이겨 요구에 응할 것이 틀림없다고 판단했기 때문이다.

이렇게 해 놓은 다음 크세르크세스는 아비도스로 군대를 진격시킬 준비를 하고 있었는데, 그곳에서는 아시아와 유럽을 잇는 헬레스폰토스의 다리 공사가 한창 진행되고 있었다. 헬레스폰토스의 케르소네소스연안에 있는 세스토스와 마디토스 두 도시 중간에서 바위 투성이의 곳이 바다로 돌출해 아비도스와 마주 보고 있는데, 다리를 놓도록 명받은 자들이 아비도스를 기점으로 이 곳을 향해 다리 2개를 설치했다. 다리 하나는 페니키아인이 흰 아마제 밧줄을 사용해서 설치하고, 다른 하나는 이집트인이 파피루스제 밧줄을 이용해서 설치했다. 아비도스에서 맞은편 해안까지의 거리는 7스타디온이다. 그런데 공사가 끝나 다리가 개통되자마자 폭풍이 불어 다리가 완전히 파괴되어 버렸다. 이 소식은 듣고 격노한 크세르크세스는 헬레스폰토스의 바다에 300대의 채찍형을 가하고 족쇄 한 쌍을 던져 넣으라고 명하는 동시에 다리 공사 책임자의 목도 자르게 했다. 그리고 다른 건축가들이 다시 다리 공사에 착수했다. 그 다리는 이렇게 만들었다.

해협에 먼저 오십노선과 삼단노선을 나란히 2열—흑해 쪽에는 360척, 다른 한쪽에는 314척—로 세워 놓고 흑해를 향해서는 비스듬히, 헬레스폰토스 해류에 대해서는 평행하도록 배치했는데, 이것은 다리의 밧줄이 항상 팽팽히 유지되게 하기 위해서였다. 이렇게 배들을 나란히 세워 놓은 다음 바람을 막기 위해 커다란 닻을 내리고, 세 군데의 간격을 넓혀 작은 배들이 마음대로 흑해를 출입할 수 있게 했다. 그런 다음 육지에서 목제 도르래로 밧줄을 감아올려 팽팽하게 해 놓았다. 이번에는 지난번처럼 두 종류의 밧줄을 각각 별도로 사용하지 않고 각각의 다리에 흰 아마제 밧줄 2개와 파피루스제 밧줄 4개를 같이 사용했다. 그리고 통나무를 다리의 폭과 같은 길이로 잘라 낸 다음 팽팽히 당겨진 밧줄 위에 차례로 늘어놓았다. 그 위에 가로대를 걸치고 서로 묶은 뒤 그 위에 판자를 놓고, 이것이 빈틈없이 깔리자 그 위를 흙으로 덮었다. 이 흙을 밟아 다진 후에 이번에는 다리 양쪽 전체에 목책을 설치했다. 운반용 짐승이나 말이 발밑의 바다를 보고 놀라는 일이 없게 하기 위해서였다.

헬레스폰토스의 다리가 완공되고 또 아토스의 운하도 완성되었다는 보고가 들어오자, 전군이 봄이 오기를 기다려 마침내 사르디스를 떠나 아비도스로 향했다. 그런데 원정군이 막 진군하려 할 때 구름 한 점 없이 맑기만 하던 하늘에서 태양이 갑자기 사라지며 환하던 대낮이 암흑천지로 변해 버렸다. 크세르크세스는 마음이 꺼림칙해 마고스 일족에게 이것이 무슨 전조일 것 같으냐고 물었다. 그러자 그들은 페르시아에서 미래의 일을 예시해 주는 것은 달이지만 그리스에서는 태양이므로, 이것은 신이 그리스인에게 그 도시들의 소멸을 예시한 것이라고 대답했다. 이 말을 들은 크세르크세스는 몹시 기뻐하며 진군을 계속했다.

그런데 이때 리디아인 피티오스가 이 현상에 공포를 느끼고, 종군하고 있는 5명의 자식 중 장남만은 자신을 돌보고 재산을 관리할 수 있도록 군무를 면제해 달라고 간청했다. 그는 군자금을 제공하겠다고 해서 왕의 호감을 사고 은상을 받았기 때문에 우쭐해졌던 것이다. 그러자 크세르크세스가 크게 노하며 이렇게 말했다.

"이 고얀 놈, 내가 자식과 형제, 친족, 친구들을 이끌고 직접 정벌에 나서고 있는데, 네가 감히 뻔뻔스럽게 자식 놈을 염려하는 거냐? 내 종으로서 당연히 일가를 모두 끌고 나와 함께 가야 할 네놈이 말이다. 인간의 감정은 귓속에 있어 좋은 소리를 들으면 몸 안이 기쁨으로 가득 차지만, 싫은 소리를 들으면 노여움으로 부풀어 오른다. 네가 전에 선행을 하고 또 훌륭한 제안을 했을 때 왕의 큰 도량을 능가하는 일을 했다고 자랑할 수 없었듯이, 네가 후안무치하게 변한 지금도 네게 죄에 상응하는 벌을 면해 주고 가벼운 처벌에 그치도록 하겠다. 너와 네 명의 자식은 전에 나를 접대한 공으로 그 형이 면제될 것이지만, 너는 네 죄를 남은 한 명, 즉 네가 가장 집착하는 장남의 목숨으로 갚게 될 것이기 때문이다."

이렇게 말한 뒤 크세르크세스는 형리에게 명해 피티오스의 맏아들을 찾아내 그 몸을 두 조각내고 한쪽은 길 오른쪽에, 다른 한쪽은 왼쪽에 두게 한 다음 군대가 그 사이로 지나가게 했다.

군대가 헬레스폰토스의 아비도스에 도착하자, 크세르크세스는 전군을 보고 싶었다. 미리 명을 받고 아비도스인이 약간 높은 언덕에 특별히 왕을 위해 흰 대리석으로 전망대를 세워 놓았기 때문에, 그는 여기에 앉아 해변을 내려다보면서 지상군과 함대를 한눈에 바라볼 수 있었다. 그는 헬레스폰토스의 해수면이 온통 다 함선으로 뒤덮이고 해안과 아비도스의 평지가 모두 군대로 가득 찬 광경을 지켜보며 스스로 자신의 행운을 축복하다가 이윽고 눈물을 흘렸다.

"전하, 조금 전에는 그토록 행운을 스스로 축복하시는 듯하더니 지금은 어째서 눈물을 흘리십니까?"

숙부인 아르타바노스가 의아해하며 이렇게 이유를 물었다. 그러자 왕이 대답했다.

"저렇게 사람이 많은데도 누구 한 사람 100세까지 살 수 없다는 생각이 들자, 사람 목숨이라는 것이 얼마나 덧없이 짧은 것인가 하는 슬픈 느낌이 절로 들었소."

아르타바노스는 그 말을 듣고 이렇게 말했다.

"하지만 우리의 인생에는 그보다 더 슬픈 것들이 있습니다. 이렇게 짧은 인생이지만 삶보다 죽음을 원하는 일이 한 번이 아니라 여러 번에 걸쳐 일어나지 않을 만큼 행운을 누리는 사람은 단 한 명도 없습니다. 불행이나 병마에 시달리는 사람에게는 이 짧은 인생마저 긴 것처럼 느껴질 것입니다. 이렇게 인생이 괴로운 나머지 죽음이 인간의 가장 즐거운 도피처가 될 정도입니다. 그리고 우리는 이것으로 인생의 달콤함을 맛보게 해 주시는 신의 선물 속에 질투심이 숨겨져 있다는 것을 알 수 있습니다."

크세르크세스는 이에 대해 다음과 같이 말했다.

"아르타바노스여, 그대의 말이 맞소. 인생은 그런 것이오. 하지만 바로 그런 까닭에 슬픈 생각은 그만 하도록 합시다. 즐거운 일들이 눈앞에 있는 지금, 슬픈 것은 생각하지 말도록 합시다. 그런데 한 가지 묻고 싶은 게 있소. 그런 생생한 꿈을 꾸지 않았으면 지금도 처음 의견을 굽히지 않고 그리스 원정을 제지하려 했을 것 같소, 아니면 생각을 바꾸었을 것 같소?"

아르타바노스는 이렇게 대답했다.

"전하, 그 꿈이 저와 전하가 원하는 결말을 가져오길 바랍니다. 하지만 저는 그날 밤 이후 많은 것을 곰곰이 생각해 보고, 특히 이 세상에서 가장 위력 있는 두 가지가 전하께 적의를 품고 있는 것을 깨닫고는 지금도 좀처럼 마음을 다잡을 수 없을 정도로 두려움으로 가득 차 있습니다."

이 말을 듣고 크세르크세스는 다음과 같이 말했다.

"그대는 참 이상한 사람이구려! 말 좀 해 보시오. 대체 그 두 가지가 뭐요? 군대의 병력이 부족한 것 같소? 아니면 우리 해군이 열세인 것 같소? 아니면 육해 양면에서 모두 부족하단 말이오? 그렇다면 지금이라도 곧 쉽사리 또 군대를 징집할 수 있지 않소?"

아르타바노스는 이에 대해 이렇게 대답했다.

"전하, 사리를 아는 사람이라면 어떻게 병력이나 함선의 숫자가 부족하다고 지적할 수 있겠습니까? 전하께서 병력이나 함선을 추가하실수록, 제가 말씀드린 두 가지는 더욱더 전하께 적의를 느낄 것입니다. 그 두 가지는 바로 육지와 바다입니다. 제 생각에는 폭풍이 불 경우 우리의 함대를 받아들여 안전하게 지켜 줄 수 있을 만큼 큰 항구가 어느 바다에도 없을 것 같습니다. 게다가 이런 항구가 하나에 그치지 않고 전하께서 앞으로 해군을 진격시키실 해안 전역에 많이 있어야 할 것입니다. 하지만 이런 항구들은 없으므로 인간은 우발적인 사건을 제어할 수 없고 도리어 거기에 자신을 맡길 수밖에 없다는 것을 명심하시기 바랍니다. 그러면 두 번째 것에 대해 말씀드리겠습니다. 육지가 전하께 적의를 느끼고 있다는 것은 이런 의미입니다. 즉 맞서는 자가 없더라도 나날이 늘어나는 거리 때문에 반드시 식량난에 봉착하게 되리라는 것입니다."

크세르크세스는 아르타바노스의 견해의 타당성을 인정하면서도 일어날 수 있는 일을 모두 다 고려하다 보면 결국 아무 일도 하지 못하게 될 것이라고 주장했다.

"인간의 몸으로 어떻게 확실한 것을 알 수 있겠소? 나는 그것은 인간의 힘으로 불가능하다고 생각하오. 그러므로 성공은 기꺼이 결행하는 자에게 주어지게 마련이고, 이런저런 생각으로 머뭇거리며 몸을 사리는 자에게는 성공의 가능성이 주어지지 않소. 우리 페르시아의 국력이 어떻게 신장되었는지 생각해 보시오. 선왕들께서 과감히 위험을 무릅씀으로써 페르시아가 이렇게 번영하게 된 것이오. 위대한 업적은 위대한 모험에 의해서만 성취될 수 있기 때문이오. 우리가 선왕들의 예를 따르고 있고 1년 중에서 가장 좋은 이 계절에 진군을 계속하고 있는 만큼, 우리는 곧 유럽을 모두 평정하고 그 동안에 어디에서든 기아에 시달리거나 어떤 불쾌한 일도 당하지 않고 승리의 기쁨을 안은 채 귀국하게 될 것이오. 우리는 식량을 풍부하게 지니고 있고, 또 진로상에 있는 토지나 민족들로부터 곡물을 입수할 수도 있을 것이기 때문이오. 우리가 공격하려는 그리스인은 유목민이 아니라 농경민이란 말이오."

그러자 아르타바노스는 최소한 이 한 가지 건의만은 들어 달라며 이오니아인이 그들의 조상의 나라를 공격하는 일이 있게 해서는 안 된다고 말했다. 그들이 원정에 가담할 경우 그들에게는 모국을 예속시키는 극악한 자들이 되든가, 아니면 모국을 도와 자유를 유지하게 해 주는 의리 있는 자들이 되는 두 길밖에 없는데다가, 그들이 극악한 자가 되더라도 페르시아에 별로 이익이 될 것이 없다는 것이었다. 하지만 크세르크세스는 이오니아인이 다레이오스왕의 스키타이 원정 때 보여 준 충성심을 예로 들면서 그들을 신뢰할 수 있다고 낙관하는 한편, 또 처자식과 재산을 국내에 남겨 두고 있는 이상 반역적인 행동을 할 수 없을 것이라고 장담하기도 했다. 그러고는 크세르크세스는 아르타바노스에게 내 집과 영지를 안전하게 돌보아 달라며 그를 수사로 돌려보냈다.

그날은 하루 종일 바다를 건널 준비를 하며 보내고, 다음 날 아침 일찍 다리 위에 온갖 종류의 향을 다 피워 놓고 통로에 도금양(키는 4미터에 이르고, 잎이 마주나는 '늘푸른 떨기나무'로 열대 지방에서는 정원에 심는 관상수로 인기가 좋다) 가지를 깔아 놓은 다음 해가 뜨기를 기다렸다. 이윽고 해가 솟아오르자 크세르크세스는 큰 황금 술잔으로 술을 바치며 바닷속에 술을 쏟아 붓고, 태양을 향해 유럽 정복을 방해하는 사고가 일어나지 않게 해 달라고 기원했다. 기원이 끝나자 큰 술잔과 페르시아풍의 단검을 바닷속에 던졌다.

이 의식이 끝나자 원정군이 바다를 건너기 시작했다. 흑해 쪽에 있는 다리로는 보병 및 기병 전 부대가, 에게해 쪽 다리로는 운반용 짐승과 종복들이 건넜다. 맨 먼저 모두 머리에 화환을 쓴 1만 명의 페르시아군이 건너고, 그 다음으로 여러 민족으로 구성된 혼성 부대가 건넜다. 다음 날에는 기병대와 창끝이 밑을 향하게 한 부대가 건넜다. 이들도 머리에 화환을 쓰고 있었다. 이어서 신마(神馬)와 신거(神車)가 건너고, 그 뒤를 이어 크세르크세스 자신이 친위대와 기병 1천명을 거느리고 다리를 건넜다. 그리고 나머지 부대가 그 뒤를 따랐다. 해상 부대도 때를 같이해 맞은편 해안을 향해 출발했다. 원정군은 한시도 쉬지 않고 7일 낮 7일 밤 동안 바다를 건넜다.

전군이 다리를 건넌 뒤 유럽 땅에서 진군을 시작하려 할 때, 기이한 전조가 나타났다. 말이 토끼를 낳았다. 정벌군이 처음에는 위풍당당하게 그리스로 진격해 들어가지만 이윽고 겨우 목숨을 건져 본래의 장소로 돌아오게 되리라는 전조였지만, 크세르크세스는 전혀 개의치 않고 육군의 선두에 서서 전진을 계속했다.

한편 해군도 헬레스폰토스에서 빠져나오자 육군과 반대되는 방향을 택해 해안을 따라 항해했다. 함대는 사전에 그곳에 가서 육군을 기다리고 있으라는 명을 받고 사르페돈곶을 향해 서쪽으로 항해하고 있었기 때문이다.

이윽고 도리스코스라는 트라키아의 해안에 있는 대평야에 도착하자, 크세르크세스는 원정군의 병력을 점검했다. 먼저 1만 명을 한곳에 밀집시킨 뒤 그 둘레에 원을 그렸다. 그 후 사람들을 빼내고 원을 따라 배꼽 높이로 돌담을 쌓았다. 이렇게 한 다음 차례로 병력을 돌담 안으로 집어넣어 인원수를 헤아렸다. 결국 육군의 총인원은 170만 명으로 밝혀졌다고 한다. 도리스코스에 도착한 함대의 함장들은 크세르크세스의 명에 따라 그 이웃에 있는 해안에 함선들을 정박시키고 육지로 올라와 휴식을 취했는데, 삼단노선의 숫자는 1,207척이고, 그 외에 오십노선이나 소함정 등 각종 선박을 합치면 그 숫자가 3,000~7,000척에 이르렀다.

크세르크세스는 병력 점검과 편성이 끝나자 기병 및 보병 전 부대를 시찰하고 전 함대도 열병했다. 그는 열병을 마치고 배에서 내린 뒤에 왕을 따라 그리스 원정에 종군하고 있던 데마라토스를 불러 다음과 같이 물었다.

"데마라토스여, 그대는 그리스인일 뿐만 아니라, 내가 그대와 다른 그리스인들로부터 들어 알고 있듯이, 결코 약한 도시 출신이 아니오. 그러니 그대의 생각을 말해 보시오. 그리스인이 내게 맞설 것 같소? 내 생각에는 전 그리스인뿐만 아니라 서쪽의 모든 이방인이 한데 모여도 진실로 단결하지 못하는 한 내 공격을 당해 내지 못할 것 같은데 말이오."

그러자 데마라토스는 진실을 듣고 싶으냐, 아니면 그냥 마음에 드는 대답만 듣고 싶으냐고 물었다. 크세르크세스가 진실을 원한다고 대답하고 진실을 말해도 불이익을 당하는 일이 없을 것이라고 약속하자, 데마라토스는 이렇게 말했다.

"우리 그리스는 언제나 가난하게 살아왔지만, 지혜와 엄격한 법 덕분에 용기를 지니게 되었습니다. 이 용기 덕분에 우리는 가난도 몰아내고 예속도 피할 수 있었습니다. 도리스 지역에 사는 그리스인은 누구나 다 용감하지만, 저는 지금부터 단지 스파르타인에 대해서만 말씀드리려고 합니다. 우선 그리스에 예속을 강요하시는 전하의 제안은 어떤 상황에서도 받아들여지지 않을 것이고, 나아가 설사 다른 그리스인이 모두 전하의 뜻을 따르게 된다 하더라도 스파르타인만은 반드시 맞서 싸울 것입니다. 그들의 숫자가 어느 정도 되느냐고 묻지 마십시오. 1천 명이 출격한다 하더라도 그들은 맞서 싸울 것이고, 그보다 많든 적든 숫자와 상관없이 싸울 것이기 때문입니다."

이 말을 듣고 크세르크세스는 웃으면서 다음과 같이 말했다.

"데마라토스여, 그대는 정말로 1천 명의 병력이 이런 대군을 상대로 싸우리라 생각하오? 그대는 한때 그들의 왕이었다고 하는데, 그렇다면 내 물음에 답해 보시오. 그대는 지금 당장 10명을 상대로 기꺼이 싸울 수 있소? 그것이 가능할 때에야 비로소 그대의 말이 진실이라는 것이 증명될 것이오. 또 그 숫자가 어떻든 특히 그들이 한 지휘관의 지휘봉 아래 있지 않고 모두 똑같이 자유롭다면, 어떻게 이런 대군을 맞이해 대항할 수 있겠소? 더군다나 그들의 숫자가 5천이라면, 우리의 병력은 1인당 1천 명 이상이 되오! 수적으로 불리해도 우리 군대처럼 한 사람이 통솔한다면 지휘관을 두려워하는 마음에서 실력 이상의 힘을 내거나, 채찍에 몰려 적은 수로 많은 수를 대적해야하는 상황에서도 대군을 향해 돌격할 것이오. 그러나 자유로이 방임해 둔다면 그 어느 쪽으로도 행동하지 않을 것이오. 내 생각에는 설사 병력의 숫자가 똑같더라도 그리스인은 페르시아인 부대 하나도 대적하지 못할 것 같소. 그대가 말하는 그런 일은 우리 쪽에야말로 그 실례가 있소. 물론 진기한 예에 속하지만 말이오. 내 친위대에 속한 페르시아인 중에 기꺼이 한꺼번에 3명의 그리스인을 상대로 싸우겠다고 나설 강자들이 있소. 그대는 이런 사정을 모르기 때문에 그런

실없는 소리를 늘어놓았을 것이오."

이에 대해 데마라토스는 다음과 같이 말했다.

"전하, 처음부터 진실을 말씀드리면 좋아하시지 않을 줄 알고 있었습니다. 그러나 있는 그대로 말하라고 하셔서 스파르타인의 실정을 말씀드렸던 것입니다. 저는 10명, 아니 2명과도 싸울 수 있다고 말씀드릴 수 없습니다. 저는 일대일 결투조차 하고 싶지 않습니다. 하지만 어떤 피치 못할 일이 생기거나 중대한 긴급 사태가 벌어졌을 때에는 3명의 그리스인을 상대할 수 있다고 호언장담하는 전하의 병사들 중 한 명과 기꺼이 싸우겠습니다. 이와 같이 스파르타인은 일대일 결투에서는 누구에게도 뒤지지 않고, 더군다나 단결할 경우에는 세계 최강의 군대가 됩니다. 그들은 물론 자유스럽지만 전적으로 자유롭지는 않습니다. 그들은 법(노모스)이라는 왕을 섬기고 있습니다. 그들이 왕을 두려워하는 정도는 전하의 신하들이 전하를 두려워하는 정도를 훨씬 능가합니다. 이 왕이 명하는 것은 언제나 한 가지, 즉 어떤 대군을 맞이하더라도 결코 뒷모습을 보이지 말고 끝까지 자기 자리를 지키며 적을 제압하든가 죽으라는 것입니다."

크세르크세스는 웃으면서 이 말을 흘려듣고 조금도 화를 내지 않은 채 그를 돌려보냈다.

마침내 도리스코스를 떠나 그리스로 향하던 크세르크세스는 도중에 지나가는 나라의 국민들을 강제로 종군시켰다. 앞에서 말했듯이 테살리아에 이르는 전 지역이 평정되어 페르시아왕에게 조공을 바치고 있었기 때문이다. 한편 이 원정군을 맞아 이를 환대하고 왕의 식사를 접대해야 하는 그리스인들은 큰 고난을 겪고 있었다. 그 때문에 집과 고향을 버리지 않으면 안 될 정도였다. 예를 들어 타소스인이 본토에 있는 자국의 여러 도시를 위해 크세르크세스의 군대를 맞아 식사를 제공했을 때, 타소스에서 손꼽히는 명사로 그 접대를 맡았던 안티파트로스가 지출한 금액이 은 400탈란톤에 이르렀다는 보고가 있는 것을 보아도 그 실정을 능히 짐작할 수 있다.　　　　〈제7권〉

자유를 향한 피의 전쟁,
페르시아 vs 그리스

제3부 자유를 향한 피의 전쟁, 페르시아 vs 그리스

　　기원전 480년 페르시아왕 크세르크세스는 그리스 지역을 정복하려고 대규모 병력을 동원, 제3차 페르시아 전쟁을 일으킨다. 이때부터 헤로도토스는 오로지 전쟁 상황을 상세하게 기록하는 데에만 열중한다. 테르모필라이 전투, 아르테미시온 해전, 아테네의 함락, 살라미스 해전, 플라타이아 전투, 페르시아군의 궤멸, 미켈레 해전이 이어진다. 마침내 페르시아군의 패주로 막을 내리는 페르시아 전쟁을 마지막으로 헤로도토스의 《역사》는 끝난다. 《역사》는 그리스와 페르시아 사이에 벌어진 이 대전쟁이 어떻게 일어났는지 그 배경과 함께 페르시아를 포함한 소아시아 지역의 지리·풍속·종교 등 다양한 내용을 기록하고 있다. 말하자면 《역사》는 지리적으로는 아시아, 아프리카, 유럽 등 당시의 전 세계를 망라하고, 연대적으로는 기원전 585년 철학자 탈레스의 일식 예언에서부터 기원전 479년 세스토스 함락에 이르기까지 약 100년에 걸쳐 동서 문명의 역사적 흐름과 동서 문명의 대충돌을 일관성 있게 기술했다. 이 때문에 《역사》는 서양 최초의 역사책으로 평가되고 있으며 헤로도토스는 역사의 아버지로 불리게 된다.

1. 테르모필라이 전투

크세르크세스는 피에리아 지방에 이르러 그곳에서 여러 날 동안 머무르고 있었다. 세 군단으로 구성된 원정군 중 한 군단이 전군을 위해 페라이비아로 자유롭게 들어갈 수 있는 통행로를 닦으려고 마케도니아 산악 지대를 뚫고 있었기 때문이다.

한편 흙과 물을 요구하기 위해 그리스 각지로 파견되었던 사자들이 귀환했는데, 페르시아왕의 요구에 응한 그리스인은 테살리아인과 돌로페스인, 에니아네스인, 페라이비아인, 로크리스인, 마그네시아인, 말리스인, 프리오티스의 아카이아인, 테베인, 그리고 테스피아이와 플라타이아 두 도시를 제외한 전 보이오티아인 등이었다. 페르시아의 침공에 맞서 항전의 기치를 들기로 결정한 그리스인들은 이 민족들에 대해 다음과 같은 조치를 취하기로 맹세했다. 즉 그리스인이면서 스스로의 의지로 페르시아왕에게 굴복한 자들에게는 모두 전쟁이 끝난 뒤에 델포이 신에게 1할세를 납부하게 한다는 것이었다.

크세르크세스가 아테네와 스파르타에 사자를 보내지 않은 이유는,

전에 다레이오스가 같은 목적으로 사자를 파견했을 때 아테네인은 그 사자를 처형 구덩이에 집어넣고, 스파르타인은 우물 속에 밀어 넣은 뒤에 그곳에서 흙과 물을 취해 왕에게 가져가라고 말했기 때문이다. 이 일이 있는 뒤 아테네에는 어떤 좋지 못한 결과가 초래되었는지 잘 모르지만, 스파르타는 그 옛날 아가멤논의 사자였던 탈티비오스의 노여움을 사게 되었다.

스파르타에는 탈티비오스를 모신 신전이 있고, 또 탈티비오스의 후예들이 살고 있으며 스파르타에서 파견되는 사자 역할은 모두 이 일족이 담당하는 특권을 갖고 있었다. 그런데 어떤 희생 제물의 점괘에서도 길조가 나타나지 않고, 게다가 이런 일이 오랫동안 계속되었다. 그러자 스페르티아스와 불리스 등 명문 출신이자 거부이기도 한 두 사람이 크세르크세스에게 가서 다레이오스의 사자를 처형한 데 따른 대가를 치르겠다고 자발적으로 제안해서, 스파르타인은 이 두 사람을 사지(死地)에 보낸다는 각오로 페르시아에 보냈다. 이 두 사람의 용기는 정말 경탄할 만한 것이었고, 게다가 그들의 말 또한 참으로 훌륭한 것이었다. 그들이 수사로 가는 도중에 아시아 연해 지방 일대의 군사령관인 히다르네스를 방문했을 때, 그가 이 두 사람을 손님으로 맞아들인 뒤 연회를 베풀고 그 자리에서 다음과 같이 말했다.

"우리 전하께서는 유능한 인재는 꼭 중용하시므로, 그대들도 전하

테르모필라이 전투
기원전 480년 테르모필라이 지역에서 벌어졌던 페르시아군과 그리스 연합군 사이의 전쟁으로, 스파르타의 레오니다스왕을 비롯한 그리스 연합군 대부분이 크세르크세스왕이 이끈 페르시아군에게 전멸당했다.

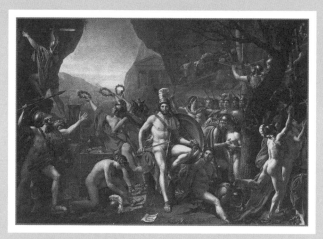

테르모필라이에서의 레오니다스
그림 가운데에 서 있는 레오니다스는 기원전 5세기 때의 스파르타왕으로, 페르시아 전쟁 때 그리스 중부 테르모필라이 협로에서 압도적으로 우세한 페르시아군을 맞아 용감히 싸워 스파르타의 전설이 되었다.

를 따르기만 하면 그리스를 지배할 수 있을 것이오."

이에 대해 두 사람은 이렇게 대답했다.

"히타르네스 각하, 각하께서는 노예가 어떤 것인지는 잘 알고 계시지만, 자유가 어떤 것인지는 아직 경험이 없기 때문에 그것이 단지 아니면 쓴지 모르고 계십니다. 그러나 각하께서도 자유의 맛을 알게 된다면 자유를 위해서는 창뿐만 아니라 손도끼라도 들고 싸워야 한다고 우리에게 권하게 되실 것입니다."

그 후 두 사람은 수사에 도착해 왕을 알현하게 되었는데, 왕의 친위병들이 왕 앞에 꿇어 엎드리게 하려 하자 그들은 친위병들의 손에 의해 머리를 바닥에 찧게 되는 한이 있어도 결코 그런 짓은 할 수 없다고 말했다. 인간에게 엎드려 절하는 것은 자기들 나라 관습에는 없으며, 또 자신들은 그런 짓을 하기 위해 온 것이 아니라고 주장했다. 그러고는 왕에게 자신들은 사자를 살해한 데 따른 죗값을 치르기 위해 스파르타에서 파견되어 왔다고 말했다.

그러자 크세르크세스는 도량 넓게 자신은 스파르타인과 같은 짓을 하지 않겠다고 말했다. 즉 스파르타인은 외국의 사절을 살해함으로써 국제 관습을 무시하는 행동을 했지만 자신은 그와 같은 방법으로 스파르타인을 책망할 생각이 없으며, 이 두 사람을 보복의 대상으로 삼아 처형함으로써 스파르타인이 그 책임을 면하게 하지 않겠다는 것이었다. 그리하여 스페르티아스와 불리스 두 사람은 무사히 스파르타로 귀환할 수 있었고, 스파르타인도 탈티비오스의 노여움을 일단 진정시킬 수 있었다.

크세르크세스가 출정 명분으로 내세운 것은 아테네의 정벌이었지만, 실은 그리스 전역을 정복하는 것이 그의 목적이었다. 그리스인들도 이것을 전부터 잘 알고 있었지만, 닥쳐올 위험에 대해서는 서로 다른 견해를 갖고 있었다. 그들 중 일부는 페르시아왕에게 이미 흙과 물을 바쳤기 때문에 아무 피해도 없을 것이라고 안심하고 있었고, 그 반면에 그것을 거부한 다른 사람들은 심한 공포에 사로잡혀 있었다. 적과 교전할 수 있는 그리스 함선의 숫자가 너무 적다고 생각되는데다가, 많은 도시가 전쟁에 참여하지 않고 페르시아 쪽에 따뜻한 호의를 보일 것이 분명했기 때문이다.

그래서 여기에서 나는 대다수의 그리스인은 싫어하리라는 것을 알고 있지만 내게는 사실처럼 여겨지기 때문에 거리낌 없이 말하기로 결심한 견해를 밝히지 않을 수 없을 것 같다. 만약 아테네인이 다가오는 위험에 겁을 집어먹고 조국을 포기하거나 크세르크세스의 힘에 굴복했으면, 분명히 해상에서 페르시아군에 저항하려는 사람은 아무도 없었을 것이다. 그리하여 육상에서 펠로폰네소스군에 의해 지협에 방어벽이 몇 겹으로 쳐져 있었어도 페르시아 해군에 의해 도시들이 차례로 점령되어 갔으면 스파르타의 동맹 제국도 본의 아니게 스파르타를 버릴 수밖에 없게 되어 스파르타는 고립무원의 상태에 빠지게 되었을 것이다. 제아무리 스파르타군이라 하더라도 고립된 상태에서는 눈부신 활약상을 보이며 싸운다 하더라도 결국은 옥쇄(玉碎, 명예나 충절을 위해 깨끗이 죽는 짓)하거나, 아니면 다른 도시들과 마찬가지로 크세르크세스와 화친을 했을 것이다. 이렇게 되면 틀림없이 그리스 전체가 페르시아의 지배를 감수할 수밖에 없었을 것이다. 따라서 아테네가 그리스의 구세주였다고 말해도 지나치지 않을 것이다. 사실 아테네가 어느 쪽에 가담하느냐에 따라 운명의 저울이 어느 쪽으로 기울어지느냐가 결정될 상황이었다. 그리고 그리스의 자유를 유지하는 길을 선택해 페르시아에 아직 굴복하지 않은 그리스 국가들을 각성시키고, 그리하여 신들에 버금가는 큰 공을 세우며 페르시아왕을 격퇴한 것도 아테네인이었다. 아테네를 공포로 몰아넣었던 델포이의 무서운 신탁조차 그들에게 그리스를 포기하게 하지 못했다. 아리스토니케라는 무녀가 내린 신탁은 다음과 같은 것이었다.

"가엾은 자들아, 어찌하여 여기에 앉아 있느냐? 너희 집도, 너희 도시가 그 꼭대기에 둥근 장식을 얹어 놓은 험하게 치솟은 바위들도 버리고 세상 끝으로 도망쳐라! 도시는 불타고, 시리아의 전차를 몰고 달려온 사나운 군신(軍神)의 발아래 짓밟히게 되리라."

이런 답변을 들은 아테네의 사절단이 더없이 깊은 비탄에 잠긴 것을 보고, 델포이의 일류 명사 중 한 사람인 티몬이 그들에게 탄원자의 징표인 올리브 나무 가지를 들고 다시 신탁을 구해 보라고 조언해 주었다. 무녀가 받은 두 번째 신탁은 다음과 같은 것이었다.

"팔라스(아테네 여신)가 아무리 애원하고 현명한 말로 설득을 해도 올림포스의 제우스 신의 마음을 누그러뜨리지 못하리라. 하지만 나는 여기에서 다시 한 번 강철처럼 확고한 말을 내리겠다. 케크롭스의 언덕(아크로폴리스)과 성스런 키타이론의 계곡 사이에 있는 땅이 모두 적의 손에 넘어간다 해도, 선견지명이 있는 제우스 신께서는 아테네를 위해 나무 성채만은 난공불락의 요새로 만들어 너희와 너희 자식들을 구원해 주실 것이다. 또한 너희는 육로로 씩씩하게 다가오는 기병과 보병을 가만히 앉아서 기다려서는 안 된다. 등을 돌리고 퇴각하라. 이윽고 반격을 가하게 될 날이 올 것이다. 오! 성스러운 살라미스여, 사람들이 씨앗을 뿌릴 때, 혹은 그것을 거두어들일 때, 그대는 여자들이 낳은 자식들을 없애게 될 것이다."

이 신탁은 먼젓번 것보다 확실히 온건했고 사절단에게도 그렇게 보였기 때문에, 그들은 이것을 글로 옮긴 뒤 아테네로 갖고 돌아왔다. 사절단이 귀국해 국민에게 보고하자 이 신탁의 진의를 둘러싸고 다양한 해석이 제시되었는데, 특히 나무 성채가 무엇을 가리키느냐 하는 것을 둘러싸고 큰 의견 대립이 있었다. 그런데 최근에 명성을 떨치게 된 테미스토클레스가 나무 성채를 배로 해석하고, 또 살라미스에서 파멸당하는 것은 아테네인이 아니라 페르시아인일 것이라고 말하며 곧 해전 준비를 해야 한다고 권고했다. 그의 주장에 따르면 만약 아테네인이 파멸당한다면 '성스런 살라미스'가 아니라 '잔인한 살라미스'라고 말했을 것이 틀림없다는 것이었다. 테미스토클레스가 이런 견해를 밝히자, 아테네인들은 그의 주장이 해전을 준비하는 따위의 일을 하지 말고 아티카의 국토를 버리고 다른 곳으로 이주해야 한다는 점술가들의 의견보다 훨씬 낫다고 판단했다.

테미스토클레스는 전에도 매우 시의적절한 제안을 한 적이 있었다. 라우레이온 광산에서 막대한 금이 산출되어 국고가 풍족해지자 이것을 한 사람당 10드라크마씩 분배하자는 의견이 지배적이었다. 이때 테미스토클레스가 아테네인을 설득해 이것을 중지시키고 이 돈으로 아이기나와의 전쟁에 대비해 200척의 함선을 건조하게 했다. 이렇게 해서 아테네는 해군국이 될 수밖에 없었고, 결국 이 함선들이 그리스를 구원하게 되었던 것이다.

한편 조국의 앞날을 걱정하는 애국심에 불타는 그리스의 국가들이 한곳에 모여 서로 의견을 교환하고 맹약을 맺었다. 분쟁 중에서 가장 심각한 것은 아테네와 아이기나의 분쟁이었는데 그들은 무엇보다 필요한 것은 상호간의 적대 관계나 전쟁을 종결짓고 화해하는 것이라는 데 뜻을 같이했다. 그리고 다음으로 그들은 크세르크세스가 그 휘하 병력과 함께 사르디스에 있으니 그 군대를 정탐하기 위해 아시아로 첩자를 보낼 것, 아르고스에 사자를 파견해 페르시아인

테미스토클레스
기원전 5세기 고대 그리스의 장군이자 정치가로, 군항 건
설과 해군 증강에 착수해 아테네를 그리스 최고의 해군국
으로 만들었다. 장군으로서 아테네 함대를 지휘하여 페르
시아 해군을 격파했다.

에 대항하는 동맹에 가담하게 할 것, 시켈리아와 코르키라, 크레타에도 각기 원조를 청하는 사절을 보낼 것 등을 결의했다. 이와 같이 그들은 위기가 다가오면 똑같이 위협을 받게 되므로 가능한 한 그리스 민족을 하나로 단결시켜 동일한 방어 계획에 참여시키려 했던 것이다.

사르디스에 파견된 3명의 첩자는 그곳에 도착해 페르시아군의 동정을 살피던 중 신분이 발각되어 체포되었다. 그들은 고문을 받은 후 사형 선고를 받았지만, 크세르크세스가 이 소식을 듣자 그런 판결을 내린 것을 꾸짖고 몇 명의 친위병을 보내 첩자들이 살아 있으면 데려오라고 명했다. 친위병들은 첩자들이 살아 있는 것을 발견하고 왕 앞으로 데려왔다. 그러자 왕은 잠입 목적을 묻고는 친위병들에게 그들을 안내해 보병 및 기병 전 부대를 마음껏 구경시켜 준 다음 어디든 원하는 곳으로 무사히 떠나게 해 주라고 명했다. 그의 생각으로는 첩자 3명을 죽인다고 해서 적에게 큰 손해를 주는 것도 아니고, 도리어 그들이 무사히 돌아가면 그리스 측이 비할 데 없이 강대한 이쪽의 전력을 알고는 이 원정을 기다리지도 않고 그들이 말하는 '자유'를 포기해 굳이 전쟁을 벌이지 않아도 될 것 같았기 때문이다.

한편 아르고스는 사절들에게 지휘권 문제를 제기하고 그것이 받아들여지지 않자 그것을 스파르타에 양보하기보다는 차라리 외적의 지배를 받겠다고 선언했다. 시켈리아의 왕 겔론도 전에 자신들이 카르타고와 전쟁을 벌일 때 그리스에 구원을 요청했지만 아무런 도움도 주지 않았던 것을 비난했다. 그러나 겔론은 통수권을 자신에게 준다면 삼단노선 200척과 중무장병 2만 명, 기병 2천 명, 궁병 2천 명, 투석병 2천 명 및 경무장 기병 2천 명을 제공하고 또 전쟁이 끝날 때까지 식량을 공급해 주겠다고 말했지만, 이것 또한 그리스 측이 받아들일 수 있는 것이 아니었다.

코르키라인은 자기들로서는 그리스가 정복되는 것을 보고만 있을 수 없다며 함대를 보내겠다고 즉석에서 약속했다. 하지만 그들은 이것을 실행에 옮겨야 할 때가 되자 마음을 바꾸었다. 즉 일단 60척의 배가 출항해서 펠로폰네소스연안에 이르기는 했지만 스파르타령에 속하는 필로스와 타이나론곶 부근에 정박시키고 승패의 귀추를 관망하기로 했다. 그리고 어느 쪽이 이기든 적당히 둘러댈 수 있는 핑계거리를 마련해 두고 있었다. 크레타인은 임무를 부여받은 그리스인들이 원조를 요청하러 오자 델포이에 사자를 보내 신탁을 구하고 그 신탁에 따라 원조를 거부했다.

테살리아인이 어쩔 수 없이 페르시아 측에 가담했다는 것은, 그들이 알레우아스 일족의 술책이 그들이 바라는 바가 아니었다는 것을 명백히 보여 준 데서도 알 수 있다. 그들은 페르시아 왕이 바다를 건너 유럽으로 진격해 오려 한다는 소식을 듣자마자 코린토스지협으로 사절단을 보내 그곳에 모여 있던 그리스 대표들에게 이렇게 말하게 했다.

"그리스인 여러분, 테살리아를 비롯해 그리스 전역을 전쟁으로 인한 재난으로부터 구하기 위해서는 올림포스산의 진입로를 지켜야 합니다. 우리는 이미 여러분을 도와 이 중요한 길목을 지킬 준비를 갖추어 놓고 있습니다. 그러니 여러분도 꼭 대규모 병력을 보내 주시기 바랍니다. 만약 그렇게 하지 않으면 그리스 지역에서 멀리 떨어진 곳에서 스스로 보전책을 강구할 수밖에 없기 때문에 우리는 페르시아 왕과 화친하게 될 것입니다."

그래서 그리스인은 그 진입로를 방어하기 위해 해로를 통해 육상부대를 테살리아로 보내기로 결의했다. 이리하여 약 1만 명에 이르는 그리스의 중무장병이 테살리아의 템페에 집결해 포진하고, 테살리아의 기병 부대도 이에 가세했다. 그러나 마케도니아의 알렉산드로스로부터 사자가 도착해 페르시아 측의 육군 및 함대의 숫자를 열거하며 철수를 권고했기 때문에, 그리스군은 며칠 안 되어 다시 배를 타고 지협으로 돌아갔다. 이렇게 되자 동맹군으로부터 버림을 받은 테살리아인은 더 이상 망설이지 않고 적극적으로 페르시아 측에 가담하고, 그 후 이 전쟁 기간 동안 맹활약을 하며 페르시아왕에게 아주 큰 도움을 주었다.

지협으로 돌아온 그리스군은 알렉산드로스가 알려 준 정보에 바탕을 두고 어느 곳을 차지하고 어디에서 싸울 것인지 심사숙고했다. 지배적인 의견은 테르모필라이 협로를 지켜야 한다는 것이었다. 이 길은 테살리아의 협로보다 더 좁고 또 하나밖에 없는데다가 본국에 좀 더 가까웠기 때문이다. 그래서 그리스인은 이 협로를 방어함으로써 페르시아군의 그리스 진입을 저지하기로 결정하는 동시에 해군을 히스티아이아 영내의 아르테미시온에 파견하기로 결의했다. 이 두 지점은 서로 근접해 있어서 서로 무슨 일이 일어나고 있는지 쉽게 알 수 있었기 때문이다.

테르모필라이 서쪽에는 오르기 힘든 높고 험준한 산이 있고 이것이 멀리 오이테산으로 이어지며, 그 동쪽은 바다와 인접해 있고 소택지로만 가득 차있다. 트라키아령을 지나 그리스로 들어오는 길은 테르모필라이의 전면과 후면에서는 겨우 수레 한 대밖에 지나가지 못할 정도로 좁다. 그래서 페르시아군이 이곳에서는 대부대를 움직일 수도, 기병 부대를 이용할 수도 없으리라 생각되었다. 그래서 마침내 페르시아군이 피에리아 지방까지 진군해 왔다는 소식을 듣게 되자, 그리스군은 지협에서 둘로 나뉘어 일부는 육로로 해서 테르모필라이로, 다른 일부는 해로로 해서 아르테미시온으로 출동했다.

테르마시를 떠난 페르시아군은 함대가 세피아스곶까지, 육군이 테르모필라이까지 진군하는 동안 아무 손실도 입지 않았기 때문에 그 병력의 숫자에 변함이 없었다. 이 단계에서 내가 산출한 페르시아군의 총병력은 다음과 같다. 아시아에서 원정 온 함선의 숫자는 1,207

척이었는데 여기에 우선 각 민족으로 구성된 본래의 승무원이 각 함선당 200명씩 타고 있었다면, 이들의 총인원 수는 24만 1,400명이 된다. 그런데 이 함선들에는 그들 외에 페르시아인과 메디아인, 사카이인 등으로 구성된 전투원이 각각 30명씩 승선해 있었다. 따라서 앞에서 언급한 병력 수에 이들을 합한 3만 6,210명의 인원이 추가된다. 이 외에 오십노선의 승무원 수를 평균 1척당 80명으로 계산하면, 오십노선은 앞에서 이미 언급한 대로 3천 척이 집결해 있었으므로 그 숫자가 24만 명에 이른다. 이렇게 따지면 아시아에서 공격해 온 해상 부대는 그 총병력 수가 무려 51만 7,610명에 이르렀다.

한편 보병 부대는 170만 명, 기병 부대는 8만 명이었다. 여기에 아라비아인의 낙타 부대, 리비아의 전차 부대 2만 명을 덧붙이면 육해양군의 총병력 수는 231만 7,610명이 된다. 이 숫자에는 수행하는 종복이나 식량 수송선 및 그 승무원 등은 포함되지 않았다. 여기에 유럽에서 새로 징발된 부대의 병력 수도 추가되어야 한다. 해군의 경우에는 트라키아 및 트라키아 인근 여러 섬의 그리스인이 제공한 선박의 숫자가 120척이었으므로 그 승무원 수는 2만 4천 명이었을 것이다. 보병 부대의 경우에는 트라키아인과 파이오니아인, 에오르도이인, 보티아이아인, 칼키디케의 부족들, 브리고이인, 피에리아인, 마케도니아인, 페라이비아인, 에니아네스인, 돌로페스인, 마그네시아인, 아카이아인, 그리고 트라키아 해안 지대에 거주하는 주민들이 내

놓은 병력 수를 나는 30만 명으로 추정하고 있다. 이 숫자를 덧붙이면 페르시아 육해군의 총병력 수는 264만 1,610명이 된다.

그리고 이들을 따라온 종복이나 식량 수송용 소형 선박 및 원정군을 수행한 그 밖의 승선 인원 수도 전투 부대원의 숫자에 못지않았다. 오히려 더 많지 않았을까 생각되지만 같은 숫자였다고 보면, 그 숫자가 전투원과 똑같이 수백만에 이르게 된다. 이리하여 다레이오스의 아들 크세르크세스의 지휘하에 세피아스곶과 테르모필라이까지 온 총병력 수는 528만 3,220명이었다.

빵을 만드는 여자나 첩, 환관으로 말하면 그 정확한 숫자를 말할 수 있는 사람이 아무도 없고, 더구나 원정군을 수행한 운반용 말이나 다른 하역용 짐승, 인도산 개에 이르면 그 숫자가 너무나 많아 아무도 계산할 수 없다. 그래서 나는 물이 고갈된 하천이 있었다는 이야기가 조금도 놀랄 것이 못 된다고 생각한다. 오히려 이 수백만 명의 대군을 먹일 만한 식량이 어떻게 확보되었는지 그것이 경이롭기 짝이 없다.

페르시아의 해군은 세피아스곶 근처의 해안에 이르자, 선봉 함대는 육지에 배를 매어 두고, 나머지 함대는 해안선이 그리 길지 않아 뱃머리를 바다 쪽으로 돌리고 닻을 내린 채 8열 횡대로 정박했다. 그런데 날이 밝자 바다가 사나워지기 시작하고 '헬레스폰토스 바람'이라 불리는 맹렬한 동풍과 함께 세찬 폭풍이 페르시아 함대에 몰려왔다. 해안 가까이에 있는 함선들은 폭풍이 불어오기 전에 배를 육지로 끌어올려 화를 면할 수 있었지만, 앞바다 쪽에 있다가 폭풍의 기습을 받은 배들은 펠리온산 기슭의 '화덕 해변(이프노이)'이라 불리는 곳이나 본래 있던 곳의 해변으로 밀려 올라갔다. 또 세피아스곶 자체에 부딪쳐 난파한 배도 있었고, 멜리보이아 시나 카스타나이아시 해변까지 밀려간 배도 있었다.

3일간 계속 불어온 이 폭풍으로 페르시아 함대는 최소한 400척 이상의 함선이 파괴되고, 헤아릴 수 없을 정도로 많은 병사와 막대한 재산을 잃었다고 전해지고 있다. 그런데 이때 세피아스곶 부근에서 땅을 경작하던 아메이노클레스라는 마그네시아인이 해안으로 밀려온 많은 금은제 술잔을 줍고, 페르시아군의 보물 상자와 그 밖의 무수한 재물을 발견해 막대한 재산을 모았다고 한다.

전해지는 이야기에 따르면 아테네인이 신의 계시를 받아 북풍의 신 보레아스에게 기원했기 때문이라고 하는데, 과연 그 때문이었는지 아닌지 나로서는 단언할 수 없다.

한편 에우보이아의 고지에서 망을 보던 그리스 정찰병들은 폭풍이 불기 시작한 다음날 서둘러 산에서 내려와 페르시아 함선들이 난파되었다는 소식을 그리스군에 전했다. 이 소식을 들은 그리스군은 '호국의 신 포세이돈'에게 술을 바치며 감사의 기도를 올렸다. 한편 페르시아 측에서는 마고스들이 주문을 외며 제물을 바쳐 4일째 되는 날 폭풍이 진정되었다. 바람이 잦아들고 파도도 잔잔해지자 페르시아군은 배들을 바다로 끌어내리고 육지를 따라 항해하면서 마그네시아의 곶을 돌아 파가사이시로 통하는 만 입구에 있는 아페타이에 도착했다. 한편 크세르크세스가 이끄는 육상 부대는 테살리아와 아카이아를 경유해 말리스 지방에 진입해 그곳의 트라키스 지역에 진을 쳤다. 그 반면에 그리스군은 산마루에 포진해 있었다. 대부분의 그리스인은 이곳을 테르모필라이라 부르고 있지만, 이 지방 사람들이나 인근 주민들은 그냥 '필라이[문(門)]'라고만 부른다.

이곳에서 페르시아왕이 오길 기다리고 있던 그리스군의 진용은 다음과 같았다. 스파르타에서 중무장병 300명, 아르카디아에서는 테게아와 만티네이아에서 각각 500명씩 합계 1천 명, 아르카디아의 오르코메노스에서 120명, 그 밖의 도시들에서 1천 명이 왔다(여기에는 코린토스 병사 400명, 플레이우스 병사 200명, 미케네 병사 80명이 포함되어 있었다). 이상이 펠로폰네소스에서 온 병력 수였다. 또한 보이오티아에서 테스피아인 700명과 테베인 400명이 와 있었다. 이 밖에 구원 요청에 응해 로크리스 오푼티아 지구는 전 병력을 출동시키고, 포키스인은 1천 명을 파견했다.

그리스군은 각 도시별로 통솔하는 지휘관이 있었지만, 특히 존경을 받으며 전군의 지휘를 맡고 있었던 것은 스파르타의 레오니다스였다. 레오니다스에게는 클레오메네스와 도리에우스라는 두 형이 있었기 때문에, 그는 왕위에 오르리라고는 꿈에도 생각해 본 적이 없었다. 하지만 클레오메네스가 남자 후계자 없이 사망하고 도리에우스도 마찬가지로 시켈리아에서 객사해 이미 세상에 없는데다가 클레오메네스의 딸이 그의 아내가 되어 있었기 때문에 그에게 왕위가 돌아오게 되었다.

레오니다스는 아들이 있는 사람들 가운데서만 선발한 전통의 '삼백인대(三百人隊)'를 이끌고 테르모필라이에 도착했는데, 그 도중에 앞에서 그 숫자를 언급한 테베군도 함께 이끌고 왔다.

그가 특히 테베인을 데려가고 싶어 했던 것은, 그들이 페르시아 쪽으로 넘어간 것이 아닌가 하는 강한 의혹을 사고 있었기 때문이다. 그래서 그는 과연 테베가 군대를 파견할 것인지, 아니면 공공연히 그리스 제국 간의 동맹 관계에서 이탈할 것인지 알기 위해 참전을 요구했던 것이다.

스파르타가 본대에 앞서 레오니다스 휘하의 부대를 먼저 파견한 것은 다른 동맹 국가들의 출진을 촉구하기 위해서였다. 스파르타가 머뭇거리는 것을 보면 그들이 페르시아 측에 가담할 우려가 있었기 때문이다. 스파르타는 카르네이아 축제 기간 동안에는 출정이 금지되어 있어 이 축제가 끝난 뒤에 수비대만 남겨 두고 전 병력을 동원해 급히 구원하러 갈 예정이었고, 다른 동맹국들도 올림피아 제례가 겹쳐 있어서 그와 비슷한 행동을 하려 하고 있었다. 그래서 그리스의

레오니다스
레오니다스는 기원전 5세기 때의 스파르타왕으로, 페르시아 전쟁 때 그리스 중부 테르
모필라이 협로에서 압도적으로 우세한 페르시아군을 맞아 용감히 싸워 스파르타의 전
설이 되었다.

여러 나라는 테르모필라이 전투가 그렇게 빨리 결말지어질 줄 모르고 선발 부대만 보내는 데 만족했던 것이다.

한편 테르모필라이의 그리스군은 페르시아군이 협로 입구로 다가오자 공포에 사로잡혀 회의를 열고 철수를 논의했다. 스파르타를 제외한 다른 펠로폰네소스인들은 펠로폰네소스로 철수한 뒤 지협을 방어해야 한다고 주장했다. 그러나 포키스인과 로크리스인은 이런 견해에 분노하며 반대 의사를 밝혔다. 그러자 레오니다스는 결국 이곳에 그대로 머무르며 그리스의 모든 도시에 사자를 보내 구원을 요청하기로 결정했다.

그리스군이 이렇게 협의하고 있을 때, 크세르크세스가 그리스군의 병력이 얼마나 되고, 또 지금 무엇을 하고 있는지 알아내기 위해 척후 기병 한 명을 보냈다. 그리스군이 성벽을 복구했기 때문에 그는 그 전면에 포진한 부대의 동정만 알 수 있었는데, 마침 이때 그곳에서 스파르타 병사들이 웃통을 벗고 운동 연습을 하거나 머리를 빗고 있었다. 이 보고를 들은 크세르크세스는 스파르타인들이 용감하게 싸우거나 죽을 준비를 하고 있으리라고는 짐작도 하지 못했다. 오히려 그에게는 스파르타군의 행동이 가소롭게만 여겨졌다. 그래서 그는 스파르타인들의 행동이 무엇을 뜻하는지 알고 싶어 데마라토스를 불러 물어 보았다. 그러자 데마라토스는 이렇게 대답했다.

"그리스 원정을 시작할 무렵에 이미 스파르타인에 대해 말씀드린 적이 있는데, 그때 전하께서는 제 말을 듣고 저를 비웃으셨습니다. 그러나 전하께 언제나 진실을 말씀드리는 것이 저의 가장 큰 임무이오니, 부디 다시 한 번 더 제 말을 들어 주십시오. 그들은 이 통로를 놓고 우리와 싸우기 위해 왔고 지금 그 준비를 하고 있는 것입니다. 그들은 바야흐로 목숨을 걸고 위험을 무릅쓰려 할 경우에는 머리를 손질하는 관습이 있기 때문입니다. 만약 전하께서 그들과 스파르타 본국에 있는 나머지 부대를 격파하신다면, 어느 민족도 전하께 감히 저항하지 못할 것입니다. 지금 전하께서 맞이하고 계시는 상대는 그리스에서 으뜸가는 왕국이자 도시이고 또 가장 용감한 자들이기 때문입니다."

그러나 크세르크세스는 이 말이 믿어지지 않아 스파르타군이 그런 소수의 병력으로 어떻게 페르시아군에 맞설 수 있겠느냐고 거듭 물었다. 그러자 데마라토스가 한 가지라도 자신이 말한 대로 되지 않으면 거짓말쟁이 취급을 해도 좋다고까지 말했지만, 크세르크세스는 여전히 납득하지 못했다. 그래서 그는 그리스인들이 도주하리라 생각하고 나흘 동안 묵묵히 기다렸다. 하지만 5일째가 되어도 그들이 여전히 철수하지 않자 그들의 결연한 태도가 무모하고 경솔하게 생각되어 화가 난 그는, 메디아인과 키시아인 부대를 보내 그들을 치게 하면서 산 채로 잡아 자기 앞으로 끌고 오라고 명했다. 그렇지만 메디아인 부대가 호된 곤욕을 치르고 후퇴하고, 그 뒤를 이어 공격에 나선 페르시아의 불사(不死) 부대도 메디아인 부대 이상의 성과를 거두지 못했다. 좁고 제한된 지역에서의 전투인데다가 페르시아군의 창이 그리스군의 창에 비해 짧아 수적으로 우세해도 조금도 유리하지 않았다.

한편 스파르타 병사들은 주목할 만한 전법으로 분전하며 적들보다 훨씬 더 전투에 숙련되어 있다는 것을 보여 주었다. 그들은 종종 적에게 등을 보이며 모두 도주하는 것처럼 후퇴했다. 그러면 이방인들은 함성과 함께 말굽 소리를 요란하게 내면서 추격해 갔다. 그러면 스파르타군은 적이 가까이 다가오길 기다렸다가 갑자기 방향을 바꾸며 적을 공격했다. 이런 전술로 스파르타군은 수많은 페르시아 병사를 쓰러뜨렸다. 이 전투에서 스파르타군도 마찬가지로 손실을 입었지만 극소수에 불과했다. 페르시아군은 협로를 탈취하기 위해 부대를 번갈아 가며 투입하고 온갖 전법을 다 구사해 가면서 공격을 감행했지만, 소기의 성과를 거두지 못하고 마침내 후퇴했다. 관전하던 크세르크세스가 자신의 군대를 염려한 나머지 앉아 있던 의자에서 세 번이나 벌떡 일어섰다고 한다. 다음날도 페르시아군은 더 나은 전과를 올리지 못했다. 숫자가 적고 부상을 입어 더 이상 저항하지 못할 것이라고 생각하고 또다시 공격했지만, 그리스 측은 나라별로 진형을 갖춘 뒤 교대로 싸웠다.

큰 곤경에 빠진 페르시아왕이 이 긴급한 사태에 어떻게 대처해야 좋을까 고심하고 있을 때, 말리스 지방 출신의 에피알테스라는 자가 막대한 포상금을 받으려고 왕을 찾아와 산속으로 해서 테르모필라이로 통하는 샛길이 있다고 가르쳐 주었다. 크세르크세스는 몹시 기뻐하며 곧 히다르네스와 그 휘하 부대에 출동을 명했다. 그들은 불을 켤 무렵에 진지를 떠나 아소포스강을 건넌 뒤 오른쪽으로 오이테산맥을, 왼쪽으로 트라키스의 산악 지대를 바라보면서 밤새 이 샛길로 행군해 날이 샐 무렵에 산등성이의 가장 높은 부근에 이르렀다. 이 지점 부근에서 포키스의 중무장병 1천 명이 샛길을 지키고 있었는데, 이날따라 바람이 없어 땅 위에 깔려 있는 나뭇잎이 페르시아군의 발밑에서 요란스러운 소리를 내는 바람에, 이 소리에 놀란 포키스인들이 벌떡 일어나 무장을 하고 전투 태세를 갖출 수 있었다. 그들은 화살이 소낙비처럼 날아오자 페르시아군이 자신들을 공격 목표로 삼고 있는 줄 알고 산꼭대기로 후퇴한 뒤 죽음을 각오하고 싸우기로 결심했다. 그러나 페르시아군은 더 이상 그들에게 주의를 기울이지 않고 전속력으로 산을 내려갔다.

한편 테르모필라이의 그리스인들은 먼저 희생 제물의 오장육부로 그들의 운명을 읽은 점술사 메기스티아스로부터 새벽과 함께 죽음이 찾아올 것이라는 경고를 받았다. 뒤이어 투항자들로부터도 페르시아군이 우회 작전을 펴고 있다는 정보가 들어왔다. 마지막으로 날이 밝기 시작할 때 고지에서 경계병들이 달려 내려와 같은 소식을 전했다.

그래서 그리스군은 어떻게 할 것인지 논의하기 위해 곧 회의를 열었는데, 의견이 둘로 나뉘었다. 일부는 자신들이 맡은 곳을 떠나는 데 강력히 반대하고, 다른 일부는 이런 의견에 반대했다. 그래서 회의가 끝나자 일부 부대는 그곳을 떠나 각기 여러 도시로 흩어졌지만, 나머지 부대는 그곳에 머무르며 레오니다스와 함께 끝까지 싸우기로 결의했다.

레오니다스 스스로 그들을 살리고 싶어 돌려보냈다는 설도 있다. 하지만 레오니다스 자신이나 그 휘하의 스파르타인들은 특별히 그곳을 지키기 위해 파견되었기 때문에 그곳을 떠나는 것이 부적절하다고 생각했던 것이다. 나도 이 설을 따르고 싶다. 레오니다스는 동맹 군들에게는 싸울 의사도 없고 끝까지 자신들과 생사를 같이할 뜻도 없음을 알아채고 그들에게 철수를 명하고, 그 자신이 떠나는 것은 명예롭지 못한 일이라고 말했을 것이다. 그는 이곳에 머물면 큰 명성이 뒤따르고, 스파르타도 계속 번영하리라는 것을 알았을 것이다. 이 전쟁 초기에 스파르타인이 신탁을 구했을 때 델포이의 무녀가 스파르타의 국토가 이방인들에 의해 유린되든가, 그렇지 않으면 스파르타의 왕이 죽임을 당할 것이라고 예언했기 때문이다.

레오니다스의 귀환 명령을 받고 동맹군들이 철수했지만, 테스피아이군과 테베군만은 스파르타군과 함께 머물렀다. 테베군은 본의 아니게 레오니다스에 의해 인질로 억류되었지만, 테스피아이군은 그와 반대로 완전히 자발적으로 철수하길 거부하고 레오니다스와 그의 부대를 버린 채 떠나지는 않겠다고 선언했다.

한편 크세르크세스는 해가 솟아오르자 신에게 술을 바치고 에피알테스의 진언에 따라 시장이 사람들로 가득 찰 때(오전 10시경)까지 기다렸다가 공격을 개시했다. 내리막길이 우회하는 오르막길보다 시간도 훨씬 적게 들고 거리도 짧았기 때문이다. 레오니다스가 이끄는 그리스군도 죽음의 길을 떠날 각오를 하고 전보다 훨씬 앞쪽에 있는, 도로의 폭이 더 넓어지는 지점까지 출격했다. 페르시아 쪽에서는 전사자가 많이 나왔다. 그들 뒤에서 부대장들이 계속 채찍으로 내려치며 앞으로 몰아댔기 때문이다. 바다에 떨어져 죽는 자도 많았지만, 동료들의 발에 짓밟혀 죽은 자가 훨씬 더 많았다. 그러나 아무도 죽는 자들을 돌아볼 여유가 없었다. 그리스군이, 산악 지대를 우회해 오고 있는 부대로부터 죽음을 면치 못하리라는 것을 알고는 자신의 안전을 염두에 두지 않고 더할 나위 없이 용맹하고 사나운 기세를 보이며 이방인들을 맞아 있는 힘을 다해 필사적으로 싸웠기 때문이다. 이 무렵에는 이미 그리스군의 창은 대부분 다 부러져 있었다. 그래서 그들은 칼을 휘두르며 페르시아군을 쓰러뜨렸다. 레오니다스가 격전 중에 용감하게 싸우다가 쓰러졌고, 다른 많은 유명한 스파르타인도 그와 운명을 같이했다. 나는 자신들이 가치 있는 인물임을 입증한 그들의 이름을 알고 있고, 300명 모두의 이름도 또한 들어 알고 있다.

레오니다스의 시신을 둘러싸고 격전이 계속되었다. 그리스군은 네 차례에 걸쳐 적을 격퇴하고 마침내 큰 용맹을 떨치며 시신을 손에 넣는 데 성공했다. 이 격전은 에피알테스가 선도하는 부대가 도착할 때까지 계속되었다. 새로운 부대가 도착한 것을 그리스군이 알게 되자 전투 방식이 바뀌었다. 그리스군은 다시 가장 좁은 지대로 퇴각해 성벽 너머에 있는 작은 언덕에 이르렀다. 여기에서 테베군을 제외하고 모두 한 덩어리가 되어 진을 쳤다. 그리스군은 이곳에서 아직 손에 칼을 든 사람은 그것으로, 무기가 없는 사람은 손과 이빨로 싸웠지만, 마침내 앞쪽에서 성벽을 무너뜨리며 공격해 오는 페르시아의 주력 부대와 사방에서 포위 공격해 오는 우회 부대의 소낙비처럼 날아오는 화살 등 던지는 무기에 의해 괴멸당하고 말았다. 그들이 쓰러진 장소에는 다음과 같은 비명(碑銘)이 새겨져 있다.

일찍이 여기에서 300만 명의 적에 맞서
펠로폰네소스인 4천 명이 용감하게 싸웠다.

이것은 전군을 위해 새겨진 것이고, 스파르타군만을 위한 비명에는 다음과 같이 새겨져 있다.

여행자여, 가서 스파르타인에게 전하라.

우리가 그들의 명령에 따라 여기에 누워 있다고.

전해지는 바에 따르면 300명의 스파르타인 병사 중에서 에우리토스와 아리스토데모스 두 사람은 눈병을 앓아 전투가 벌어지기 전에 레오니다스의 허락을 받고 병을 치료하기 위해 알페노이로 갔다고 한다. 그런데 에우리토스는 페르시아군의 우회 작전 소식을 듣자 전투 태세를 갖추고 돌아가 한창 혼전이 벌어질 때 뛰어들어 전사했지만, 아리스토데모스는 두려움을 이기기 못하고 알페노이에 그대로 머물다가 스파르타로 귀국했다. 그래서 스파르타인들은 '겁쟁이'라고 부르며 아무도 그에게 불을 빌려 주지도 않고 말을 걸지도 않았다. 하지만 그는 나중에 플라타이아 전투에서 그 오명을 깨끗이 씻어 버렸다.

테베군은 처음 얼마 동안은 어쩔 수 없이 페르시아군과 싸웠지만 전황이 페르시아 측에 유리해지자 전선에서 이탈한 뒤 페르시아군에 항복했다. 그들은 자신들의 의사와 관계없이 강제로 출진하게 되었다고 주장해 목숨을 구할 수는 있었지만, 크세르크세스가 명을 내려 그들의 이마에 왕의 인장이 새겨진 낙인을 찍게 했다.

크세르크세스는 테르모필라이 전투가 끝나자 데마라토스를 불러 이렇게 물었다.

"데마라토스여, 그대는 정말 훌륭한 인물이오. 그대의 말에 거짓이 없었다는 사실이 그것을 증명하고 있소. 모두 그대가 경고한 대로 되었기 때문이오. 그런데 남은 스파르타인의 숫자는 얼마나 되고, 또 이번의 스파르타군만큼 용감한 자가 몇 명 정도 될 것 같소? 모두 다 그렇게 대단하오?"

데마라토스는 이 말을 듣고 다음과 같이 대답했다.

"전하, 라케다이몬인을 모두 합치면 대단히 숫자가 많고 도시도 적지 않습니다. 라케다이몬에는 스파르타라는 도시가 있고, 이곳에는 약 8천 명의 남자가 있습니다. 이들은 모두 이곳에서 싸운 병사들에 조금도 뒤지지 않습니다. 그 밖의 라케다이몬인은 이들에게는 미치지 못하지만 그들 역시 훌륭한 병사들입니다."

그러자 크세르크세스가 어떻게 하면 힘들이지 않고 그들을 정복할 수 있겠느냐고 물었다.

"전하께서 진지하게 제게 자문을 구하시니 최선의 방책이라 생각되는 것을 아뢰어야 마땅할 것입니다. 전하의 함선 300척을 보내 라케다이몬 해안 가까이에 있는 키테라섬을 점령하고 그곳을 기지로 삼아 스파르타인을 위협하도록 하십시오. 전쟁이 코앞에 닥친 이상, 다른 그리스 국가들이 우리의 육군에 의해 점령된다 해도 구원하러 오지 못할 것입니다. 그리고 다른 그리스 국가들이 정복된다면 라케다이몬은 고립무원의 상태에 놓이게 될 것입니다."

데마라토스가 이렇게 말하자, 크세르크세스의 동생이자 해군 사령관인 아카이메네스가 마침 그 자리에 있다가 데마라토스의 제안은 페르시아 해군을 둘로 나누어 그 전력을 약화시키려는 음모라고 말하며 반대했다. 폭풍으로 400척을 잃은 지금의 상황에서 둘로 나누어진 해군으로는 도저히 육군을 엄호할 수 없고 그리스의 해군에 손쓸 엄두도 내지 못한다는 것이었다.

　크세르크세스는 아카이메네스의 판단이 옳다고 보고 그의 진언을 받아들였지만, 그래도 데마라토스의 성의만은 높이 평가하고 앞으로 누구든 그에 대해 험담을 하면 용서하지 않겠다고 말했다. 그 후 크세르크세스는 전장을 둘러보며 시체들을 살펴보았다. 레오니다스의 시신에 이르러 그가 스파르타의 왕으로 지휘를 맡았다는 말을 듣자 신하들에게 명해 그 목을 자르고 그 몸통을 책형(기둥에 묶어 세우고 창으로 찔러 죽이던 형벌)에 처하게 했다. 다른 증거도 많지만, 그가 레오니다스에 분노하고 있었다는 것을 이보다 더 명백히 입증해 주는 것은 없다고 생각된다.

　페르시아왕이 그리스를 침략할 준비를 하고 있다는 것을 그리스 국가들 가운데서 맨 먼저 알게 된 것은 스파르타였고, 선의에 의한 것이었는지 아니면 스파르타인을 괴롭히려는 악의에 의한 것이었는지는 모르지만, 이것을 알려 준 것은 데마라토스였다.　〈제7권〉

2. 살라미스 해전

  함대의 최고 지휘권을 지닌 사령관직을 스파르타인인 에우리비아데스가 맡고 있었는데, 그것은 다른 동맹국들이 아테네인의 지휘를 받고 싶어 하지 않았기 때문이다. 아테네인은 전부터 해군은 자신들이 지휘해야 한다고 생각하고 있었지만 동맹국들이 반대하자 지휘권을 둘러싸고 내분이 일어나면 그리스가 멸망하게 될지도 모른다고 판단하고, 자신들이 동맹군을 절실히 필요로 하는 동안은 굳이 이의를 제기하지 않고 양보했다. 그 증거로 페르시아왕을 격퇴한 뒤 그에게 귀속되었던 지역을 둘러싸고 대립이 일어나자, 아테네는 곧 파우사니아스의 교만을 구실 삼아 스파르타로부터 통수권을 빼앗았다.

  그런데 이때 아르테미시온에 도착한 그리스 해군은 아페타이항에 많은 적선이 정박해 있고 그 지역 일대가 군대로 가득 차 있는 것을 보고 곧 공포에 사로잡혔다. 세피아스곶에서 폭풍을 만나 상당히 빈약해져 있으리라 생각했는데 예상과 전혀 달랐던 것이다. 그래서 그들은 아르테미시온에서 그리스의 중앙부로 철수하는 문제를 논의하기 시작했다. 그러자 에우보이아섬 주민들이 이에 경악을 금치 못하고 자식들이나 가족을 피난시킬 때까지 철수를 연기해 달라고 요청했다. 그러나 사령관인 에우리비아데스를 설득할 수 없자, 그들은 아테네의 지휘관인 테미스토클레스를 찾아가, 떠나지 않고 에우보이아를 지키기 위해 해전을 벌인다는 조건으로 사례금 30탈란톤을 주고 그의 동의를 얻어 냈다.

테미스토클레스는 그리스군이 그곳에 머물게 하기 위해 자신의 호주머니에서 나온 돈인 양 에우리비아데스에게는 5탈란톤을 주고, 철수파인 코린토스인 아데이만토스에게는 3탈란톤을 주고 설득했다. 이렇게 되자 두 사람이 뇌물을 받고 동의함으로써 에우보이아인이 원하는 대로 되었다. 그리고 테미스토클레스 역시 사사로운 욕심을 채웠다. 물론 아무도 그것을 몰랐고, 돈을 받은 두 사람도 특별히 이런 목적을 위해 아테네에서 가져온 돈인 줄만 알았다.

한편 페르시아 함대는 이미 들어 알고 있었지만 아르테메시온에 있는 그리스 함대의 숫자가 적은 것을 직접 눈으로 보게 되자 포획할 수 있는지 알아보기 위해 공격해 보고 싶었다. 그래서 200척을 별동대로 선발해 적의 눈에 띄지 않게 스키아토스섬의 바깥쪽을 향해 출항시키고는 에우보이아 남동단의 카페레우스곶에서 게라이스토스 부근을 우회해 에우리포스 해협에 이른 뒤 그곳에서 그리스 해군의

살라미스 해전
(기원전 480년 9월 29일)

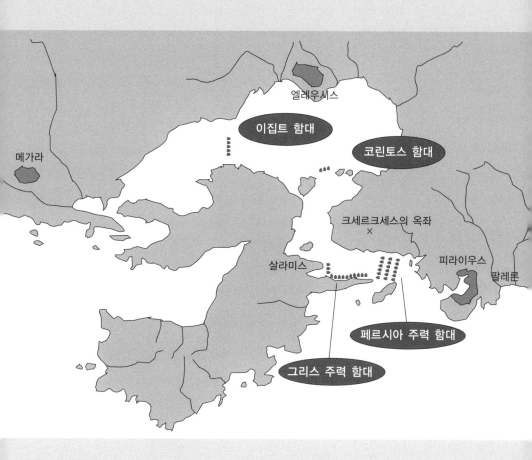

퇴로를 차단하게 하고, 이 우회 부대가 도착했다는 신호가 있으면 주력 부대로 하여금 앞쪽에서 그리스군을 공격하게 하기로 결정했다.

페르시아군이 별동대를 출동시키고 남은 함선들을 대상으로 점호를 실시할 때 다음과 같은 사건이 벌어졌다. 페르시아 병사 중에 스키오네 출신의 스킬리아스라는 자가 있었는데, 그는 당시 최고의 잠수부로 펠리온 앞바다에서의 난파 때에도 페르시아군을 위해 막대한 재물과 보물을 건져 내고 그 자신도 엄청난 부를 손안에 넣은 자였다. 그런데 그는 전부터 그리스군 쪽으로 탈주하려 마음먹고 있었지만 이때까지 그 기회를 잡을 수 없었다. 전해지는 이야기에 따르면 그가 아페타이에서 바다에 뛰어든 뒤 아르테미시온에 이를 때까지 한 번도 떠오르지 않고 그리스 쪽으로 탈주해 에우보이아 우회 작전을 알려 주었다고 한다.

그리스군은 곧 회의를 열고 한밤중이 지난 다음 출범해 적의 우회 부대를 맞아 싸우기로 결정했다. 하지만 그 후 페르시아군이 나타나지도 않고 공격해 오지도 않아, 그리스군은 오후 늦게까지 기다렸다가 먼저 페르시아의 주력 함대를 공격했다. 적의 기량과 전술, 특히 선간(船間) 돌파 작전을 시험해 보고 싶었기 때문이다. 이 해전에서 양군은 악전고투를 되풀이했지만 결국 승패를 결정짓지 못하고 밤을 맞이하기에 이르렀다. 함선의 숫자가 몇 배에 이르고 속도도 훨씬 빠

살라미스 해협
키프로스섬의 동쪽 해안에 있다. 기원전 480년에 그리스 함대가 페르시아 함대를 격파한 전투지로
유명하다. 이 전투는 페르시아 전쟁에서 그리스가 승리하게 되는 결정적인 계기가 되었다.

른 페르시아 측으로서는 전혀 예상 밖의 전투였다.

밤이 되자 한여름인데도 밤새 폭우가 쏟아져 내리고 펠리온산 쪽에서 요란한 천둥 소리가 들려왔다. 또한 시체와 선박의 파편들이 아페타이 항구 안으로 밀려 들어와 함선들의 앞을 가로막고 노 젓는 것도 방해했다. 이런 사태와 천둥소리에 공포를 느낀 페르시아 병사들이 거듭되는 재난으로 이윽고 종말의 시간이 오지 않을까 걱정하기 시작했다. 펠리온 앞바다에서 폭풍을 겪고 겨우 한숨을 돌리려 할 때 격렬한 해전을 치르고, 또 그것이 끝나자 이번에는 폭우와 바다로 흘러드는 맹렬한 물의 흐름, 요란한 천둥 소리를 맞이해야 했기 때문이다. 한편 에우보이아를 우회하라는 명을 받은 부대는 항해 중이라 더욱 잔혹한 밤일 수밖에 없었다. 그들은 실로 비참한 운명을 맞이했다. 에우보이아의 '움푹 들어간 곳(코이라)' 부근에 이르렀을 때 폭풍우가 몰아쳐 방향도 모른 채 표류하다가 모두 좌초하고 말았다. 이는 모두 페르시아 함대가 훨씬 우세하지 않게 하려는, 즉 그리스군과 거의 똑같이 만들려는 신의 배려에서 비롯된 것이었다.

아페타이의 페르시아군은 새벽을 맞이하게 되자 안도의 한숨을 내쉬며 더 이상 모험을 감행하지 않았다. 한편 그리스군 쪽은 아티카의 함선 53척이 원조하러 오고, 또 때를 같이해 에우보이아를 우회하던 적군이 전날 밤에 전멸했다는 소식이 날아들어 사기가 높아졌다. 그래서 그리스 함대는 전날과 같은 시각까지 기다렸다가 또다시 바다로 나가 적을 공격했다. 이번에는 킬리키아 선단 일부를 만나 이들을 침몰시켰다. 그리고 해질녘이 되자 아르테미시온으로 귀항했다.

3일째가 되자 페르시아군의 지휘관들은 자신들의 함대가 소수의 그리스군 함선들에 시달리는 데 부끄러움을 느꼈고, 또 크세르크세스의 노여움을 사게 될까 두려웠다. 그래서 더 이상 그리스군이 싸움을 걸어 올 때까지 기다리지 않고 닻을 올리고는 정오 무렵에 함성을 지르며 서로를 격려하면서 그리스군을 향해 진격했다. 때마침 같은 날 테르모필라이에서 지상전이 벌어졌다. 이 해전에서 양군은 서로 호각지세(역량이 서로 비슷한 모양)를 보이며 싸웠다. 페르시아군은 함선이 너무 많아 함선의 대열이 흐트러지는 바람에 자기편 배끼리 충돌해 자멸하는 경우가 많았다. 그러나 페르시아군은 물러서지 않고 용감하게 싸웠다. 소수의 적에게 등을 보이는 것은 정말 치욕스런 일이었기 때문이다. 그래서 그리스군도 다수의 함선과 병력을 잃었지만, 페르시아군의 손실이 훨씬 더 컸다. 양군은 이렇게 싸운 뒤 헤어졌다.

이 해전에서 페르시아군 중에는 이집트인이 가장 큰 수훈을 세웠다. 수많은 무훈 중에서 특기할 만한 것은 그리스의 함선 5척을 승무원과 함께 사로잡은 것이었다. 그리스군에서 첫 번째 공적을 세운 것은 아테네인이었다.

양군은 헤어지자 기쁜 듯이 서둘러 정박지로 돌아갔다. 그리스군은 해전이 끝난 뒤 시신과 선체의 파편을 수거했지만 손해가 막심했다. 특히 아테네군은 함선의 절반이 파손되었다. 그래서 그들은 아르테미시온을 떠나 그리스 중앙부로 철수하기로 결정했다. 게다가 트라키스에서 관측병이 도착해 레오니다스와 그 부대의 운명을 전했기 때문에, 그리스군은 더 이상 철수를 미루지 않고 곧 그때의 진형 그대로 코린토스의 부대를 선두에 세우고 아테네군이 후미를 맡은 채 철수했다.

그런데 이때 테미스토클레스가 한 가지 계책을 생각해 내고는 아테네 함선 중에서 가장 속력이 빠른 배 몇 척을 선발해 식수가 있는 지점을 돌며 바위에 글자를 새겨 놓게 하고 떠났다. 이 글을 다음날 온 이오니아인들이 읽었는데, 그것은 다음과 같은 것이었다.

"이오니아인 여러분, 그대들은 민족의 조상들을 공격하고 그리스를 노예로 삼으려는 옳지 못한 행동을 하고 있소. 최선의 길은 이쪽으로 넘어와 우리 편이 되는 것이오. 그렇게 할 수 없으면 이제부터라도 우리와의 싸움에 가담하지 말고 카리아인에게도 그대들과 같은 행동을 하도록 부탁하시오. 만약 어느 것도 할 수 없고 너무 심하게 구속을 받아 반란을 일으킬 수 없으면, 우리의 자손이라는 것과 이방인과의 전쟁이 무엇보다 그대들 때문에 일어났다는 것을 명심하고 전투를 벌일 때 고의적으로 소극적인 행동을 취하기 바라오."

테미스토클레스는 이 글이 페르시아 왕에게 알려지지 않을 경우에는 이오니아인이 마음을 바꾸어 그리스 편으로 넘어올지도 모르고, 또 크세르크세스에게 보고되어 이오니아인이 비난받는 구실이 될 경우에는 왕이 그들을 믿지 못하고 해전에 참여하지 못하게 하리라 생각했던 것 같다.

한편 크세르크세스는 테르모필리아에서 전사한 약 2만 명에 이르는 페르시아인의 시신 가운데서 1천 구만 남겨 놓고 나머지는 모두 호를 파고 여기에 집어넣은 뒤 그 위에 흙을 덮고 나뭇잎을 흩뿌려 해군이 눈치채지 못하게 했다. 그는 이렇게 해 놓고 해군에 전령을 보내 희망자는 누구나 왕이 어떻게 싸웠는지 보러 와도 좋다고 전하게 했다. 그러자 곧 작은 함정이 모자랄 정도로 많은 사람이 바다를 건너와 시체들을 둘러본 다음 돌아갔고, 크세르크세스 휘하의 군대는 다시 진군을 시작했다.

이때 아르카디아에서 소수의 가난한 사람들이 먹고살 것이 없어 일자리를 얻으려고 페르시아 진영 쪽으로 탈주해 왔다. 페르시아인들이 그들을 왕 앞으로 데려왔는데, 페르시아인 중 한 명이 일동을 대표해 그들에게 그리스인이 어떻게 하고 있는지 물어 보았다. 그들이 그리스인은 지금 올림피아 축제를 벌이면서 체육 경기와 전차 경주를 구경하고 있다고 대답하자, 이번에는 그 경기의 상품은 무엇이냐고 물었다. 이에 그들은 올리브 나무 가지로 엮은 관이 수여된다고 대답했다. 이 말을 듣고 아르타바노스의 아들 트리탄타이크메스가 저도 모르게 다음과 같이 외쳤다.

"아! 마르도니오스여, 그대가 우리를 데려와 맞서 싸우게 만든 이 사람들은 대체 어떤 사람들인가? 돈 때문이 아니라 오로지 명예를 위해서만 경기를 한다니!"

트리탄타이크메스는 이렇게 매우 훌륭한 말을 했지만 그로 인해 크세르크세스로부터 겁쟁이라는 책망을 들었다.

테살리아인과 포키스인은 본래 사이가 나빴다. 포키스인이 그 지방에서 유일하게 페르시아에 적대한 것도 재빨리 페르시아군 편에 가담한 테살리아에 대한 적개심 때문이었을 것이다. 그래서 테살리아인이 테르모필라이에서 재난이 벌어진 직후에 포키스에 사자를 보내 은 50탈란톤을 지불하면 재난이 비켜갈 수 있게 해 주겠다고 제안했을 때, 포키스인이 단호히 그것을 거절했던 것이다. 이에 격분한 테살리아인은 페르시아군에게 길 안내를 자청하고 나섰다.

페르시아군은 트라키스 지구에서 도리스 지방으로 침입했지만 이곳은 유린하지 않았다. 주민이 페르시아 측에 동조적이고 또 테살리아인이 반대했기 때문이다. 이곳에서 포키스 지방으로 침입한 페르시아군은 포키스 전역을 완전히 짓밟아 버렸다. 테살리아인이 그렇게 하도록 유도했기 때문이다.

가는 곳마다 전원 지역을 불과 칼로 황폐화시키고, 도시와 사원도

고의적으로 불태워 버렸다. 물론 포키스인은 이미 그곳을 비우고 떠난 상태였다. 그 일부는 파르나소스산 정상으로 피하고, 대부분은 오졸라이 로크리스 지방으로 피난했다.

페르시아군은 케피소스강을 따라 전진하며 닥치는 대로 약탈하고 드리모스 등 많은 도시를 불태워 버렸다. 그리고 파라포타미오이를 통과한 뒤 파노페이스에 도착하자 부대를 둘로 나누고 각기 다른 진로를 택했다. 크세르크세스가 이끄는 가장 강한 부대는 아테네를 목표로 진군하며 오르코메노스 근처의 보이오티아로 침입하고, 다른 한 부대는 안내자를 동반하고 파르나소스산을 오른쪽으로 바라보면서 델포이의 신성한 지역으로 향했다. 이 부대의 목적은 델포이 신전을 약탈하고 재물과 보물을 크세르크세스에게 바치기 위해서였다. 내가 듣기로 크세르크세스는 수많은 이야기를 들어 자신이 궁전에 남겨 두고 온 재물보다 크로이소스가 봉납한 물품을 비롯해 신전에 있는 중요 물품에 대해 더 자세히 알고 있었다고 한다.

델포이인은 이 소식을 듣자 공포에 떨면서 신성한 재물들을 땅속에 묻어야 하는지, 아니면 다른 장소로 옮겨야 하는지를 놓고 신탁을 구했다. 그러자 신이 스스로 지킬 수 있으니 손대지 말라고 답했다. 그래서 이번에는 자신들의 목숨을 구할 방도를 생각하고는 처자식들은 아카이아 지방으로 보내고, 자신들은 대부분 파르나소스산의 봉우리로 올라갔다. 이렇게 해서 델포이에는 겨우 60명의 주민과 사제들만이 남았다.

페르시아군이 가까이 다가와 멀리 성역이 바라다보이는 지점에 이르렀을 때, 갑자기 아케라토스라는 이름의 사제가 누구도 손댈 수 없는 성스런 무기가 어느 틈에 신전 앞에 놓여 있는 것을 발견했다. 그리고 페르시아군이 '아테네 프로나이아' 신전 부근까지 왔을 때 훨씬 더 놀라운 이변이 일어났다. 하늘에서 갑자기 벼락이 떨어져 내리고, 파르나소스산에서 2개의 우뚝 솟은 험한 바위가 그들 위로 무너져 내려 수많은 병사가 압사 당했다. 그리고 이와 동시에 프로나이아 신전 안에서 함성 소리와 승리의 외침 소리가 터져 나왔다. 이런 괴변이 잇따라 일어나자 페르시아군은 공포에 떨며 도주했다. 이것을 본 델포이인이 추격해 많은 페르시아군을 살해했다.

한편 아르테미시온을 떠난 그리스 함대는 아테네군의 요청에 따라 살라미스섬으로 가서 그곳에 닻을 내렸다. 아테네인이 이렇게 한 것은 처자식들을 아티카에서 안전한 곳으로 보내야 했고, 또 새로운 상황을 맞이해 앞으로 어떻게 할 것인지 신중히 생각하기 위해서였다. 아테네인은 펠로폰네소스군이 보이오티아에서 전력을 기울여 페르시아 왕의 군대와 싸우리라 생각했는데, 예상 밖으로 펠로폰네소스인이 코린토스 지협에 방어벽을 구축하고 무엇보다 자신들의 안전만 생각한다는 것을 알게 되었기 때문이다.

그래서 다른 해상 부대들은 살라미스 앞바다에 정박하고, 아테네인 부대만 자기 나라로 건너갔다. 그들은 돌아가자 포고령을 내려 각자 최선을 다해 자식들과 온 가족을 안전한 장소로 피난시키라고 권고했다. 그래서 대부분의 시민은 가족들을 트로이젠으로 대피시켰지만, 일부는 아이기나섬이나 살라미스섬으로 보냈다. 아테네인이 이렇게 서둘러 가족들을 피난시킨 것은 앞에서 언급한 신탁 때문이기도 했지만 다른 이유도 있었다. 특히 아크로폴리스의 수호자로 신전 내에 서식하고 있을 거라 믿었던 거대한 뱀이 사라진 것을 알게 되자, 여신조차 아크로폴리스를 버렸다고 확신한 아테네인은 도시를 비울 준비를 더욱더 서둘렀던 것이다. 아테네인은 피난을 끝내자마자 곧 살라미스의 정박지로 돌아갔다.

아르테미시온을 떠난 함선이 모두 살라미스에 집결하자, 이것을 알게 된 나머지 그리스 해군도 트로이젠에서 이곳으로 합류했다. 따라서 이곳에 집결한 함선의 숫자가 아르테미시온 해전 때보다 훨씬 더 많게 되었고, 참가한 도시의 숫자도 더 많았다. 그 총수는 각종 선박을 제외하고 378척에 이르렀다. 아테네가 다른 도시들보다 훨씬 더 많은, 그리고 우수한 함선 180척을 내놓았지만, 해상 부대의 총지휘관은 전과 마찬가지로 스파르타인인 에우리비아데스였다.

살라미스에 집결한 뒤 각 도시의 지휘관들이 모여 회의를 열었다. 이 자리에서 논의된 것은 어느 지점이 해전을 벌이기에 가장 적합한가 하는 것이었다. 대부분의 지휘관은 펠로폰네소스의 지협 부근에서 싸우자고 주장했는데, 이것은 해전에 패할 경우 살라미스에서는 도움을 받을 수 없는 섬에 갇히게 될 것이지만 지협 부근에서는 아군이 있는 곳에 상륙할 수 있을 것이라는 이유 때문이었다.

펠로폰네소스 출신의 지휘관들이 이렇게 주장하고 있을 때, 한 아테네인이 배를 타고 달려와 페르시아왕이 이미 아티카 지방에 침입해 전 국토를 초토화시키고 있다고 보고했다. 크세르크세스의 지휘 하에 보이오티아를 통과한 부대가 이미 주민이 펠로폰네소스로 피난한 테스피아이시와 플라타이아시를 잇따라 불살라 버린 뒤 아테네령에 침입해 닥치는 대로 모두 황폐화시키고 있었던 것이다.

크세르크세스가 이끄는 대군은 헬레스폰토스에서 해협을 건너 유럽으로 건너온 뒤 석 달 만에 아티카에 이르렀다. 페르시아 군은 인적이 없는 시가지를 점령하고 소수의 아테네인만이 아직도 성역에 남아 있는 것을 발견했는데, 그들은 신전의 관리인들이거나 빈민들이었다. 이 사람들은 문짝이나 목재 울타리로 아크로폴리스 입구를 막고 적의 공격으로부터 자신들을 지키려 했다. 그들이 살라미스로 피난하지 않은 것은 가난 때문이기도 했지만, 델포이의 무녀가 아테네인에게 내린 "나무 성채는 결코 무너지지 않으리라"는 신탁의 참된 뜻을 자신들이 깨닫고 있다고 믿었기 때문이기도 했다.

그들은 나무 성채가 배가 아니라 자신들이 피난한 곳이라고 생각했던 것이다.

페르시아군은 아크로폴리스 맞은편에 있는 작은 언덕, 즉 '아레스의 언덕'에 진을 치고 공격을 개시했다. 그들은 화살에 삼 부스러기를 감고 여기에 불을 붙인 다음 목재 울타리를 향해 쏘았다. 이렇게 되자 극도로 곤경에 처한 채 목재 울타리가 그들의 믿음을 저버렸음에도 불구하고, 포위당한 아테네인들은 계속 싸웠고 또 페이시스트라토스 일족의 항복 제안도 받아들이려 하지 않았다. 그들은 성문으로 접근하는 적들의 머리 위로 큰 돌을 떨어뜨리는 등 여러 가지 작전을 구사하며 방어했다. 그래서 크세르크세스는 그들을 잡지 못하고 오랫동안 애를 먹었다.

그러나 이윽고 페르시아인들이 접근로를 발견하게 되었다. 결국 신탁대로 그리스 본토에 위치한 아티카 전역이 페르시아인에 의해 지배될 운명에 처해 있었던 것이다. 아크로폴리스 앞쪽이지만 성문과 보통 올라오는 길 뒤쪽에 있는 곳에 매우 가파른 지역이 있었는데, 경사가 심해 아무도 그곳으로 올라오지 못하리라 생각하고 경비병을 한 사람도 세워 놓지 않았다. 그런데 소수의 페르시아 병사가 이곳을 노리고 가파른 절벽을 타고 올라왔다. 이들을 발견한 아테네인들은 성벽에서 몸을 던져 죽거나 신전 안으로 달아났다. 페르시아인들은 여러 개의 문으로 달려가 그것들을 연 뒤 신전 안으로 피신한 사람들을 살해했다. 그들을 다 죽이자 신전을 약탈하고 아크로폴리스 전역에 불을 질렀다.

아테네를 완전히 점령한 크세르크세스는 수사로 기마 전령을 보내 아르타바노스에게 자신의 성공 소식을 알렸다.

한편 살라미스의 그리스 해군에 아테네의 아크로폴리스 소식이 전해지자 이들은 큰 충격을 받았고 지휘관 중에 어떤 사람은 토의 중인 안건이 결정되기도 전에 재빨리 배로 달려가 돛을 올리고 도주하려고 했을 정도였다. 그래도 회의 석상에 남은 지휘관들에 의해 코린토스 지협에서 해전을 벌이자는 결정이 내려졌다. 그들은 이제 밤이 가까워져 회의를 파하고 각자 자기 배로 돌아갔다.

그런데 테미스토클레스가 자기 배로 돌아오자 아테네인 므네시필로스가 회의의 결정 사항을 듣고는 살라미스에서 철수하면 각 부대가 자기 나라로 돌아가 버려 해전을 벌일 수 없게 될 것이고, 에우리비아데스는 물론 그 누구도 해상 부대가 해체되는 것을 막지 못할 것이라고 말했다. 테미스토클레스는 이 조언에 마음이 쏠려 에우리비아데스를 찾아간 뒤 그를 열심히 설득해 다시 지휘관 회의를 소집하게 하는 데 성공했다.

지휘관들이 모이자마자, 사람들이 간절히 바라는 것이 있을 때에는 늘 그러듯이, 에우리비아데스가 소집 목적을 설명하기도 전에 테미스토클레스가 그중 몇 사람에게 많은 이야기를 했다. 그러자 코린토스 부대의 지휘관인 아데이만토스가 경기에서도 신호를 기다리지 않고 너무 일찍 뛰쳐나가면 매를 맞는다고 비꼬았다. 이 말을 듣고 테미스토클레스가 변명 삼아 뒤처지는 자는 우승할 수 없다고 온건한 어조로 대답했다. 그러고는 면전에서 대놓고 동맹국 사람들을 비난하는 것은 적절하지 못한 것 같아 에우리비아데스에게 전과 다른 논법을 사용하며 다음과 같이 말했다.

"내 권유에 따라 여기에서 해전을 벌이면 그대는 그리스를 구할 수 있을 것이오. 그 이유 중 하나는 코린토스 지협에서는 대해(大海)에서 싸우게 될 텐데, 그렇게 되면 함선 숫자도 적고 속력도 느린 우리 쪽이 불리할 것이기 때문이오. 또한 지협으로 철수하면 살라미스, 메가라, 아이기나 등을 잃게 될 것이오. 게다가 적은 해상 부대와 함께 육군도 끌고 올 것인데, 그렇게 되면 스스로 적을 펠로폰네소스로 유도하는 꼴이 될 것이고, 마침내 그리스 전역이 위기에 빠지게 될 것이오. 하지만 살라미스에서 싸울 경우에는 해역이 좁아 우리에게 유리하고, 또 우리의 처자식들을 피난시켜 놓은 살라미스도 확보할 수 있소. 게다가 적을 펠로폰네소스로 끌어들이는 위험도 피할 수 있을 것이오. 우리가 해전에서 승리한다면 적은 지협으로까지 침입할 수 없을 것이고 뿔뿔이 흩어져 퇴각할 것이오."

테미스토클레스가 이렇게 말하자, 코린토스인 아데이만토스가 또다시 그를 공격하며 조국을 잃은 자는 침묵을 지키라고 말하는 동시에, 에우리비아데스에게 망국인의 요청에 따라 의안의 가부를 물어 결정하지 말 것을 요구했다. 그러자 이번에는 테미스토클레스도 그와 코린토스인들에게 독설을 퍼붓고, 자신이 병력이 충분히 갖추어진 200척의 함선을 지휘할 수 있는 한 그들과 매한가지로 국가와 국토를 갖고 있는 셈이라는 점을 지휘관들에게 상기시켜 주었다. 이 병력이 급습할 경우 이에 저항할 수 있는 그리스 국가는 단 하나도 없었기 때문이다. 테미스토클레스는 이렇게 단언한 뒤 에우리비아데스를 향해 훨씬 더 열정적인 어조로 다음과 같이 말했다.

"그대가 여기에 머무르며 용감하게 행동한다면 모든 것이 다 잘될 것이지만, 그렇지 않으면 그리스는 파멸할 것이오. 이번 전쟁의 운명 전체가 우리의 함선들에 달려 있기 때문에, 부디 내가 권하는 대로 해 주기 바라오. 하지만 그대가 그렇게 하지 않으면 우리는 가족들을 태우고 이탈리아의 시리스로 갈 것이오. 그 도시는 오래 전부터 우리의 것이고, 신탁도 언젠가는 우리가 식민하게 되어 있다고 말하고 있소. 그대는 우리와 같은 동맹국을 잃고 나서야 내가 지금 말한 것을 떠올리게 될 것이오."

이 말에 에우리비아데스가 마음을 바꾸었는데, 그 주된 이유는 짐작컨대 함대를 지협으로 퇴각시키면 아테네군이 그들을 버리고 떠나지 않을까 걱정되었기 때문이었을 것이다. 아테네인들 없이 나머지 함선들로는 적의 함대를 당해 낼 수 없었다. 그래서 그는 떠나지 않고 살라미스에서 싸우기로 결정했다.

날이 밝고 해가 솟아오를 때 육지와 바다에서 지진이 일어났다. 그래서 그리스군은 신들에게 기원하고 아이아코스 일족의 신령에게 구원을 청하기로 결정했다. 그리고 결정할 때와 마찬가지로 신속히 이것을 실행에 옮겼다. 전조는 이것만이 아니었다. 아테네인 디카이오스의 말에 따르면 아티카 지방이 크세르크세스의 육군에 의해 짓밟히고 있을 무렵에 그는 스파르타인 데마라토스와 함께 트리아평야에 있었는데, 그때 약 3만 명의 군대가 행군하며 피워 올리고 있는 것처럼 생각되는 먼지 구름이 엘레우시스 방면에서 다가오는 것이 보이고, 또 이아코스 신(디오니소스 신과 같은 신)이 찬가를 부르는 목소리들이 들렸다고 한다. 디카이오스는 당시 아티카에는 사람이 없었기 때문에 이것은 틀림없이 신이 아테네인과 동맹군을 구원하기 위해 온 곳이라고 해석했고, 또 그 먼지 구름과 목소리들이 살라미스에 있는 그리스군 쪽으로 향했기 때문에 그들은 크세르크세스의 해군이 괴멸될 운명에 놓여 있다는 것을 깨닫게 되었다고 한다.

한편 크세르크세스의 해군 병사들은 테르모필라이에서 죽은 스파르타인들을 보고 트라키스에서 히스티아이아로 건너와 여기에서 3일간 정박하고, 그곳을 떠난 다음 에우리포스 해협을 경유해 다시 3일 뒤에 아테네의 외항 팔레론에 도착했다. 내 생각에는 페르시아군이 아테네에 침입했을 때의 세력은 해륙 양면에서 조금도 약화되지 않고 그때까지의 손실이 보충되고도 남았을 것이다. 실제로 페르시아 왕의 군대가 그리스의 중심부를 향해 진군할수록 이에 참가하는 주민의 숫자도 증가되어 갔기 때문이다.

　페르시아의 육상과 해상의 전 부대가 이렇게 아테네 지역에 도달하자, 크세르크세스왕은 해상 부대의 장병들과 만나 그 의견을 들으려고 친히 함대를 방문했다. 그가 최상석에 앉자 각국의 군주와 부대장이 서열에 따라 자리에 앉았다. 첫 번째 자리에는 시돈왕, 두 번째 자리에는 티로스왕, 이런 식으로 일동이 차례로 서열에 따라 앉자, 그는 각자의 속마음을 알아보기 위해 마르도니오스를 내세워 해전을 벌여야 하는지 여부를 묻게 했다. 마르도니오스는 시돈왕을 선두로 차례로 질문을 계속해 나갔다. 그러자 모든 사람이 이구동성으로 해전을 벌어야 한다고 대답했다. 그러나 여자의 몸으로 정벌에 가담한 할리카르나소스의 여왕 아르테미시아만은 다음과 같이 대답했다.

　"마르도니오스여, 에우보이아 부근에서 벌어진 해전에서 최악의 전사가 아님을 입증해 보이고, 또 누구 못지않은 활약상을 보여 준 내가 이렇게 말했다고 부디 전하께 전해 주시오. 전하, 저는 참된 제 견해를 밝히고 전하께 가장 유리하다고 여겨지는 것을 말씀드려려 한다고 생각합니다. 제가 말씀드리고 싶은 것은 해군을 그대로 두고 해전을 벌이지 마시라는 것입니다. 해상에서는 그리스인이 남자와 여자의 차이만큼이나 우리보다 훨씬 우세하기 때문입니다. 대체 전하께서 위험을 무릅쓰고 해전을 벌이실 필요가 어디 있습니까? 전하께서는 이번 원정의 목표였던 아테네를 이미 수중에 넣으셨고 그 밖의 그리스 땅도 마찬가지 아닙니까? 전하의 앞길을 가로막을 자는 아무도 없습니다. 전하께서 서둘러 해전을 벌이지 않고 해군을 이곳에 그대로 머물러 있게 하시든가, 혹은 펠로폰네소스로 전진시키시면 일이 당초의 계획대로 쉽게 진행될 것입니다. 그리스군에게는 장기간에 걸쳐 저항할 힘이 없습니다. 그러나 전하께서 서둘러 해전을 벌이신다면 해군이 패할 경우 그 화가 육군에도 미치게 될 것입니다."

아르테미시아가 이렇게 말하는 것을 듣고 그녀에게 호의를 품고 있던 사람들은 그녀가 해전에 반대해 왕으로부터 처벌을 받으리라 생각했지만, 그녀가 동맹국들 가운데서 특히 존중받고 있는 데 질투심을 품고 있던 자들은 그녀의 파멸을 예상하고 미소를 지었다. 그러나 크세르크세스는 아르테미시아의 의견을 전해 듣고 매우 기뻐하며 어느 때보다 그녀를 높이 평가했다. 그럼에도 불구하고 크세르크세스는 다수의 의견에 따르도록 하라고 명했다. 그것은 아르테미시온 해전에서 자신이 그 자리에 없어 장병들이 최선을 다하지 않았다고 생각하고 이번에는 친히 해전을 지켜보겠다고 결심했기 때문이다.

마침내 출항 명령이 떨어지자 페르시아군은 살라미스로 함선들을 진격시킨 뒤 조용히 해안을 따라 여러 지점에 배치하고 전투 대형을 갖추었다. 한편 그리스군은 공포에 사로잡힌 채 당황하고 있었다. 펠로폰네소스 부대들이 특히 더 그랬다. 아테네의 국토를 위해 싸우려고 살라미스에 머무르고 있다가 패할 경우, 섬 안에 갇힌 채 탈출로를 차단당해 조국을 무방비 상태로 놔두게 되지나 않을까 걱정이 됐기 때문이다.

실제로 페르시아의 육군도 같은 날 밤에 펠로폰네소스를 향해 진군하고 있었다. 그러나 페르시아군이 육로로 해서 펠로폰네소스로 들어올 수 없게 하기 위해 온갖 수단이 다 동원되고 있었다. 펠로폰네소스인들은 레오니다스와 그 휘하 부대가 테르모필라이에서 전멸했다는 소식을 듣자마자 각 도시에서 재빨리 지협으로 달려와 진을 쳤다. 그 지휘를 맡은 것은 레오니다스의 동생인 클레옴브로토스였다. 펠로폰네소스인들은 논의 끝에 지협을 가로지르는 장성(長城)을 쌓기로 하고 수만 명이 달라붙어 밤낮없이 이 공사를 계속했다. 지협을 방어하기 위해 국력을 총동원한 국가는 스파르타, 전(全) 아르카디아, 엘리스, 코린토스, 시키온, 에피다우로스, 플레이우스, 트로이젠, 헤르미오네 등이었다.

지협의 그리스군은 조국의 흥망이 이 한판 승부에 달려 있음을 자각하고 해군이 성공하리라는 기대를 하지 않은 채 이렇게 방어벽 공사에 전력을 기울이고 있었다.

한편 살라미스의 그리스 해군은 이런 사실을 알고 있었지만 불안감을 떨쳐 버릴 수 없었다. 자신들보다 오히려 펠로폰네소스의 안위가 염려되었기 때문이다. 그들은 처음에는 각자 동료들과 소곤거리며 은밀히 에우리비아데스의 어리석음에 놀라움을 표시했지만, 마침내 그것이 폭발해 공공연한 분노로 변했다. 그리하여 또 다른 회의가 개최되어 전과 같은 문제를 놓고 많은 이야기가 오갔는데, 한쪽의 의견은 펠로폰네소스로 가서 위험을 무릅쓰고 그곳을 지켜야 하고 그러기 위해서는 이곳에 머무르며 적에게 점령된 국토를 위해 싸워서는 안 된다는 것이었다. 그 반면에 아테네인과 아이기나인, 메가라인은 떠나지 말고 이곳에서 싸워야 한다고 주장했다.

테미스토클레스는 펠로폰네소스인들에 의해 자신의 의견이 밀릴 기미가 보이자 몰래 회의장에서 빠져나온 뒤 자기 자식들을 돌보는 하인인 시킨노스를 부르고는 페르시아군 진영으로 가서 다음과 같이 말하라고 명했다.

"저는 아테네의 장군의 비밀 전갈을 가져왔습니다. 그분은 페르시아 왕께 호의를 갖고 계시며, 그리스군보다 오히려 귀국 군대의 승리를 바라고 계십니다. 그분이 제게 그리스군이 두려움을 이기지 못해 도망치려 하고 있다는 말을 전하라 하셨습니다. 그리스군이 빠져나가지 못하게 가로막기만 하십시오. 지금 귀국 군대는 사상 유례없는 전과를 올릴 수 있는 기회를 맞이하고 있습니다. 그리스군은 지금 분열되어 서로 적의를 품고 있기 때문에 자기들끼리 해전을 벌이게 될

지도 모릅니다."

　페르시아군 지휘관들은 이 말을 믿고 살라미스섬과 본토 사이에 놓여 있는 작은 섬 프시탈레이아에 다수의 병력을 상륙시켰다. 그리고 한밤중이 되자 그리스군을 에워싸기 위해 서쪽 날개를 반원형을 그리면서 살라미스를 향해 전진시켰다. 이와 동시에 케오스와 키노수라 부근에 주둔 중인 부대도 출동시켜 무니키아에 이르기까지 해협 전역을 그들의 함선들로 가득 채웠다. 이렇게 함선들을 전진시킨 것은 그리스군의 도주를 막고 살라미스에 고립시켜, 아르테미시온 부근에서 싸울 때 고전했던 것을 앙갚음하기 위해서였다. 또 프시탈레이아라는 작은 섬에 병사들을 상륙시킨 것은 곧 벌어지게 될 해전의 통로에 이 섬이 위치하고 있어, 병력과 난파물이 특히 이곳으로 많이 표류해 오리라 보고 아군을 구조하고 적군을 죽이기 위해서였다. 페르시아군은 밤새 한숨도 자지 않고 적이 깨닫지 못하게 은밀히 이런 준비를 했다.

　한편 그리스군의 지휘관들은 페르시아 함대가 자신들을 에워싸고 있는 줄도 모르고 살라미스에서 여전히 계속 격렬한 논쟁을 벌이고 있었다. 그런데 이때 테미스토클레스의 책략에 의해 아테네에서 도편추방(陶片追放, 아테네에서 시민 투표를 통해 장차 참주가 되려는 야심가를 가려내어 나라 밖으로 추방하던 제도)을 당했던 아리스테이데스가 아이기나에서 건너왔다. 내가 그 품성에 대해 들은 바에 따르면 그는 아테네에서 가장 훌륭하고 고결한 인물이었던 것 같은데, 그가 회의장으로 들어와 테미스토클레스를 불러냈다. 그는 조국이 중대한 위기를 맞이한 것을 보고 과거의 원한 따위는 조금도 염두에 두지 않았다. 테미스토클레스가 회의장에서 나와 자기 앞에 서자, 그는 방금 전에 페르시아군에 의해 그리스군이 포위된 것을 직접 눈으로 확인했다며, 코린토스인이나 에우리비아데스가 철수하길 원하더라도 이제는 그것이 불가능하다고 말했다.

테미스토클레스는 자신의 뜻대로 일이 이루어진 것을 알고 몹시 기뻐하며, 그리스군이 자진해서 이곳에서 싸우려 하지 않아 어쩔 수 없이 자신이 페르시아군이 그렇게 행동하도록 만들었다고 말했다. 그러고는 자신이 말하면 틀림없이 꾸민 이야기라 생각하고 믿지 않을 테니 직접 그것을 일동에게 전해 달라고 부탁했다. 그래서 아리스테이데스가 안으로 들어가 자신이 목격한 것을 이야기했지만, 대부분의 지휘관들은 그 소식을 믿으려 하지 않았다. 그때 페르시아 해군에서 테노스인의 삼단 노선 한 척이 탈주해 와 소식을 전하자, 그리스군은 겨우 그 사실을 믿고 마침내 해전 준비에 착수했다.

먼동이 트자 그리스군의 지휘관들은 병사들을 모두 집합시키고 그들에게 일장 연설을 했는데, 그중에서 테미스토클레스의 연설이 가장 훌륭했다. 그는 시종일관 고귀한 것과 천한 것을 대비시켜 가면서 인간의 본성과 기질의 범위 안에 들어가는 온갖 것들 속에서 언제나 좀 더 고상한 쪽을 택할 것을 그들에게 요구하고, 연설을 끝맺자 승선 명령을 내렸다. 이에 따라 그리스군이 승선하고 있을 때, 아이기나로 아이아코스 일족의 신령을 모셔오기 위해 떠났던 삼단 노선이 돌아왔다. 그러자 그리스군은 전 함선을 거느리고 외해로 나갔다.

그리스군의 함대는 육지를 떠나자마자 페르시아군의 공격을 받았다. 아테네군의 정면에 배치된 것은 엘레우시스 방향의 서쪽 날개를 맡고 있던 페니키아군이었고, 스파르타군을 상대한 것은 페이라이에 우스 방향의 동쪽 날개를 맡고 있던 이오니아군이었다. 하지만 이 이오니아군 가운데서 테미스토클레스의 권유에 응해 일부러 소극적으로 싸운 사람은 소수에 지나지 않았다. 페르시아군은 대왕이 자신을 주시하고 있다고 생각하고 최선을 다했기 때문에 에우보이아 앞바다에서의 해전 당시와는 비교도 되지 않을 정도로 훌륭하게 싸웠다. 그럼에도 불구하고 대부분의 페르시아 함선이 아테네군과 아이기나군에 의해 파괴되어 항해 불능의 상태에 빠졌다. 그리스군은 질서 정연하게 전열을 흐트러뜨리지 않고 싸웠지만, 페르시아군은 전열이 흐트러져 계획적으로 행동할 수 없었기 때문이다.

페르시아 함대가 대혼란에 빠진 후, 홍일점인 아르테미시아가 타고 있는 배가 아테네 함선의 추격을 뿌리칠 수 없자 결심을 굳히고 우군의 함선을 들이받아 침몰시켜 버렸다. 이로 인해 그녀의 배가 그리스의 함선이나 페르시아의 탈주선으로 간주되어 적의 손에서 벗어나고, 그녀 자신도 관전하고 있던 크세르크세스로부터 한층 더 깊은 신임을 얻는 행운을 누리게 되었다. 측근들이 크세르크세스 왕에게 이구동성으로 아르테미시아의 배에 의해 파괴된 것은 적선이라고 말했기 때문이다. 크세르크세스가 그들의 말을 듣고 이렇게 말했다고 한다.

"내 군대의 남자들은 여자가 되고, 여자들은 남자가 되어 버렸군!"

그런데 아테네인들이 일개 아녀자가 아테네군에 대항했다는 사실에 분노를 금치 못해서 함장들에게 그녀를 생포하는 사람에게 1만 드라크마를 주겠다는 특별 명령을 내렸기 때문에, 그 아테네 함선도 추적하고 있던 배에 그녀가 타고 있음을 알았다면 끝까지 추적했을 것이다. 하지만 다행히도 그녀는 앞에서 말했듯이 무사히 추적을 피하고, 다른 함선들과 함께 살라미스를 탈출한 뒤 해협 입구에서 진을 치고 있던 아이기나 부대의 포위망도 뚫고 팔레론으로 들어갔다.

이 격전에서 주요 지휘관 중 한 명인 크세르크세스의 동생 아리아비그네스를 비롯해 페르시아 및 그 동맹국들의 이름 있는 사람들이 많이 전사했다. 하지만 그리스 측은 그 수가 얼마 되지 않았다. 그리스인은 배가 침몰되어도 대부분 수영할 줄 알아 살라미스섬으로 헤엄쳐 갔지만, 페르시아 측 병사들은 헤엄칠 줄 몰라 바다에 빠져 죽었기 때문이다.

크세르크세스는 살라미스섬 정면에 있는 아이갈레오스산 기슭에 앉아 해전을 관전하며 자국의 장병들이 공적을 세울 때마다 그 이름을 묻고 서기에게 그 이름과 아버지 이름, 출신 도시 이름을 적게 하고 있었는데, 패전을 깨닫게 되자 그리스인이 스스로의 생각이나 이오니아인의 사주로 배다리를 파괴하기 위해 헬레스폰토스로 가지 않을까 염려되었다. 그런 일이 벌어지면 꼼짝없이 유럽에 갇혀 전멸할 위험성이 컸기 때문이다. 그래서 그는 퇴각을 고려하기 시작했지만, 그리스군이나 자국의 병사 모두 이 계획을 눈치 채지 못하게 하기 위해 살라미스섬까지 제방을 연장하려는 듯이 행동하는 동시에 배다리로도 쓰고 장벽으로도 이용하기 위해 페니키아 상선들을 서로 연결시키고, 또 재차 해전을 결행하려는 듯이 전투 준비에도 들어갔다.

크세르크세스는 또한 자신이 지금 어떤 곤경에 처해 있는지 알리기 위해 페르시아로 파발꾼을 보냈다. 그런데 페르시아가 독자적으로 고안해 낸 이 파발꾼 제도(안가레이온)보다 더 빠른 것은 이 세상에 없었다. 역마다 파말꾼이 말과 함께 대기하고 있다가 그리스의 횃불 경주처럼 주야를 막론하고 가능한 한 빠르게 전달 사항을 차례로 중계해 목적지에 이르게 하기 때문이다. 아테네를 점령했다는 소식이 수사에 전해졌을 때에는 본국의 페르시아인들이 몹시 기뻐하며 모든 길에 도금양 가지를 뿌리고 향을 피우며 흥청망청 먹고 마시며 즐겼지만, 두 번째 소식이 전해지자 모두 옷을 찢고 마르도니오스를 탓하면서 비탄에 잠겼다.

한편 마르도니오스는 크세르크세스가 해전 결과에 몹시 낙담하고 있는 것을 보고는 그가 아테네에서 달아나려 하고 있는 것이 아닐까 하는 의구심을 품고, 그리스 원정에 나서도록 왕을 설득했기 때문에 자신이 처벌받을 가능성이 높다고 보았다. 그래서 그는 한층 더 모험을 시도해 그리스를 정복하든가 명예롭게 죽든가 하는 것이 가장 좋겠다고 생각했다. 그래서 그는 왕에게 다음과 같이 말했다.

"전하, 이번 일로 너무 슬퍼하거나 낙담하지 마십시오. 우리의 희망은 몇 개의 나무 판자의 운명이 아니라 용감한 말과 기병에 달려 있습니다. 전하께서 우리를 무찔렀다고 생각하시는 그자들도 감히 배에서 내려 우리의 육군과 싸우지 못할 것이고, 본토에 있는 그리스인들도 또한 마찬가지일 것입니다. 전하께서 원하신다면 우리는 곧 펠로폰네소스를 공격할 수 있습니다. 잠시 기다리고 싶으시다면 우리는 또한 충분히 그렇게도 할 수 있습니다. 어찌 되었든 낙담하지만 마십시오. 그리스인은 죄값을 치른 뒤에 전하의 노예가 될 수밖에 없기 때문입니다. 이렇게 하시는 것이 가장 좋지만, 전하께서 군대를 이끌고 철수할 생각을 굳히셨다면 그 경우에도 제가 권유드릴 것이 있습니다. 전하께서 이 땅에 머무르지 않을 결심이시라면 주력 부대를 이끌고 고국으로 돌아가십시오. 하지만 그 전에 먼저 제가 30만 명을 선발해 그리스를 전하께 예속시키게 해 주십시오."

크세르크세스는 이 말을 듣자 걱정거리에서 벗어난 사람처럼 크게 기뻐하며, 마르도니오스에게 생각해 본 다음 어느 방책을 선택할 것인지 알려 주겠다고 말했다. 그는 페르시아의 고문관들과 논의를 하는 동안 지난번에 올바른 충고를 해 주었던 아르테미시아를 부르는 것이 좋겠다는 생각이 들었다. 그래서 그녀가 오자 고문관들과 친위병들을 모두 물리친 뒤 마르도니오스의 제안에 대한 의견을 물었다. 그 자리에서 아르테미시아는 왕은 수사로 돌아가고 마르도니오스에게 원하는 만큼의 병력을 주고 이곳에 남기는 것이 좋겠다고 말했다. 마르도니오스가 바라는 대로 정복을 하고 그 계획대로 일이 진행된다면 그것은 곧 왕의 공적이 될 것이고, 싸움에 패하더라도 페르시아 왕과 왕가가 안전한 한 그것은 왕의 종복을 없애는 것일 뿐, 그리스 측의 진실한 승리는 아니라는 것이었다.

이것은 바로 크세르크세스 자신이 생각하고 있는 바였기 때문에, 그는 아르테미시아를 칭찬한 뒤 종군하고 있던 자신의 자식들을 데리고 에페소스로 돌아가게 했다. 크세르크세스는 이 자식들을 돌보게 하기 위해 헤르모티모스라는 환관을 딸려 보냈는데, 이 환관은 우리가 아는 한 유례가 없을 정도로 무섭게 옛 원한을 갚은 인물이다. 그는 적의 손에 잡혔다가, 잘생긴 사내아이를 사들인 뒤 거세하고 사르디스나 에페소스로 데려가 비싼 값을 받고 넘기는 키오스 출신의 파니오니오스라는 자에게 팔렸지만, 계속 불운하지는 않아 사르디스에서 왕에게로 보내진 뒤 이윽고 크세르크세스 측근의 환관 중에서 가장 중용되는 신분이 되었다.

왕이 아테네 원정 도중에 잠시 사르디스에 머물 때, 헤르모티모스는 어떤 용무가 있어 키오스인이 거주하는 미시아 지방의 항구 아타르네우스에 들렀다가 그곳에서 파니오니오스를 만났다. 헤르모티모스는 그를 곧 알아보고는 반가운 듯이 오랫동안 이야기를 나누었다. 그리고 그 덕분에 지금 행복하게 살고 있다며 그가 가족을 데리고 사르디스로 이주해 오면 여러 가지로 돌보아 주며 은혜를 갚겠다고 약속했다. 파니오니오스는 몹시 기뻐하며 그 제안을 받아들이고 사르디스로 처자식을 데려왔다. 그렇지만 헤르모티모스는 파니오니오스를 그의 가족과 함께 사로잡게 되자 다음과 같이 말했다.

"이 세상에 너보다 더 비열한 짓을 해 가며 생계를 꾸려 가는 자는 없다. 도대체 나나 내 가족이 너나 네 가족에게 어떤 해를 끼쳤기에, 너는 나를 지금처럼 쓸모없는 남자로 만들어 놓았느냐? 아! 틀림없이 너는 신들께서 네 죄악에 주목하시지 않으리라 생각했을 것이다. 그러나 신들께서는 정의로우셔서 비정한 짓을 한 너를 내게 넘겨주셨다. 그러니 너로서도 지금부터 내가 선고할 형벌에 불만을 품지 못할 것이다."

헤르모티모스는 이렇게 꾸짖은 뒤에 파니오니오스의 4명의 자식을 끌어내고는 파니오니오스로 하여금 자식들의 국부를 잘라 내게 했다. 이 일이 끝나자 이번에는 그 자식들로 하여금 아버지에게 같은 짓을 하게 했다. 헤르모티모스는 이렇게 파니오니오스에게 복수를 했던 것이다.

크세르크세스는 마르도니오스를 불러 원하는 장병들을 골라 가능한 한 말한 그대로 해 보라고 명했다. 그리고 밤이 되자 곧 해군에 명령을 내려, 함대의 지휘관들은 왕이 건너갈 배다리를 지키기 위해 최대한 빠른 속도로 팔레론을 떠나 헬레스폰토스로 향하도록 했다.

다음날 그리스군은 페르시아의 육군이 그대로 머물러 있는 것을 보고 해군도 팔레론에 있으리라 생각하고 적의 또 다른 공격에 대비하고 있었다. 그러나 적의 해상 부대가 떠난 것을 알게 되자 곧 에우보이아섬 남쪽의 안드로스섬까지 추격했지만 적의 모습이 보이지 않아 그곳에서 회의를 열었다. 테미스토클레스는 끝까지 추격하고 배다리를 파괴하기 위해 헬레스폰토스로 직행해야 한다고 주장했지만, 에우리비아데스가 이에 반대했다. 페르시아 왕이 귀로가 막혀 유럽에 머물게 되고, 그래서 귀국할 수 있는 희망도 보이지 않고 굶주리게 되어 결연한 행동으로 나오면 결국 유럽 전역이 점차 그의 손으로 들어갈 것이고, 또 그들의 식량도 그리스인이 수확한 것으로 충족될 것이므로, 그가 본국으로 돌아갈 수 있도록 내버려 두는 것이 좋겠다는 것이었다. 그리고 다른 펠로폰네소스의 지휘관들도 이 의견에 찬성했다.

테미스토클레스는 대부분이 자신의 의견에 반대하는데다가 헬레스폰토스로 계속 가도록 그들을 설득할 수도 없음을 깨닫고는 태도를 바꾸어 아테네 장병들에게 이렇게 말했다. 아테네인들은 적이 도망친 것을 가장 애통해하며 단독으로라도 헬레스폰토스까지 진격하고 싶어했기 때문이다.

"싸움에 패해 궁지에 몰린 사람이 다시 싸움을 벌여 실패를 만회하는 일이 있소. 나 자신도 종종 목격한 일이고, 다른 사람들로부터는 이런 이야기를 더 많이 들었소. 우리가 이번에 저 구름처럼 엄청나게 몰려온 대군을 물리침으로써 우리 자신과 그리스 전체를 구한 것은 정말 큰 행운이었소. 그러니 적이 도망치기 시작했으므로 여기에 만족하고 너무 심하게 몰아세우지 맙시다. 이것은 결코 우리의 힘으로 이루어진 것이 아니오. 신들과 반신(半神)들께서 건방지고 부정한 인간이 아시아와 유럽에 군림하는 것을 꺼리셔서 그렇게 된 것이오. 지금은 그리스 안에 머무르며 자신이나 가족을 돌보는 것이 좋을 것 같소. 이방인들을 깨끗이 몰아냈으니 이제는 자신의 집을 수리하고 부지런히 밭에 씨를 뿌립시다. 그리고 봄이 되면 배를 타고 헬레스폰토스와 이오니아로 떠납시다."

그가 이렇게 말한 것은 자신이 아테네에서 불운한 일을 겪을 경우 안전하게 피할 곳을 마련해 두기 위해 페르시아 왕에게 미리 은혜를 베풀어 두려는 생각에서였는데, 실제로 나중에 그렇게 되었다. 테미스토클레스가 이렇게 속였지만, 아테네인들은 그의 말에 설득 당했다. 그들은 언제나 그를 현명한 사람으로 생각해 왔고, 또 그가 최근에 정말로 매우 지혜롭고 판단력이 뛰어나다는 것을 스스로 입증해 보였기 때문에 이제는 그가 권하는 것은 무엇이든 따를 준비가 되어 있었다. 그래서 테미스토클레스는 시킨도스를 비롯해 가장 믿을 수 있는 몇 사람을 골라 작은 배에 태워 아티카로 보내고는 크세르크세스왕에게 다음과 같이 말하게 했다.

"아테네인 테미스토클레스가 전하께 도움을 드리려고 귀국의 함대를 추격하고 헬레스폰토스의 배다리를 파괴하고 싶어하는 그리스인들을 제지했습니다. 이제 안심하고 편안히 귀국하십시오."

이렇게 해서 페르시아군의 함대를 추격하는 일도, 배다리를 파괴하기 위해 헬레스폰토스로 가는 일도 중지한 그리스 해군은 페르시아 측에 가담했다는 이유로 안드로스섬을 점령하려고 이곳을 포위했다. 그러나 실제 이유는 섬 주민들이 테미스토클레스로부터 맨 먼저 금품을 요구받고 이것을 거절했기 때문이었다. 테미스토클레스는 그 후에도 사사로운 욕심을 채우기 위해 페르시아왕에게 보냈던 심복들을 사자로 삼아 다른 여러 섬에도 보내 위협을 하면서 금품을 요구했다. 테미스토클레스는 이런 방법으로 카리스토스인과 파로스인으로부터 많은 금품을 받았다. 이들은 안드로스섬이 공격을 받기도 했고, 테미스토클레스가 지휘관들 중에서 가장 명망이 높은 인물이라는 소문을 듣기도 했기 때문에 두려움에 못 이겨 금품을 보냈다. 하지만 카리스토스인의 경우에는 그런 일을 했음에도 불구하고 재난을 피할 수 없었다. 그리스군이 안드로스섬을 공략하는 데 실패하자 이번에는 카리스토스로 방향을 돌려 그곳을 황폐화시킨 뒤 살라미스로 철수했기 때문이다.

그들은 이곳에 도착하자 먼저 전리품의 일부를 맏물로서 따로 떼어 신들에게 바치고 남은 전리품을 분배했다. 그 후 가장 큰 공을 세운 사람에게 상을 내리기 위해 지협으로 향했다. 지휘관들은 그곳의 포세이돈 제단 앞에서 투표를 해 그들 가운데서 제1위와 제2위 공로자를 뽑았는데, 모두 다 자신이 가장 용감하게 싸웠다고 생각하고 자기 이름을 써 냈다. 제2위 공로자로는 테미스토클레스가 압도적인 다수로 선정되었다. 하지만 그리스인들은 질투심에서 최고 공로자를 선정하는 것을 보류하고 각자 자기 나라로 돌아갔다. 그래도 테미스토클레스의 명성이 그리스 전역으로 널리 퍼져 나갔다.

그 후 그가 표창을 받으리라는 희망을 품고 스파르타를 찾아가자, 스파르타인이 그를 정중하게 맞아들인 뒤 그의 공적을 크게 칭송하며 에우리비아데스와 똑같이 올리브 관을 수여했다. 그 외에 스파르타에서 가장 훌륭한 전차도 증정하고, 그가 귀국할 때에는 '기사'라 불리는 스파르타군의 정예 300명이 테게아 지구의 국경까지 배웅했다.

그가 아테네로 돌아오자 반대파 중 한 명인 티모데모스라는 자가 그의 명성을 질투한 나머지 그가 스파르타에서 얻은 영예는 모두 아테네인 덕분이며 그 자신의 힘은 아니라고 말했다. 테미스토클레스는 그가 계속 모욕을 가하자 마침내 그의 말을 막고 이렇게 말했다.

"그 말이 맞소. 하지만 같은 아테네인이더라도 그대는 그런 대접을 받지 못할 것이오!"   〈제8권〉

3. 페르시아군의 패주

크세르크세스와 그 휘하 부대는 해전이 끝나고 며칠이 지난 뒤 침공할 때와 같은 길을 통해 아티카에서 철수해 보이오티아로 향했다. 마르도니오스도 왕을 따라갔는데, 그것은 계절이 이미 전쟁을 하기에 적합하지 않아 테살리아에서 겨울을 보내고 봄이 되면 펠로폰네소스를 공격하는 것이 좋겠다고 생각했기 때문이다. 테살리아에 도착하자 마르도니오스는 먼저 불사대를 자신의 부대로 선발하고 30만 명이 될 때까지 각 부대에서 필요한 인원을 차출했다.

이 무렵에 레오니다스를 죽인 대가를 크세르크세스에게 요구하고 그가 주는 것을 받으라는 신탁이 델포이에서 스파르타에 도착했기 때문에, 스파르타인이 크세르크세스에게 사자를 파견했다. 크세르크세스는 이 사자의 말을 듣자 웃으며 아무 말도 하지 않다가 마침 옆에 있던 마르도니오스를 가리키면서 이렇게 말했다.

"이 마르도니오스가 그에 상응하는 보상을 해 줄 것이다."

크세르크세스는 마르도니오스를 테살리아에 남겨 두고 헬레스폰토스를 향해 서둘러 떠나 45일째 되는 날 가까스로 약간의 군대만 거느리고 다리가 있는 곳에 도착했다. 오는 도중에 약탈을 해서 굶주림을 면하고, 그것이 여의치 않을 때에는 들풀을 뜯어 먹거나, 재배수든 야생수든 가리지 않고 나무 껍질을 벗기거나 그 잎을 따 먹었다. 그래서 그들이 지나간 곳에는 아무것도 남지 않았다. 또 행군 도중에 전염병과 이질이 기승을 부려 사망자가 잇달아 나왔다. 왕은 이들을 뒤에 남겨 두고 테살리아나 마케도니아 등 통과한 지방의 도시에 병자들의 간호와 식사 시중을 명했다.

페르시아군은 다리가 있는 곳에 이르자 해군의 도움을 받아 가며 황급히 배를 타고 헬레스폰토스를 건너 아비도스에 도착했다. 그들이 도착했을 때에는 배다리가 이미 폭풍우로 인해 산산이 부서져 버렸기 때문이다. 그런데 아비도스에 머무르는 동안 먹을 것이 많아 과식을 한데다가 물맛이 달라져 많은 사망자가 나왔다. 그곳에서 왕은 남은 자들을 거느리고 사르디스로 귀환했다.

왕과 그 군대를 케르소네소스에서 아비도스로 건네 준 페르시아의 해군은 이오니아의 키메에서 겨울을 보낸 뒤 봄이 되자 사모스섬에 군대를 집결시키고 그곳에 머무르면서 이오니아가 반란을 일으키지 못하도록 감시했다. 이 함대는 이오니아의 함선들을 합쳐 300척에 이르렀다. 그들은 그리스군이 이오니아로 올 리 없다고 생각하고 마르도니오스의 소식을 기다리고만 있었다.

총 110척에 이르는 그리스 해군도 봄과 함께 움직이기 시작해 아이기나에 이미 도착해 있었다. 하지만 그들은 델로스까지밖에 전진할 수 없었다. 그 이상의 지역은 지리에 어두워 모든 것이 다 두렵고 이르는 곳마다 적병으로 가득 차 있는 듯한 생각이 들었기 때문이다. 그들에게는 사모스가 헤라클레스의 기둥만큼이나 먼 곳처럼 생각되었던 것이다.

이렇게 되자 페르시아군은 공포에 질려 사모스 서쪽으로 전진할 용기를 내지 못했고, 그리스군도 키오스인의 요청에도 불구하고 델로스 동쪽으로는 감히 나가려 하지 않았다. 요컨대 공포감이 양 해군 사이에 완충 지대를 만들어 내고 있었던 것이다.

한편 테살리아에서 겨울을 보내고 있던 마르도니오스는 미스라는 자를 각지의 신탁소에 보내 신탁을 받아 오게 했다. 아마도 앞으로 부딪치게 될 사태에 대한 정보와 조언을 얻기 위해서였을 것이다. 마르도니오스는 미스가 가져온 신탁 기록을 모두 읽고는 마케도니아인 알렉산드로스를 사절로 삼아 아테네에 보냈다. 그를 택한 첫 번째 이유는 그의 누이 기가이아가 페르시아인 부바레스에게 시집갔기 때문이고, 두 번째 이유는 그가 아테네의 명예 영사 역할을 하며 여러 가지 은혜를 베풀고 있다는 것을 잘 알고 있었기 때문이다. 그래서 마르도니오스는 그를 파견하면 아테네가 페르시아 쪽으로 넘어올 가능성이 매우 높고, 또 아테네만 끌어들이면 쉽사리 해상을 제패할 수 있으며 지상에서는 자기 군대가 훨씬 우세하기 때문에 그리스를 정복할 수 있으리라 생각했던 것이다. 아마도 여러 곳의 신탁도 아테네를 아군으로 삼을 것을 권유했을 것이다.

알렉산드로스가 아테네와 페르시아를 화해시키기 위해 아테네에 온 것을 알게 된 스파르타인은 그 결과를 몹시 우려해 즉각 아테네에 사절단을 파견했다. 그러자 아테네인은 양쪽의 접견을 동시에 하게 만들었다. 아테네인이 스파르타인이 페르시아의 화해 사절이 파견된 것을 알고 곧 사절을 보내리라 짐작하고 그것을 기다리며 시간을 지연시켰기 때문이다. 그들은 스파르타인에게 자국의 견해를 들려주려고 일부러 그렇게 했던 것이다. 알렉산드로스는 그 자리에서,

"페르시아왕께서는 아테네인이 저지른 과실을 모두 용서하기로 하셨다면서 그 국토를 반환하고, 원하는 지역을 선정해서 독립국으로서 대우받게 할 것이며, 강화할 의사가 있을 경우에는 그분께서 불태워 버리신 신역을 모두 재건해 주라고 하셨소. 귀국은 대왕을 이길 승산도 없고, 또 언제까지 지탱해 나갈 수도 없을 것이오. 설사 이긴다 해도 지금의 몇 배가 더 되는 새로운 군대가 나타날 것이오. 그러니 대왕에게 저항해서 국토를 빼앗기거나 나라의 흥망을 거는 위험한 승부를 내려는 마음을 먹지 말고 강화하도록 하시오."

라는 마르도니오스의 말을 전한 뒤에, 그의 제안을 받아들이라고 열심히 권했다.

그러자 아테네가 페르시아와 동맹을 맺고 펠로폰네소스를 공격하지 않을까 몹시 걱정이 된 스파르타의 사절단이 맹렬히 반대했다. 그들은 이번 전쟁을 도발한 장본인으로서 그리스 전역을 전란 속으로 몰아넣은 뒤에 페르시아와 동맹을 맺는다는 것은 특히 더 도리에 어긋나는 일이고, 또 예로부터 해방자로 알려져 있는 아테네가 그리스를 예속시키는 데 앞장선다면 모욕스런 일이 될 것이라고 말했다. 그리고 물론 두 번이나 수확물을 약탈당하고 장기간에 걸쳐 집과 재산이 파괴되는 어려운 처지에 놓인 것을 동정하는 마음은 금할 길 없지만, 스파르타와 그 동맹국들이 전쟁이 끝날 때까지 아테네의 부녀자와 전쟁 수행에 도움이 되지 못하는 가족들을 모두 부양하기로 약속할 테니, 마르도니오스의 제안을 그럴 듯하게 꾸민 알렉산드로스의 설득에 넘어가지 말라고 당부했다.

그러자 아테네인은 알렉산드로스에게 자신들은 자유를 열망하는 사람들로서 페르시아왕에게 그 몇 배에 이르는 힘이 있다 해도 전력을 기울여 싸울 작정이니 더 이상 설득하려 하지 말라고 말하고, 마르도니오스에게 태양이 현재와 똑같은 궤도를 달리는 한 우리는 크세르크세스와 강화하는 일이 없을 것이라고 전해 달라고 부탁했다. 또한 스파르타인에게는 세계의 모든 황금을 가지고도, 경관이 아름답고 비옥하기 그지없는 땅으로도 자신들의 마음을 움직여 공동의 적인 페르시아 측에 가담하게 하지 못할 것이라고 말했다. 그 가장 중요한 이유는 신상과 신전이 불태워지고 파괴되어 최대한 보복을 하지 않으면 안 되기 때문이고, 두 번째로는 모두 피와 언어, 신이 같은 그리스 민족이기 때문이라는 것이었다. 그리고는 아테네인은 한 사람이라도 살아남아 있는 한 크세르크세스와 강화하지 않을 결심이니, 마르도니오스가 침입해 오기 전에 보이오티아로 출격할 수 있도록 빨리 군대를 파견해 달라고 부탁했다.

귀환한 알렉산드로스로부터 아테네 측의 회답을 전해 듣자, 마르도니오스는 곧 테살리아를 출발해 아테네를 향해 군대를 전진시켰다. 원정군이 보이오티아 지방으로 들어왔을 때, 테베인이 진군을 멈춘 뒤 이 땅을 거점으로 삼아 그리스 전역을 평정하라고 마르도니오스를 설득했다. 전처럼 그리스인이 계속 단합하면 전 세계의 병력을 다 동원해도 힘들지만, 이렇게 하면 그리스 측의 작전을 쉽게 탐지할 수 있고, 각 도시의 유력자에게 돈을 보내 그리스 측을 분열시킬 수도 있어 쉽게 평정할 수 있으리라는 것이었다.

그러나 마르도니오스는 이 말에 귀를 기울이지 않았다. 아테네를 다시 점령하고, 이 소식을 봉화를 통해 섬에서 섬으로 전달하는 방법으로 사르디스에 있는 왕에게 알리고 싶었기 때문이다. 그러나 마르도니오스가 아테네에 도착했을 때 아테네인은 이미 전처럼 모습을 감추어 버리고 대부분 살라미스섬이나 함선 위에 있었다. 결국 그가 점령한 것은 인적 없는 시가지뿐이었다. 이것은 페르시아왕이 점령하고 나서 10개월이 지난 뒤의 일이었다.

마르도니오스는 무리키데스라는 자에게 전과 똑같은 제안을 갖고 살라미스에 가게 했다. 전과 달리 아티카 전역이 점령되었기 때문에 완강한 태도를 굽히지 않을까 하는 기대 때문이었다. 무리키데스가 아테네의 평의회에 출석해 마르도니오스의 전언을 전하자, 평의원인 리키데스가 이것을 민회에 회부하는 것이 좋겠다는 의견을 제시했다. 그가 마르도니오스에게 매수되어 있었기 때문인지, 아니면 그렇게 하는 것이 옳다고 믿었기 때문이지 그것은 알 수 없다. 그러나 평의회에 참석한 사람들은 물론, 회의장 밖에 있던 사람들도 모두 그 이야기를 듣고는 격앙되어 리키데스를 둘러싸고 돌을 던져 죽이고 말았다. 다만 무리키데스만은 위해를 가하지 않고 돌려보냈다.

그런데 아테네인은 본래 펠로폰네소스에서 구원군이 오면 함께 보이오티아 지방에서 페르시아군을 맞아 싸울 예정이었다. 하지만, 아무리 기다려도 스파르타의 원군은 오지 않았고, 또 마르도니오스가 이끄는 적군이 이미 보이오티아에 들어왔다는 보고를 접하게 되자 서둘러 살라미스로 건너갔던 것이다. 그래서 그들은 곧 스파르타에 항의 사절을 보냈는데, 실은 그 무렵 스파르타에서는 히아킨토스 축제가 벌어지고 있었다. 스파르타인은 신에게 의무를 다하는 것을 무엇보다 중요하게 여겨서 이것을 중단할 수도 없었다. 또 지협 지대에 축조 중이던 방어벽이 이미 흉벽을 설치할 단계에 이르러 그것이 미

완성일 때에 비해 훨씬 더 마음을 놓을 수 있었다. 아테네의 사절은 페르시아군이 아티카를 침공하도록 그대로 놓아 둔 것을 크게 나무라는 동시에, 아테네가 그리스 동맹에서 이탈할 경우 페르시아 측이 제공해 주겠다고 약속한 것들을 상기시키면서 스파르타가 아테네를 원조하지 않을 경우에는 자신들을 위해 다른 방어책을 강구할 수밖에 없다고 위협했다.

결국 스파르타는 클레옴브로토스의 아들 파우사니아스를 지휘관으로 삼고 병사 한 명당 국가 노예 7명씩 붙여 5천 명을 파견했다.

출정군의 지휘권은 본래 레오니다스의 아들인 플레이스타르코스에게 있었지만 그는 당시 어려 그의 사촌 형인 파우사니아스가 후견자 역할을 하고 있었다. 마르도니오스에게 자발적으로 스파르타군의 출격을 저지하겠다고 약속했던 아르고스인은 이것을 알게 되자 가장 빠른 사자 한 명을 아티카로 보내, 스파르타 병사들이 이미 진군 중이며 자신들의 힘으로는 이것을 막을 수 없다고 알려 주었다. 그래서 마르도니오스는 아테네 시가지를 불태우고 성벽과 집, 신전 등 지상에 서 있는 것은 모두 파괴해 버린 뒤 철수했다. 그 이유는 아티카 땅이 기마전에 적합하지 않다는 것과, 또 패할 경우 퇴로가 소수의 병력에 의해 차단될 수 있는 좁은 골짜기 하나밖에 없다는 것 등이었다. 그래서 그는 테베까지 후퇴한 뒤 기마전에 적합하고 또 자신들에게 우호적이기도 한 도시 부근에서 싸우려 했던 것이다.

파우사니아스
스파르타 아기스 왕가 출신의 무장. 그리스 연합군의 총수로 페르시아군을 플라타이아 전투에서 대파하고 비잔틴을 탈환했으나 오만한 행동으로 연합군 장병의 반감을 사 본국으로 소환되었다.

플라타이아 전투
기원전 479년에 페르시아왕 크세르크세스가 다시 그리스를 침공해 플라타이아에서 일어난 전투. 스파르타의 장군 파우사니아스의 지휘하에 그리스 연합군이 대승리를 거둬 그리스의 자유를 지킨 지상 최대의 결전으로 높이 평가받고 있다.

플라타이아 전경
아티카 평야와 접경하는 보이오티아 지방의 도시로, 보이오티아 남쪽 키타일론 산 북쪽 기슭에 있다.

마르도니오스는 철수하는 도중에 파우사니아스에 앞서 또 다른 1천 명의 스파르타군이 메가라에 도착했다는 정보를 입수하고는 이 부대를 격멸시키기 위해 그곳으로 향했다. 그래서 기병 부대가 선두에 서서 메가라 지구를 유린했다. 하지만 그리스군이 지협에 집결했다는 정보가 또 들어와 마르도니오스는 데켈레이아를 통해 후퇴하고, 테베인의 안내를 받으면서 아소포스강을 따라 에리트라이에서 히시아이를 거쳐 플라타이아령에 이르기까지 진지를 구축했다.

한편 지협에 도착한 스파르타군은 그곳에서 다른 펠로폰네소스군과 합류했다. 그들은 신에게 산 제물을 바치고 길한 점괘를 얻은 뒤에 지협을 출발해 엘레우시스에 도착했다. 그리고 여기에서 살라미스에서 건너온 아테네군과 합류하고, 계속 전진해 보이오티아의 에리트라이에 이르렀을 때 페르시아군이 아소포스 강변에 진지를 구축하고 있는 것을 알고 이에 대항해 키타이론산 기슭에 진을 쳤다.

마르도니오스는 그리스군이 평지로 내려오지 않자 전 기병을 보내 그들을 치게 했는데, 그 지휘를 맡은 것은 페르시아에서 명성이 높은 마시스티오스였다. 그는 그리스에는 바쿠스티오스라는 이름으로 알려진 인물로 황금 재갈을 비롯해 호화로운 마구로 장식된 니사이아 말을 타고 있었다. 기병대는 그리스군을 향해 진격한 뒤 대대별로 공격을 하며 그때마다 막대한 손해를 입히고 그리스군을 '계집애'(페르시아에서는 이것이 남자에게 가장 모욕적인 말이었다)라 부르며 그들을 모욕했다.

이때 메가라 부대가 적이 접근하기 가장 좋은 지점에 위치해 있는 바람에 곤경에 처하게 되자 그리스군 사령부에 전령을 보내 구원군을 보내 주지 않으면 맡은 지역을 포기할 수밖에 없다고 전했다. 그러자 아테네인이 그 지역을 맡겠다고 나섰다. 아테네인 부대는 올림피오도로스가 이끄는 300명의 정예 부대였고 궁병대를 동반하고 있었다. 이윽고 이 전투는 다음과 같이 결말을 맺었다.

대대별로 기병대가 공격을 되풀이할 때, 맨 앞에서 달리던 마시스티오스의 말이 옆구리에 화살을 맞고 고통을 못 이겨 꼿꼿이 일어서며 주인을 흔들어 떨어뜨렸다. 그러자 아테네군이 달려들어 말을 사로잡고 그를 죽였다. 그는 비늘 모양의 황금 갑옷을 입고 그 위에 주홍색 상의를 걸쳐 쉽게 죽일 수가 없었다. 결국 눈을 찔러 그를 쓰러뜨렸다.

기병대는 처음에는 알지 못했지만 곧 지휘관이 없다는 것을 깨닫고 시신을 찾아오려고 전군이 하나가 되어 달려 나갔다. 이것을 본 아테네군이 다른 부대에 증원을 청했다. 그리하여 전 보병 부대가 구원하러 오는 동안, 마시스티오스의 시신을 둘러싸고 격전이 계속되었다. 아테네군은 고립무원의 상태에서 시신을 포기하려 할 정도로 열세에 처했지만, 대부대가 구원하러 와서 적의 기병대가 더 이상 공격하지 못하고 지휘관을 잃은 채 진지로 돌아갔다.

기병대가 귀환하자 마르도니오스를 비롯한 전 장병이 마시스티오스의 죽음을 깊이 애도하며 그치지 않고 소리내어 울었다. 한편 그리스군은 적의 기병대를 격퇴하자 사기가 올랐다. 그래서 마시스티오스의 시신을 수레에 싣고 정렬한 군대의 열을 따라 끌고 지나갔다. 그 후 그리스군은 산지에서 내려와 플라타이아로 가기로 결정했다. 여러 가지 점에서 그곳이 훨씬 낫고, 특히 물 사정이 좋았기 때문이다.

이렇게 되어 플라타이아에 포진한 그리스군은 11만 명에서 1,800명이 부족한 숫자였고, 페르시아군은 30만 명이었다. 양 진영은 각기 민족별, 군단별로 배치를 완료한 뒤 제물을 바쳐 승리를 기원하는 희생식을 거행했다. 그 결과 양쪽 모두 수세를 취하면 길하고 선제 공격을 하면 흉하다는 점괘가 나왔다. 그래서 어느 쪽도 양 진영 사이에 놓여 있는 아소포스강을 건너 병력을 진격시키려 하지 않았다. 그래서 10일 동안 별다른 일 없이 서로 대치하고만 있었다.

11일째 되는 날 그리스군의 숫자는 점점 늘어가고 있었고, 마르도니오스는 아무런 진전도 없는 것이 답답해 크세르크세스의 신임을 특히 많이 받는 몇몇 페르시아인 중 한 명인 아르타바조스를 불러 어떻게 하면 좋을지 의논했다. 아르타바조스의 의견은 전의 테베인의 그것과 같았다. 결전을 피하고 테베의 성으로 들어간 뒤 그곳에 차분하게 자리 잡고 앉아 아낌없이 금은을 각 도시의 유력자에게 보내면

소기의 목적을 달성할 수 있으리라는 것이었다. 즉 그리스인 스스로 자유를 포기하게 할 수 있다는 것이었다. 그러나 마르도니오스는 병력이 우세하므로 즉시 교전해야 하고 그리스군의 병력이 증강되어 가는 것을 간과해서는 안 된다며, 희생 점괘를 무시하고 페르시아인의 방식대로 전투를 개시하는 것이 좋겠다고 말했다. 결국 왕으로부터 통수권을 부여받은 것은 마르도니오스였기 때문에 그의 의견대로 결정되었다. 그 후 마르도니오스는 페르시아의 각 군단장과 자신을 따르고 있는 그리스인 부대의 지휘관들을 소집한 뒤, 페르시아군이 그리스에서 섬멸된다는 신탁이 있었지만 델포이를 유린하지 않을 것이기 때문에 그런 일은 없을 것이라고 말하고, 다음날 아침 벌어지게 될 전투에 대비해 만반의 준비를 갖추라고 지시했다.

그런데 이날 밤 마케도니아의 왕 알렉산드로스가 몰래 페르시아 진영에서 빠져나온 뒤 말을 달려 아테네군의 진지에 와서 보초에게 장군들을 만나게 해 줄 것을 요청했다. 그래서 장군들이 오자 알렉산드로스는 내일 아침에 페르시아 측의 공격이 있을 것이라고 알려 주고, 승리했을 때 위해를 입지 않도록 그리스인을 위한 일념으로 달려온 자신을 꼭 기억해 달라고 덧붙여 말했다.

아테네의 장군들은 파우사니아스를 찾아가 이 말을 전했다. 그러자 파우사니아스는 페르시아군에 두려움을 느껴 마라톤 전투를 통해 페르시아인의 전투 방법을 알고 있으므로 아테네군이 스파르타군을 대신해 페르시아인 부대를 맡는 것이 좋겠다고 말했다. 아테네인들이 기꺼이 이 제안을 받아들여 날이 밝자마자 양군은 위치를 바꾸었다.

그런데 보이오티아인이 이것을 알고 마르도니오스에게 보고했다. 그는 이 보고를 듣자 곧 페르시아인 부대를 스파르타군 전면으로 이동시켰다. 파우사니아스는 이런 움직임을 관찰하고는 적의 눈을 속일 수 없다는 것을 깨닫고 다시 스파르타군을 오른쪽으로 돌렸다. 그러자 마르도니오스도 똑같이 부대를 왼쪽으로 돌리고는, 스파르타군에 전령을 보내 용맹하다는 소문을 들었는데 목을 움츠리고 꽁무니를 빼고 있지 않느냐며 비웃고, 우리만으로 결전을 치러 어느 쪽이 이기든 그것으로 전군의 승리를 가름하자고 제안했다.

그러나 스파르타 측의 응답이 없자, 마르도니오스는 몹시 기뻐하며 쓸데 없이 승리의 환상에 취해 기병대에게 그리스군을 공격하게 했다. 기병대는 돌격해 창을 던지고 화살을 날리며 그리스군에 손실을 입히고, 또 그리스군의 급수지인 가르가피아 샘도 파괴해 버렸다. 그리스군은 기병대에 의해 전열이 교란당하고 식수가 단절된데다가 식량도 다 떨어지는 곤경에 처하게 되자, 협의 끝에 페르시아군의 기병대가 추격하지 못하도록 제2야경 시(오후 9~12시)에 플라타이아시 전면에 있는 아소프강의 지류 속에 있는 '섬'으로 옮겨 가기로 했다. 물도 풍부하고 적의 기병으로부터도 피해를 덜 보게 될 터였기 때문이다.

　페르시아군 기병대가 그날 하루 종일 습격하며 그리스군을 괴롭혔다. 이윽고 날이 저물자 기병대의 공격도 끝났다. 그리고 밤이 되어 약속했던 시각이 되자 대다수의 부대가 철수하기 시작했는데, 약속 장소에 가는 것 따위는 염두에 두지도 않고 기병대에서 벗어나는 기쁨에 들떠 길을 플라타이아 쪽으로 잡고 계속 도망쳐 헤라 신전에 이르렀다. 그들은 신전 앞에서 정지하고 무기를 내려놓았다.

　한편 파우사니아스는 이들이 철수하는 것을 보고 스파르타군에게도 선발 부대의 뒤를 따라가라고 명했다. 다른 지휘관들은 이 명령에 이의를 제기하지 않았지만, 피타네 군단을 지휘하는 아몸파레토스만은 다른 나라 군대에게 뒤를 보이는 것은 불명예스러운 일이며 스스로 스파르타의 이름을 욕되게 하는 일은 할 수 없다고 주장했다. 파우사니아스는 그가 명령에 복종하지 않는 데 화가 났지만 피타네 군단을 두고 떠날 수도 없었다. 그래서 그는 스파르타군의 이동 명령을 철회하고 아몸파레토스를 설득하기로 했다.

　그런데 말과 생각이 다른 스파르타인의 습관을 잘 알고 있던 아테네인은 처음 위치를 지키며 움직이지 않고 있었다. 그러나 다른 부대들이 이동하기 시작하자 과연 스파르타군이 이동하려 하는지, 그렇지 않으면 철수할 의사가 없는지 알아보고, 또 앞으로 취해야 할 행동을 묻기 위해 사람을 파견했다. 그 사자가 스파르타 진영에 도착하자 스파르타인들이 그대로 있고 수뇌들이 입씨름을 벌이고 있었다. 그래서 그가 명받은 대로 질문을 하자, 파우사니아스는 지금 상태 그대로 전해 달라고 말하고, 나아가 아테네군은 양 날개 사이가 비어 있는 만큼 아테네군 가까이로 이동하고 철수 문제와 관련해서는 아테네군과 똑같이 행동해 달라고 요청했다.

파우사니아스는 다른 스파르타 부대들이 철수하면 아몸파레토스도 따라올 것이라고 판단하고 나머지 전 부대를 이끌고 구릉을 따라 이동했다. 테게아 부대도 그 뒤를 따랐다. 아테네군은 마찬가지로 질서 정연하게 출발했지만 스파르타군과는 다른 방식으로 진군했다. 스파르타군은 적의 기병대를 두려워해서 언덕 같은 곳이나 키타이론 산기슭에 바싹 붙어 진군한 데 반해, 아테네군은 저지대로 내려와 평지를 행군했기 때문이다.

아몸파레토스는 파우사니아스가 자신을 두고 떠나지는 않을 것이라고 생각하고 고집을 부렸던 것인데 그가 먼저 떠나는 것을 보고 휘하 군단에 명을 내려 보통 걸음으로 본대를 따라가게 했다. 그런데 아몸파레토스가 이끄는 부대가 그들의 도착을 기다리고 있던 본대에 이르자마자, 적의 기병대 전체가 습격을 해 왔다. 기병대는 평소처럼 공격을 하려 하다가 그리스군이 포진해 있던 곳이 비어 있는 것을 보고 말을 달려 쫓아왔던 것이다.

마르도니오스는 그리스군이 밤중에 후퇴해 진지가 비어 있는 것을 보자, 용맹무쌍하다는 스파르타인이 똑같이 별 볼일 없는 그리스인 사이에서만 명성을 얻고 있었던 데 지나지 않는다는 것을 스스로 폭로했다고 비웃고는 페르시아군에게 아소포스강을 건널 것을 명했다. 페르시아군은 그리스군이 정말로 도주했다고 여기고 급히 추격했다. 그들은 스파르타군과 테게아군만 공격했는데, 그것은 아테네군의 모습이 중간에 있는 언덕에 가려져 보이지 않았기 때문이다.

파우사니아스는 적의 기병대가 육박해 오자 아테네군 쪽으로 기마병을 보내 구원을 요청했다. 이에 아테네군이 출발을 서둘렀지만 그 전면에 포진하고 있던 페르시아 측의 그리스인 부대가 공격을 해 와 구원하러 갈 수가 없었다.

이 바람에 고립된 스파르타군(경무장병을 합쳐 5만 명)과 테게아군(3천 명)은 출전을 위한 희생식을 거행했지만 희생 제물의 전조도 좋지 않았고, 그 사이에 많은 병사가 전사하고 그보다 훨씬 더 많은 부상자가 나왔다. 페르시아군이 방패를 나란히 세워 방벽을 만들고 화살을 비 오듯 쏘아 댔기 때문이다. 그래서 파우사니아스는 눈을 멀리 플라타니아의 헤라 신전 쪽으로 돌리고 여신의 이름을 부르면서 자신들이 승리의 희망을 잃지 않게 해 달라고 기원했다. 이 기원이 끝나기도 전에 테게아인 부대가 먼저 뛰쳐나가 페르시아군을 공격했다. 또한 파우사니아스의 기원이 끝나자마자 스파르타군의 희생점이 길조를 나타냈다. 이에 스파르타군도 역시 페르시아군을 향해 진격했고,

페르시아군도 활 쏘는 것을 중단하고 그들을 맞아 싸울 준비를 했다. 처음에는 방패로 이루어진 방벽에서 전투가 벌어졌지만, 이것이 무너지자 그 후에는 데메테르 신전 부근에서 장시간에 걸쳐 격전이 계속되었다. 페르시아 병사들은 여러 번에 걸쳐 스파르타군의 긴 창을 잡고 이것을 부러뜨렸다. 그들은 용기와 힘의 측면에서는 그리스군에 못지않았기 때문이다. 그러나 방어용 갑주가 없고 잘 훈련되지 않은데다가 전투 기량이 뒤떨어졌다. 그들은 혼자 또는 약 10명이 한 무리가 되어 스파르타군 속으로 돌입해 싸우다가 쓰러졌다.

백마를 탄 마르도니오스는 최정예병 1천 명에게 에워싸여 있었는데, 그가 있는 곳에서 페르시아군이 적을 가장 격렬하게 압박했다. 그가 살아 있을 때에는 페르시아군이 잘 버티며 적지 않은 숫자의 스파르타군을 쓰러뜨렸지만, 그가 전사하고 또 그 주위에 배치되어 있던 최정예 부대도 무너지자 나머지 부대들이 스파르타군에 굴복하고 달아났다. 이렇게 되어 스파르타인에게 내려졌던 신탁 그대로 레오니다스의 죽음에 대한 보상이 마르도니오스에 의해 치러졌고, 파우사니아스는 우리가 아는 한 그 어느 것도 따라올 수 없는 영광스런 대승리를 거두었다.

한편 마르도니오스의 전략에 불만을 품고 있던 아르다바조스는 페르시아군이 패주하자 4만 명에 이르는 휘하 병력을 이끌고 포키스를 향해 도망쳤다. 한시바삐 헬레스폰토스에 이르고 싶었기 때문이다.

그는 도중에 플라타이아에서 패한 사실을 숨기고 마르도니오스도 생존해 있는 듯 가장하면서 퇴각했다. 사실이 알려지면 자신과 휘하 부대가 궤멸당할 우려가 있다고 생각했기 때문이다.

패주한 페르시아인 부대와 기타 부대는 그 후 테베 지역에 세워두었던 목조 요새로 도망쳐 들어간 뒤 수비를 강화했다. 그리고 스파르타군이 공격해 오자 요새를 사이에 두고 격렬한 싸움이 벌어졌다. 처음에는 스파르타군이 요새를 공격하는 데 익숙하지 않아 방어군이 훨씬 더 우세했다. 그러나 보이오티아군을 물리친 아테네군이 달려와 전투에 가담하고 용맹을 발휘하며 불굴의 투혼으로 요새의 벽을 기어올라 결국 요새의 벽을 파괴해, 그리스군이 성안으로 돌입했다. 일단 요새의 벽이 무너지자 이국군은 통제력을 잃고 한 사람도 방어전을 펼치려 하지 않은 채 좁은 지역에서 공포에 떨고 있었다. 그래서 그리스군은 마음껏 살육을 자행할 수 있었다. 총 30만 명의 군대 중에서 아르타바조스가 이끌고 도망친 4만 명을 빼고 살아남은 자가 3천 명이 채 되지 못했다.

전에 마르도니오스의 군대가 테베에서 진지를 구축할 때 테베인 아타기노스가 마르도니오스와 페르시아 측의 요인 50명을 테베인 50명과 함께 호화스런 연회에 초대한 적이 있었다. 식사가 끝나고 일동이 술을 마시고 있을 때 그리스어를 할 줄 아는 페르시아인이 테르산드로스라는 오코르코메노스의 가장 존경받는 명사에게 페르시아군

의 말로와 관련해,

"당신은 여기에서 식사를 하고 있는 페르시아인들, 그리고 우리가 강변에 두고 온 군대를 보았을 것이오. 그러나 이제 얼마 지나지 않아 이들 가운데서 일부만 살아남게 될 것이오."

라고 말하면서 하염없이 울었다고 한다. 그래서 깜짝 놀란 테르산드로스가 그것을 이야기해야 할 것 아니냐고 말하자, 그가 또 이렇게 대답했다는 것이다.

"친구여, 신이 정해 놓은 일은 인간의 손으로는 바꿀 수 없다오. 이치에 맞는 말을 해도 아무도 기꺼이 그 권유를 따르려 하지 않기 때문이오. 페르시아인 중에도 우리가 위험하다는 것을 알고 있는 사람이 적지 않소. 그러나 우리는 필연에 의해 지휘관이 명하는 대로 하지 않을 수 없소. 이 세상에서 무엇보다 가장 슬픈 일은 진실을 알면서도 그것을 실행에 옮길 수 없는 것이오."

플라타이아의 아이기나군의 진영에 람폰이라는 자가 있었는데, 그가 파우사니아스에게로 달려와 그의 환심을 사려고 다음과 같은 충격적인 제안을 했다.

"장군께서는 경탄할 정도로 영광스런 큰 위업을 이루셨습니다. 그런데 여기에 더해 장군의 명성이 더욱 높아지고, 또 앞으로 이국인들이 두려워 그리스인에게 포악한 행동을 하지 못하도록 한 가지 더 하실 일이 남아 있습니다. 마르도니오스와 크세르크세스가 테르모필라이에서 레오니다스 전하의 목을 자르고 책형에 처하지 않았습니까? 장군께서도 그와 같은 일을 해서 보복을 하신다면 먼저 스파르타의 전 국민으로부터, 다음으로는 전 그리스인으로부터 칭송을 받게 되실 것입니다. 마르도니오스를 책형에 처한다면 백부이신 레오니다스 전하의 원수를 갚게 되실 것이기 때문입니다."

그러나 파우사니아스는 이렇게 대답했다.

"아이기나의 친구여, 그대의 호의와 배려는 고맙게 생각하지만 그대가 해 준 말은 훌륭한 권고가 아니오. 그대는 처음에는 내 조국과 내가 성취한 것을 칭송하며 하늘로 붕 띄워 올리더니, 내게 시신을 모욕하라고 조언하고 또 그러면 내 명성이 더 높아질 것이라고 말함으로써 나를 땅바닥에 내동댕이쳐 버렸소. 그런 행위는 오랑캐에나 어울리는 짓이오. 여기에 누워 있는 무수한 적군의 목숨으로 레오니다스 전하를 비롯해 테르모필라이에서 죽은 장병들의 영혼은 충분히 그 보답을 받았소. 다시는 그런 제안을 갖고 나를 찾아오지 마시오. 그리고 처벌받지 않는 것을 고맙게 여기시오."

그 후 파우사니아스는 포고령을 내려 전리품에 손을 대는 것을 금하고 국가 노예들에게 명해 그것을 한곳에 모으게 하고는, 델포이 신을 비롯해 올림피아의 신들, 코린토스 지협의 신들에게 바칠 것을 제외하고 나머지를 각기 수훈에 따라 분배했다. 플라타이아 전투에서 큰 공로를 세운 사람들에게 특별히 어떤 상이 주어졌는지 아무도 전하고 있지 않지만, 나는 그것도 틀림없이 주어졌으리라 생각한다. 예 컨대 파우사니아스의 경우에는 여자와 말, 금괴, 낙타 및 그 밖의 귀중품이 다른 사람들보다 몇 배 더 주어졌다.

크세르크세스왕이 그리스를 탈출할 때 자신의 가구와 집기를 마르도니오스에게 넘겨주었다고 하는데, 파우사니아스는 이것을 보자 빵을 굽는 기술자와 요리사에게 명해 마르도니오스가 먹던 것과 똑같이 차리게 했다. 이들이 명대로 하자 파우사니아스는 사치스럽게 장식된 금은 소파와 금은 테이블, 화려한 산해진미에 경악하고는 하인에게 명해 스파르타풍의 식사를 만들게 했다. 하지만 두 식탁의 차이가 너무 심해 파우사니아스는 웃음을 터뜨리고, 그리스군의 지휘관들을 불러들인 다음 두 식탁을 가리켜 보이며 이렇게 말했다.

"이렇게 여러분을 모이게 한 것은, 이런 생활을 하면서 이렇게 못사는 우리에게 물품을 빼앗기러 와 준 저 페르시아 지휘관의 어리석음을 보여 주기 위해서였소."

한편 플라타이아 전투와 때를 같이해 이오니아의 미칼레에서도 그리스 해군이 페르시아군을 크게 격파했다.

이 일은 사모스인이 페르시아 측에서 사모스의 독재자로 옹립한 테오메스토르 몰래 델로스섬에 정박 중인 그리스 해군 쪽으로 사자를 보내 자신들을 노예 상태에서 해방시켜 달라고 호소한 데서 비롯되었다. 그리스 해군은 사모스인이 열의를 갖고 협력하겠다는 조건

미칼레
기원전 479년에 소아시아 미칼레는 '미칼레 전투'로 유명하다. 당시 미칼레곶에서는 페르시아군 대
그리스군의 지상전이 벌어져 그리스군이 승리를 거두었다.

으로 이것을 받아들이고는 다음날 희생을 바치고 길조를 얻자 델포스를 떠나 사모스로 향했다. 그러나 페르시아 해군은 그리스군을 보자 곧 사모스섬을 버리고 이오니아의 미칼레로 도망친 다음 배를 육지로 끌어올리고 그곳에 주둔 중인 육상 부대의 엄호를 받았다. 그래서 그리스군도 미칼레로 가서 배를 해안에 대고 상륙한 뒤 페르시아군을 공격했다. 이 공격 도중에 플라타이아에서 마르도니오스가 이끄는 군대가 패했다는 소식이 전군에 퍼져, 그리스군의 공격 속도가 빨라지게 되었다. 그들이 격렬하게 공격을 가해 나란히 늘어서 있는 방패를 넘어뜨리고 페르시아 진영 내로 몰려 들어가자, 페르시아군이 이를 맞아 방어전을 펼쳤지만 이윽고 방벽 안으로 도망쳐 들어갔다. 아테네군을 비롯한 그리스군이 뒤쫓아 동시에 그 안으로 돌입해 이 방벽도 탈취하자, 페르시아군은 저항을 포기하고 앞을 다투어 도망쳤다. 그리스군은 저항하거나 도주하는 적을 다수 살해한 뒤 적의 함선과 방벽을 불태워 버리고 사모스로 철수했다.

그리스군은 사모스에서 이오니아인을 그리스로 이주시키는 문제를 논의했다. 그리스 해군이 수비병이 되어 이오니아인을 언제까지고 보호해 줄 수도 없고, 그렇다고 이오니아인이 페르시아인으로부터 보복을 당하지 않으리라는 보장도 없었기 때문이다. 그러나 아테네인은 펠로폰네소스인이 자신들의 식민지에 간섭하는 것을 좋아하지 않았기 때문에 이에 결사반대했다. 그래서 사모스, 키오스, 레스보스를 비롯해 그리스군에 가담해 참전했던 그 밖의 섬 주민들을, 결코 배신하지 않을 것을 확약 받은 뒤에 동맹국에 가입시켰다. 그런 뒤에 헬레스폰토스의 배다리를 파괴하기 위해 떠났다. 다리가 아직 그대로 있는 줄 알았기 때문이다.

한편 미칼레의 높은 곳으로 도망쳤던 페르시아인들은 사르디스로 돌아갔는데, 크세르크세스왕은 해전에 패해 아테네에서 도망쳐 온 이래 줄곧 이곳에 머물러 있었다. 그는 이곳에서 동생인 마시스테스의 아내를 연모하고 있었는데, 여러 번 시종을 보내 구애했지만 설득할 수 없었고, 또 동생이 조심스러워 폭력에 호소할 수도 없었다. 그래서 그는 이런 방식의 접근을 포기하고 아들 다레이오스를 마시스테스의 딸과 결혼시키기로 했다. 이렇게 하면 그녀를 손쉽게 손에 넣을 수 있으리라 생각했던 것이다. 하지만 혼인을 시키고 수사로 돌아간 뒤 마시스테스의 딸을 궁궐로 맞아들이자, 그는 마시스테스의 아내에 대한 사모의 정을 잊어버리고 이번에는 며느리를 마음에 두고 마침내 그녀를 자신의 것으로 만들게 되었다. 그녀의 이름은 아르타인테였다.

그런데 이 일이 다음과 같은 경위로 알려지게 되었다. 어느 날 크세르크세스가 아내인 아메스트리스가 손수 만들어 선물해 준 갖가지 색깔로 수놓아진 아름답고 큰 상의를 입고 아르타인테를 찾아가 즐거움을 누린 뒤 그 보답으로 원하는 것이 있으면 무엇이든 주겠다고 말했다. 그래서 그녀가 정말이냐고 묻자 그는 바라는 것을 꼭 주겠다고 맹세했다. 그러자 그녀는 그가 입고 온 상의를 원한다고 말했다. 크세르크세스는 아메스트리스에 대한 두려움 때문에 도시나 황금 등 다른 것을 주어 그것을 피하려 했지만 그녀가 끝내 응하지 않아 마침내 그 상의를 주고 말았다. 아메스트리스가 소문을 듣고 그 옷이 그녀에게 있는 것을 알게 되었다. 그러나 아메스트리스는 그 어머니가 원흉이고 이 일을 꾸민 것도 그녀라고 생각하고, 국왕 주최의 연회가 있는 날 그녀를 자기에게 달라고 왕에게 말했다. 페르시아에서는 그 날 무엇인가 요구하는 사람에게는 주어야 하는 관습이 있었기 때문이다. 아메스트리스는 왕의 승낙이 떨어지자 친위병을 시켜 마시스테스의 아내의 유방을 잘라 개에게 던져 주고 코와 귀, 입술, 혀까지 잘라 내게 했다. 그러고는 처참하게 변한 모습 그대로 집으로 돌려보냈다. 이에 놀란 마시스테스가 곧 자식들과 그 밖의 가족들을 데리고 반란을 유도해 왕에게 큰 피해를 주고자 자신이 총독으로 있는 박트리아 지방으로 향했지만, 크세르크세스가 병력을 보내 그들을 모두 없애 버렸다.

한편 헬레스폰토스를 향해 미칼레를 떠난 그리스 해군은 역풍의 방해를 받아 우선 렉톤 부근에 정박해 있다가 아비도스에 도착했다. 그러나 배다리는 이미 파괴되어 있었다. 그래서 펠로폰네소스 부대는 그리스로 돌아가기로 결정했지만, 아테네인 부대는 그곳에 남아 케르소네소스의 세스토스를 공격하기로 했다.

세스토스는 이 부근의 도시 중에서는 가장 성벽이 견고했기 때문에 포위 기간이 길어져 가을을 맞게 되자, 고국을 떠난 지 오래된 아테네 장병들이 사기가 떨어져서 지휘관들에게 철수를 요청했다. 그러나 지휘관들은 도시를 함락시키거나 아테네로부터 공식적으로 철수 명령이 오지 않는 한 철수할 수 없다고 말했다.

그러나 성안의 농성 부대도 침대의 가죽띠를 삶아 먹을 정도로 최악의 상태에 놓여 있었다. 이윽고 이것마저 떨어지자 총독 아르타익테스를 비롯한 페르시아인들이 야음을 틈타 도주했다. 날이 밝자 케르소네소스군이 망루의 신호를 통해 이 일을 아테네군에게 알리고 성문을 열었다. 아테네군은 곧 탈출한 아르타익테스를 생포하자 그를 크세르크세스가 해협에 설치했던 배다리의 한쪽 끝에 해당하는 곳으로 끌고 가 판자 위에 놓고 못으로 박은 다음 거기에 매달려 있게 했다. 아테네군은 이렇게 조치를 취하고 귀국했는데, 가지고 온 귀중품 중에 배다리에 사용되었던 줄도 있었다. 그들은 이것을 신전에 봉납했다.

이 해에는 이 일 외에는 별다른 사건이 없었다.

그런데 페르시아인의 야망을 처음으로 자극한 것은 세스토스에서 책형에 처해진 아르타익테스의 조상인 아르템바레스라는 자였다. 그가 한 가지 제안을 했는데, 페르시아인들이 이것을 곧 받아들이고 키루스왕에게 다음과 같이 역설했다.

"제우스 신께서 아스티아게스를 파멸시키고 페르시아인에게, 그중에서도 특히 키루스 전하께 패권을 주셨으니, 이 좁고 거친 땅을 떠나 좀 더 비옥한 땅으로 이주하는 것이 어떻겠습니까? 우리나라 가까이에도 먼 곳에도 땅이 많이 있습니다. 그중 한 곳을 손에 넣으면 우리는 보다 많은 사람들로부터 더 큰 존경을 받게 될 것입니다. 지배자의 위치에 있는 민족이 이런 일을 하는 것은 당연한 것입니다. 우리가 많은 민족의 통치자로서 아시아 전역에 군림하고 있는 지금이야말로 절호의 기회 아닙니까?"

키루스는 이 말을 듣자 별로 놀라지 않고, 그렇게 하고 싶으면 그렇게 하라고 말했다. 하지만 그럴 경우에는 더 이상 지배자가 아니라 다른 민족의 신민이 될 각오를 해야 할 것이라고 경고했다.

부드러운 땅에서 부드러운 인간이 나오듯이, 훌륭한 농산물과 전쟁에 능숙한 남자들이 동시에 산출되는 지역은 없다는 것이었다. 그래서 페르시아인들은 키루스가 옳다는 것을 인정하고 그 앞에서 물러 나와 평야에서 농작물을 경작하며 다른 나라에 예속해서 사는 것보다 척박한 땅에 살며 다른 민족을 지배하는 길을 택하기로 했던 것이다.

〈제9권〉

《역사》, 동서 간의 세계사적 대결전을 다룬 서사시

1. 헤로도토스의 생애

헤로도토스는 키케로 등에 의해 '역사의 아버지(pater historiae)'로 불렸지만, 그 생애와 관련된 자료가 적어 알 수 있는 것이 얼마 되지 않는다. 헤로도토스는 지금으로부터 약 2,500년 전인 기원전 484년경에 소아시아의 할리카르나소스(오늘날 터키의 보드룸)에서 태어난 것으로 추측된다. 이 도시는 그리스 도리스인의 이른바 6개 도시 연맹의 일원이었지만 가까이에 사는 이오니아인의 문화가 스며들어 있었다. 헤로도토스 자신도 이오니아인에 대해 상당한 편견이나 반감을 갖고 있었지만, 무엇보다 그의 저작물에 이용된 언어가 이오니아 방언이었을 뿐만 아니라 그 정신이나 성격에 있어서도 대단히 이오니아적이었다고 할 수 있다.

헤로도토스의 전신상

그의 생가는 명문가였다고 전해지고 있다. 따라서 그의 저작물로 엿볼 수 있듯이 그는 어릴 적부터 풍부한 교육을 받았을 것으로 짐작된다. 아울러 그가 문학이나 역사, 과학에 정통하고 경건한 신앙심을 지니고 있었던 것도 이같이 훌륭한 집안과 관계가 있었을 것이고, 또한 이로 인해 그는 정치계와도 무관할 수 없었을 것이다.

예로부터 할리카르나소스는 그리스인이 아니라 킴메리아인의 혈통을 이어받은 왕가의 지배를 받고 있었고, 또 그 여왕 아르테미시아는 페르시아의 크세르크세스왕의 그리스 침입 때 해군에 참여해 공을 세운 데서도 알 수 있듯이 페르시아를 섬기고 있었다. 아르테미시아의 손자인 리그다미스 2세 때 국민들이 왕가에 등을 돌리고 반란을 일으켰다. 헤로도토스도 여기에 가담했지만 실패로 돌아가 사모스로 피신하지 않으면 안 되었다. 그 후 형세가 역전되어 그는 다시 고국으로 돌아갔는데, 기원전 454년경에 할리카르나소스가 아테네 연맹에 가입한 것을 보면 아마도 리그다미스 왕조는 그 후 곧 왕권을 상실했던 것 같다.

그러나 헤로도토스는 고국에 그리 오래 머물지 않았다. 그의 아시아, 아프리카, 유럽을 두루 돌아다니는 대여행은 이 무렵에 시작되었을 것으로 추정된다. 그의 발걸음은 멀리 이집트의 오지까지, 소아시아에서는 바빌론이나 거의 수사 저편까지, 북으로는 스키타이나 그 북방 변경에까지 이르고, 그 밖에 그리스 본토는 물론, 페니키아나 키레네, 키프로스섬, 이탈리아 남부에까지 이르고 있었다. 당시의 전 세계 곳곳을 누비고 다녔던 것이다.

그가 고국을 뒤로 하고 어느 쪽으로 먼저 여행을 떠났든 기원전 447년경, 즉 그의 나이 43세경에 아테네에 거주하며 당분간 머무른 것이 그에게 결정적인 영향을 주었을 것이다. 그 자신은 이에 대해 언급하고 있지 않지만, 확실히 이런 일이 없었더라면, 그는 그리스 해방 전의 역사가가 될 수 없었을 것이다. 비로소 아테네에서, 그리고 아테네에서만 그는 역사를 엮고 가다듬는 데 필요한 지식이나 관념을 획득할 수 있었다고 해도 과언이 아닐 것이다.

그러나 그는 아테네에 눌러앉지 않았다. 그 주된 원인은 그가 당시 아테네의 지배적인 경향에 공감하지 않았기 때문이 아닐까 싶다. 예를 들어 그는 시야가 넓어 이른바 바르바로이(이방인)에게도 눈길을 돌렸지만, 아테네인은 좁은 그리스 본토 내의 정세밖에 신경을 쓰지 않았으며, 스파르타나 코린토스를 상대하는 일에만 몰두했다. 또한 그는 아테네인의 새로운 데모크라티아(민주정)의 지나친 측면이나 소피스트류의 새로운 사상에도 공감할 수 없었을 것이다.

그래서 그는 기원전 443년에 아테네가 이탈리아 남부에 식민시 투리오이를 건설할 때 여기에 참여해 이곳의 시민이 되었다. 하지만 그후 그는 다시, 혹은 여러 번 아테네 땅을 밟았을 것으로 추정된다.

그가 어디에서, 몇 년도에 사망했을까 하는 문제와 관련해서도 여러 가지 의견이 있지만, 그가 숨을 거둔 곳은 역시 '투리오이'고, 또 그 사망 연도는 그가 기원전 430년 이후의 일을 기록하고 있지 않은 것이나 티레아의 아이기나인이 멸망한 것을 알지 못하고 있는 것 등으로 미루어 기원전 425년~기원전 426년경으로 여겨지고 있다.

2.《역사》는 어떤 책인가?

오늘날 헤로도토스의《역사》는 9권으로 구분되어 있지만, 물론 이것은 후대의 알렉산드리아의 학자들이 편의상 나눈 것으로 헤로도토스 자신에 의해 이루어진 것은 아니다. 그래서 제2권에서 제3권으로 넘어가는 부분 등에서는 확실히 매우 부자연스런 느낌이 든다. 아무튼 이 책은 언뜻 보면 그 내용이 무척 어수선한 것 같고, 또 제9권으로 완결되고 있는 것 같지도 않고, 기술하겠다고 약속해 놓고 그것을 지키지 않는 사실도 있고 해서 과연 이 작품이 완결된 것인지, 계속해서 한꺼번에 다 쓴 것인지, 아니면 그 구성 부분 사이에 연대적 차이가 있어 그것을 구별할 수 있는지 등등 여러 가지 문제가 제기되어 근대의 여러 학자들 사이에서 논쟁거리가 되어 왔다. 그러나 이런 전문가들의 논의는 어떻든지 간에, 《역사》를 통독하면 누구나 그 다양한 내용과 풍부한 자료에도 불구하고 거기에 전체적으로 하나의 통일된 것이 존재한다는 것을 알게 될 것이다.

《역사》가 주는 첫 번째 인상은, '노련한 이야기꾼의 만담' 같은 느낌이 들면서, 정형화되어 있지 않고 상당히 혼돈된 상태로 보인다는 것이다. 이런 점은 서두의 몇 절에서 동서 간의 갈등 원인을 아시아인에 의한 헬레네의 유괴, 또 그리스인에 의한 에우로페와 메디아의 유괴와 그 결과와 같은 역사의 여명기, 아니 그 이전에 벌어진 사건으로까지 거슬러 올라가 찾고 있다는 것에서 확인할 수 있다. 연극에 필요한 무대가 설치되었고, 만약 헤로도토스가 희곡 작가였다면, 그는 곧 연극에 필요한 배우들을 등장시키고 《펠로폰네소스 전쟁사》를 쓴 투키디데스처럼 주제에서 벗어난 부분은 잘라 내버렸을 것이다. 하지만 헤로도토스는 극작가가 아니었다. 그가 극작가였다면 동시대를 살던 극작가 아이스킬로스와 서로 영향을 주고받으며 페르시아의 파멸을 신의 섭리의 결과로 묘사하는 등 극적 통일성을 확보했을 것이다. 하지만 그는 한 사람의 이른바 '전기(傳奇) 소설가'처럼 어떤 것에도 구애받지 않는 방식으로 이 이야기에서 저 이야기로, 이 나라에서 저 나라로 옮겨 간다.

하나의 제목이 다른 제목을 자연스럽게 이끌어내는가 하면, "그래서 생각나는데"라고 덧붙이면서 갑자기 새로운 미지의 나라들의 기사(記事)나 몇 세기나 지난 먼 옛날의 전설로 가득 찬 이야기로 훌쩍 날아가 버린다.

예컨대 리디아의 왕 크로이소스가 소아시아에 있는 그리스인의 도시들을 습격한 기사가, 리디아의 역사나 그 가까운 이웃 그리스에 대한 전반적인 개설(槪說)로 이어지는 식이다. 그리고 뒤이어 이루어진 키루스의 크로이소스 정벌은 대페르시아 제국의 등장을 예고한다. 이어서 독자를 이집트, 바빌로니아, 스키타이로 이동시키는 동시에 그 '이방인' 세계의 막연한 산책이라고 해야 할 개관(槪觀)으로 들어가고, 그것이 결국 페르시아인과 그리스인의 투쟁에 대한 기술로 되돌아 온다. 처음에 그리스인을 다루었던 부분이 이제는 다레이오스에 대한 이오니아 도시들의 반란으로 연결되고, 다레이오스 대왕의 분노를 거쳐 우리는 마라톤으로, 살라미스로, 플라타이아로 이끌려 간다. 그리고 우리가 중심적인 주제로 다가감에 따라 여담이나 탈선이 줄어들고 문체가 훨씬 더 단적으로 변해 간다.

그러나 좀 더 주의 깊게 읽어 보면 이 책이 결코 피상적으로 느껴지는 것만큼 산만하지 않다는 것을 알 수 있다. 아니, 오히려 용의주도하게 편집되었다는 것을 명백히 보여 주고, 하나의 전체적인 건축

설계 속에 끼워 넣어져 있다는 점을 깨달을 수 있다. 이 저작은 크게 보면 3부로 구성되었다고 볼 수 있을 것이다. 처음 3권으로 구성된 제1부는 키루스와 캄비세스의 지배와 다레이오스의 왕위 계승을 내용으로 하고 있고, 제2부는 다레이오스의 통치, 제3부는 크세르크세스의 치세를 대상으로 하고 있다고 볼 수 있다.

제1부는 주로 이집트도 포함된 이른바 아시아, 제2부는 유럽, 제3부는 이른바 헬라스, 즉 그리스와 관련되어 있다. 제1부는 페르시아의 발흥과 융성을 보여 주고, 제3부는 그리스의 페르시아 전쟁 승리를 서술하고, 그 중간의 제2부는 스키타이나 마라톤에서 페르시아인의 좌절과 그리스의 이오니아에서의 실패와 같은 식으로 양자가 각기 실패한 사건을 그리고 있다. 게다가 세분된 9권은 각기 하나의 작은 통일체를 구성하는 주제를 지니고 있다고 볼 수 있다. 키루스왕이 제1권, 이집트가 제2권, 스키타이가 제4권, 이오니아 반란이 제5권, 마라톤이 제6권의 주요 주제가 되고 있다. 제7권에서는 크세르크세스왕의 테르모필라이 전투에 이르기까지의 침략 과정이 기술되어 있고, 제8권에서는 살라미스에서의 운명의 역전이 이야기되고 있다. 제9권의 주요 내용을 구성하고 있는 것은 플라타이아와 미칼레에서의 그리스의 최종적인 승리다. 다만 제3권만은 그리 두드러지게 통일되어 있지 않지만 그래도 다레이오스를 즉위시킨 혁명이 그 중심적 관심사가 되고 있다. 이렇게 건축적인 균제(均齊, 고르고 가지런하게 정돈함)처럼 전체

얼개를 아무 무리 없이 자연스럽게 실현시킨 수법은 명인이어야 비로소 가능할 것이다.

이런 균제가 의식적인 것이든 무의식적인 것이든, 헤로도토스는 그리스인에 의해 페르시아인이 격퇴된 것을 기록하려고 먼저 신화시대에 있어서의 이른바 아시아와 유럽의 알력에 대해 쓰기 시작한 뒤에 리디아왕 크로이소스(기원전 560년~기원전 546년 재위)가 '내가 알고 있는 이방인 가운데서 가장 먼저 그리스인을 정복한 사람'이라면서 그의 사적(事績)으로 옮아간다. 하지만 이 지점에서 다시, 그와 관련된 여담으로 들어가 크로이소스에 이르기까지의 리디아의 역사, 크로이소스와 그리스의 관계, 페이시스트라토스(기원전 605년~기원전 527년 재위) 시대의 그리스, 리디아인의 풍속과 관습 등을 기술하면서 크로이소스가 페르시아왕 키루스(기원전 546년~기원전 529년 재위)에게 멸망당한 전말을 이야기하고 있다. 이어서 페르시아왕 키루스의 사적에 이르고, 나아가서는 어째서 그가 메디아 제국을 몰락시켰는지, 또 그 메디아의 역사나 정세는 어땠는지 파고들면서 페르시아인의 풍습이나 제도를 기술한 뒤, 키루스가 소아시아의 그리스인을 정복한 사정을 다루고 있다. 그리고 키루스가 바빌론이나 마사게타이를 굴복시킨 사적을 이야기하는 김에 그 나라들의 습속이나 지지(地誌)까지 언급하고 있다.

다음으로 키루스의 아들 캄비세스(기원전 ?년~기원전 521년 재위)의 즉위와 그의 이집트 원정에 이르면 여느 때처럼 탈선해 이집트의 기후, 풍토, 지리, 습속, 종교, 역사에서 동물에 이르기까지 모두 상세히 서술하는데, 그 진기한 이야기로 가득 찬 서술이 특히 흥미를 자아낸다. 이윽고 캄비세스가 사망하자 마고스 가우마타가 왕위를 찬탈하고 이 마고스를 쓰러뜨린 다레이오스가 즉위하는데(기원전 521년), 헤로도토스는 또다시 이 사이에 캄비세스의 이집트 원정 시기에 일어난 한 가지 사건으로 사모스왕 폴리크라테스의 이야기를 끼워 넣으면서, 교만한 일족은 오래가지 못한다는 하나의 예를 기술하고 있다.

다레이오스왕의 치세에 대해 쓰는가 싶더니, 그는 그 판도에서 시작해 이번에는 멀리 인도나 아라비아, 북유럽 등 외지고 먼 땅의 지리나 풍물에 대해 쓰고 있다.

이상으로 처음 3권이 끝나고 제4권으로 들어가면 다레이오스왕의 스키타이 원정 이야기가 시작되는데, 그의 펜은 여전히 옆으로 새어 스키타이의 지리, 역사, 종교, 풍속, 인정 등에 이른 다음 이 원정이 실패한 전말을 그려 낸다. 또 이와 동시에 거의 같은 시기에 행해진 리비아 원정에 대해서도 기술하려고 리비아의 역사, 지지, 풍속이나 키레네 식민에 관한 삽화를 끼워 넣는 것을 잊지 않는다.

그 후 이야기가 본래대로 돌아와 스키타이 원정 이후 트라키아에 남겨진 메가바조스의 트라키아 정복을 다루는데, 여기에서도 예외

없이 그 땅의 인정, 풍속, 지리 등이 이야기되고 있다. 그리고 다레이오스의 스키타이 원정과 관련해 밀레토스의 참주 히스티아이오스를 등장시켜 '이오니아의 꽃'이라 불리는 밀레토스를 맹주로 하는 이오니아인의 페르시아에 대한 모반(기원전 499년) 쪽으로 펜을 옮겨 가고, 이와 관련해 당시의 스파르타의 동정이나 페이시스트라토스 이후의 아테네 역사도 기술하고 있다. 그리고 이오니아 반란의 전후 사정과 다레이오스가 배후의 사주자인 아테네를 정벌하려는 생각을 품게 된 이유를 설명하고 마침내 페르시아군의 제1차 그리스 원정(기원전 492년) 기술로 들어간다. 이 원정은 실패로 끝나고 이어서 제2차 원정이 시작되는데, 유명한 마라톤의 전투가 기술되어 있는 것은 이 부분이다.

다레이오스가 세상을 떠나고(기원전 485년) 그의 아들 크세르크세스가 즉위한 뒤 제3차 원정이 기도되는데, 이때부터 헤로도토스는 전처럼 옆길로 새거나 여담을 늘어놓지 않고 오로지 전쟁 기록에만 열중하며 곧장 테르모필라이 전투, 아르테미시온 해전, 아테네의 함락, 살라미스 해전, 플라타이아 전투, 페르시아군의 궤멸, 미켈레 전투로 잇따라 독자를 이끌고 가고, 마지막으로 동정심을 자아내는 페르시아 궁정의 비극적인 한 가지 삽화를 끼워 넣고 있다.

지리적으로는 아시아, 아프리카, 유럽 등 당시의 전 세계를 망라하고, 연대적으로는 기원전 585년 철학자 탈레스에 의한 일식 예언에서 기원전 479년의 세스토스 함락에 이르기까지 약 100년에 걸쳐 그 시대의 역사와 인물, 풍속과 지리 등을 기록한 헤로도토스의 《역사》 는 서양 최초로 역사의 씨줄과 날줄을 그린 대서사시다.

3. 《역사》의 의의와 평가

헤로도토스는 흥미롭게도 신화 시대의 그리스를 그 후의 사건의 배경으로 그려 내고 있는데, 후세에 일반에게 널리 유포된 이러한 전통은 이미 그에 의해 확립되고 있다고 할 수 있다. 예를 들어 그리스의 역사는 대이주 시기부터 시작된다고 기술하면서, 그리스 문명이 외국으로부터의 영향에 기반을 두고 있다는 점이 지나칠 정도로 강조되고 있다. 또 이른바 도리스족의 남하 전설도 암암리에 인정하는 동시에 그것이 후대에 미친 결과도 역사적 사실인 것처럼 이야기하고 있다. 그럼에도 불구하고 그리스 신화에 나오는 미노스왕과 사모스섬의 참주 폴리크라테스를 대비시키는 곳 등에서 그가 역사 시대와 선사 시대를 명확히 구분했다는 점으로 미루어 볼 때 오히려 신화와 역사적 사실을 뒤섞은 투키디데스가 비과학적이었다고도 할 수 있다. 또한 그는 신화를 받아들이더라도 그것을 때때로 합리화하는 것도 잊지 않아, 도도나의 무녀 이야기 등은 저도 모르게 미소를 짓게 만든다.

그러나 역사 시대가 되면 그의 자료 다루는 방식이 달라진다. 그는 절대로 아무렇게나 자료를 받아들이지 않아, 확실히 어떤 의미에서는 최초의 비판가적 역사가의 모습을 보였다고 할 수 있다. 자신이 관찰한 것이 무엇보다 중요하고, 증거는 모두 조사하고 확인하지 않으면 안 된다는 원리를 확실히 파악하고 있었으며, 그 검토가 어떻게 이루어졌든 거기에는 일정한 기준이 있었고 그것을 바탕으로 자료가 비판되었다고 생각된다.

그러나 자료 비판과 관련해 그가 약점을 지니고 있었던 것도 부정할 수 없다. 예를 들어 시간적으로나 공간적으로 멀리 떨어진 것일 경우 불가사의하고 경이로운 사물을 간단히 인정해 버리는 경향이나, 특히 기원전 5세기 이전의 시대와 관련해 역사적 가치가 없는, 단지 재미있거나 교훈적인 이야기를 다수 삽입시키고 있는 것 등이 그 두드러진 예다.

"나로서는 모두 믿을 필요가 없지만 전해지고 있는 것을 이야기하지 않으면 안 된다."는 그의 유명한 준칙은 무엇보다 비판적인 듯하면서도 철저하게 실증적이지 못했던 그의 한계와 약점을 고스란히 드러냈다고 할 수 있을 것이다.

이상은 주로 자료의 취급과 관련된 헤로도토스의 공과(功過)인데, 그의 《역사》 전체를 돌아보아도 같은 공과를 발견할 수 있다. 보통 그의 《역사》의 결점으로 지적되는 것은 지나치게 초자연적이라는 점, 모순된 것이 있다는 점, 사건의 참된 원인을 인식하고 감정할 수 없었다는 점 등의 세 가지다. 그러나 이 중 처음 두 가지는 각기 변명의 여지가 없지는 않다. 예를 들어 그의 역사 철학이라고 말할 만한 것이 너무 신화적이라는 비난에 대해서는, 당시의 시대 분위기나 그가 구한 자료의 진실성 자체를 고려해야 할 필요가 있다. 그가 너무나 불가사의한 것을 좋아한다는 비판도 있겠지만 다른 측면에서 보면 그것이 오늘날 인류학자들에 의해 원시 시대사의 귀중한 자료로 사용되고 있으며 그가 살던 시대의 일반적 관념을 반영한 것이므로 그리 문제가 되지는 않을 수도 있다. 또한 그의 《역사》에 포함되어 있는 모순된 내용 역시 수많은 자료를 이용하는 과정에서 발생한 것이고 더구나 그것들을 취합한 다음 여러 지방에서 시간적 차이를 두고 써졌기 때문에 어쩔 수 없었다고 말할 수 있을 것이다.

그러나 뭐니 뭐니 해도 결점은 결점으로 인정하지 않을 수 없고, 마지막의 가장 중요한 비난에 대해서는 거의 변명의 여지가 없다고 말하지 않으면 안 된다. 그는 끊임없이 역사적 사건의 참된 원인과 우발적인 계기를 혼동하고 거의 언제나 개인적인 활동이나 동기에 지나치게 주목하고 있다는 말을 들을 수밖에 없다. 예를 들어 클레이스테네스의 개혁에 대한 그의 견해와 그의 사후 약 50여 년 뒤에 태어난 아리스토텔레스의 분석을 비교해 보면 그 결함이 일목요연하게 드러난다고 지적할 수 있다.

물론 그가 살아간 시기를 고려하면 '역사의 아버지'라 불렸다고 해서 그와 함께 역사 기술이 정확한 고증과 인과 관계를 일목요연하게 표현될 수는 없는 것 아니냐라는 반문이 제기될 수 있다. 더구나 그 결점과 장점을 비교해 보면 장점이 결점을 능가하고 있다고 말할 수 있다. 앞에서도 언급했듯이 확실히 그는 자료를 조사하고 확인하며 그 가치의 등급을 정하려 노력했다. 이것은 바로 역사의 기초를 쌓는 일이라 할 수 있다. 그는 또 뒤얽힌 갖가지 개별적인 요소를 적절한 종속 관계나 배열로 결합시켜 하나의 놀랄 만한 길고 세밀한 이야기로 만들어 낸 역사가였다. 또한 엄밀한 의미에서의 역사라는 입장을 떠나 무엇보다 가장 뛰어난, 가장 위대한 이야기꾼으로 사람들을 푹 빠지게 하는 그런 매력을 지닌 문장을 쓴 뛰어난 문학가이기도 했다. 게다가 서사 문학의 새로운 장을 연 최초의 인물이었다는 점에서 그는 역사라는 새로운 이야기 장르를 만든 창의적인 인물이기도 했다. 이 점에서 그는 인류 최초의 역사가이자 위대한 역사가로 평가되어야 마땅할 것이다.

참고 연표

기원전 685년경
기게스는 리디아의왕 칸다울레스를 죽이고 그 왕비와 결혼해 메름나다이 왕조를 열다.

기원전 612년
메디아왕 키악사레스는 바빌로니아와 협력해 아시리아를 멸망시키다.

기원전 594년
아테네의 정치가 솔론이 개혁을 일으키다.

기원전 605년~기원전 562년
바빌론이 네부카드네자르(느부갓네살) 왕의 치세에 들어가다.

기원전 585년
탈레스가 일식을 예언하다.
코린토스의 참주 페리안드로스가 세상을 떠나다.
리디아의 왕 알리아테스와 메디아의 왕 키악사레스가 강화를 맺다.

기원전 580년~기원전 570년
페르시아왕 캄비세스 1세가 메디아왕 키악사레스의 손녀를 아내로 맞이해
키루스 2세(대왕)를 낳는다.

기원전 561년~기원전 560년
페이시스트라토스가 아테네의 참주가 되다.

기원전 560년
기게스 왕으로부터 5대째인 크로이소스가 리디아의 왕위를 계승하다.

기원전 559년~기원전 556년
밀티아데스가 트라키아와 케스소네소스의 참주가 되다.

기원전 550년
스파르타가 티레아티스를 정복하다.

기원전 549년
키루스 대왕이 메디아를 멸망시키다.

기원전 548년~기원전 547년
델포이의 아폴론 신전이 소실되다.

기원전 546년

키루스가 리디아를 정복하고 크로이소스왕을 포로로 잡는다.

기원전 546년~기원전 539년

페르시아가 바빌로니아와 페니키아, 시리아, 팔레스타인, 이오니아 등 소
아시아의 거의 모든 지역을 지배하게 되다.

기원전 538년

키루스가 바빌론을 함락시키다.

기원전 529년

캄비세스 2세가 페르시아왕으로 즉위하다.

기원전 527년

아테네의 참주 페이시스트라토스가 사망하다.

기원전 526년

사모스의 참주 폴리크라테스가 이집트와의 동맹을 포기하고 페르시아 측
에 가담하다.

기원전 525년

페르시아가 이집트를 정복하다.

기원전 522년
캄비세스 2세가 세상을 떠나다.

기원전 521년
다레이오스가 메디아인의 반란을 진압하고 페르시아 왕위를 계승하다.

기원전 517년~기원전 516년
다레이오스왕이 이집트 및 스키타이 원정을 가다.

기원전 514년~기원전 510년
아테네에서 하르모디오스와 아리스토게이톤이 모반을 일으키다.
페이시스트라토스 일문의 참주 정치가 붕괴되다.
아테네가 펠로폰네소스 동맹에 가입하다.
시바리스와 크로톤 전투가 벌어지다.

기원전 508년~기원전 507년
이사고라스가 아테네의 정권을 장악하다.
스파르타인이 아테네의 아크로폴리스를 점령하다.
클레이스테네스의 개혁으로 아테네의 민주정치가 확립되다.

기원전 499년
이오니아의 그리스인들이 페르시아인에 대한 반란을 일으키다.

기원전 498년
아테네와 아이기나가 싸움을 벌이다.

기원전 497년
아테네 파견군이 사르디스를 소각하다.

기원전 494년
라데에서 이오니아군이 패배하다.
페르시아군이 밀레토스를 점령하다.

기원전 492년
페르시아군이 트라키아 및 마케도니아를 정복하다.

기원전 490년
페르시아 해군이 그리스 원정을 떠나다.
에레트리아가 파괴되다.
마라톤 전투가 벌어지다.

기원전 489년
밀티아데스가 파로스로 원정을 가다.

기원전 487년
아테네 대 아이기나의 전쟁이 일어나다.

기원전 485년
다레이오스왕이 사망하고 크세르크세스가 즉위하다.
크세르크세스왕이 이집트와 바빌론의 반란을 진압하다.

기원전 482년
아테네 해군이 증강되다.

기원전 480년
크세르크세스의 대군이 그리스에 침입하다.
테르모필라이 전투 및 아르테미시온 해전이 벌어지다.
살라미스 해전이 벌어지다.
카르타고인이 시칠리아를 침입하고 히메라에서 패배하다.

기원전 479년
플라타이아 전투가 벌어지다.
미칼레 전투가 벌어지다.
이오니아에서 반란이 일어나다.

기원전 479년~기원전 478년
그리스군이 잔류한 페르시아군을 일소하다.

그리스와 소아시아 지도

트라키아

비잔티온

마케도니아

미르카노스

펠라

타소스

임브로스

아토스

트로이

렘노스

테살리아

테르모필라이

사르디스

리디

델포이

테베

에레트리아

에페소스

플라타이아

마라톤

사모스

코린토스

아테네

밀레토스

아르카디아

아이기나

할리카르나소

아르고스

델로스

스파르타

낙소스

로도

크레타